Heine, Der Gott unserer Väter

Klartext

Wir in Nordrhein-Westfalen
Unsere gesammelten Werke
10

Heinrich Heine

Der Gott unserer Väter
Über Juden und Judentum

Mit einem Nachwort von Bernd Kortländer
Auswahl und Redaktion: Ralf Kalscheur

Umschlagbild: dpa Picture-Alliance

Originalausgabe

1. Auflage November 2006
Satz und Gestaltung: Karsten Bittner, Bittner Dokumedia
Umschlaggestaltung: Marketing und Kommunikation, WAZ-Mediengruppe
Druck und Bindung: CPI Books, Leck

ISBN 10: 3-89861-674-6
ISBN 13: 978-3-89861-674-4

www.klartext-verlag.de

Inhaltsverzeichnis

I Vaterstadt und Sehnsuchtsort

„Frühlingsjahre in Düsseldorf"

„Hamburg ist die beste Republik"

II Der deutsche Dichter - ein Jude: Isolation, Assimilation und Kampf um Emanzipation

„Ein Fichtenbaum steht einsam / Im Norden auf kahler Höh"

„Der Taufzettel ist das Entréebillett zur europäischen Kultur"

„Was aber ist die große Aufgabe unserer Zeit? Es ist die Emanzipation"

(Als Druckvorlage dient: Heinrich Heine. Sämtliche Schriften. Herausgegeben von Klaus Briegleb. München: Hanser 1968-1975)

I. Vaterstadt und Sehnsuchtsort

„Frühlingsjahre in Düsseldorf"

Aus: Zur Geschichte der Religion und Philosophie in Deutschland

Gott war immer der Anfang und das Ende aller meiner Gedanken. Wenn ich jetzt frage: was ist Gott? was ist seine Natur? so frug ich schon als kleines Kind: wie ist Gott? wie sieht er aus? Und damals konnte ich ganze Tage in den Himmel hinaufsehen, und war des Abends sehr betrübt, daß ich niemals das allerheiligste Angesicht Gottes, sondern immer nur graue, blöde Wolkenfratzen erblickt hatte. Ganz konfus machten mich die Mitteilungen aus der Astronomie, womit man damals, in der Aufklärungsperiode, sogar die kleinsten Kinder nicht verschonte, und ich konnte mich nicht genug wundern, daß alle diese tausend Millionen Sterne, eben so große, schöne Erdkugeln seien, wie die unsrige, und über all dieses leuchtende Weltengewimmel ein einziger Gott waltete. Einst im Traume, erinnere ich mich, sah ich Gott, ganz oben in der weitesten Ferne. Er schaute vergnüglich zu einem kleinen Himmelsfenster hinaus, ein frommes Greisengesicht mit einem kleinen Judenbärtchen, und er streute eine Menge Saatkörner herab, die, während sie vom Himmel niederfielen, im unendlichen Raum gleichsam aufgingen, eine ungeheure Ausdehnung gewannen, bis sie lauter strahlende, blühende, bevölkerte Welten wurden, jede so groß, wie unsere eigene Erdkugel. Ich habe dieses Gesicht nie vergessen können, noch oft im Traume sah ich den heiteren Alten aus seinem kleinen Himmelsfenster die Weltensaat herabschütten; ich sah ihn einst sogar mit den Lippen schnalzen, wie unsere Magd, wenn sie den Hühnern ihr Gerstenfutter zuwarf. Ich konnte nur sehen wie die fallenden Saatkörner sich immer zu großen leuchtenden Weltkugeln ausdehnten: aber die etwanigen großen Hühner, die vielleicht irgendwo mit aufgesperrten Schnäbeln lauerten, um mit den hingestreuten Weltkugeln gefüttert zu werden, konnte ich nicht sehen.

Aus: Memoiren

Welch ein erhabenes Gefühl muß einen solchen Kirchenfürsten beseelen, wenn er hinabblickt auf den wimmelnden Marktplatz, wo Tausende entblößten Hauptes mit Andacht vor ihm niederknieend seinen Segen erwarten.

In der italienischen Reisebeschreibung des Hofrats Moritz las ich einst eine Beschreibung jener Szene, wo ein Umstand vorkam, der mir ebenfalls jetzt in den Sinn kommt.

Unter dem Landvolk, erzählt Moritz, das er dort auf den Knien liegen sah, erregte seine besondere Aufmerksamkeit einer jener wandernden Rosenkranzhändler des Gebirges, die aus einer braunen Holzgattung die schönsten Rosenkränze schnitzen und sie in der ganzen Romagna um so teurer verkaufen, da sie denselben an obenerwähntem Feiertage vom Papste selbst die Weihe zu verschaffen wissen.

Mit der größten Andacht lag der Mann auf den Knien, doch den breitkrämpigen Filzhut, worin seine Ware, die Rosenkränze, befindlich, hielt er in die Höhe, und während der Papst mit ausgestreckten Händen den Segen sprach, rüttelte jener seinen Hut und rührte darin herum, wie Kastanienverkäufer zu tun pflegen, wenn sie ihre Kastanien auf dem Rost braten; gewissenhaft schien er dafür zu sorgen, daß die Rosenkränze, die unten im Hut lagen, auch etwas von dem päpstlichen Segen abbekämen und alle gleichmäßig geweiht würden.

Ich konnte nicht umhin, diesen rührenden Zug von frommer Naivetät hier einzuflechten, und ergreife wieder den Faden meiner Geständnisse, die alle auf den geistigen Prozeß Bezug haben, den ich später durchmachen mußte.

Aus den frühesten Anfängen erklären sich die spätesten Erscheinungen. Es ist gewiß bedeutsam, daß mir bereits in meinem dreizehnten Lebensjahr alle Systeme der freien Denker vorgetragen wurden, und zwar durch einen ehrwürdigen Geistlichen, der seine sazerdotalen Amtspflichten nicht im geringsten vernachlässigte, so daß ich hier frühe sah, wie ohne Heuchelei Religion und Zweifel ruhig nebeneinander gingen, woraus nicht bloß in mir der Unglauben, sondern auch die toleranteste Gleichgültigkeit entstand.

Ort und Zeit sind auch wichtige Momente: ich bin geboren zu Ende des skeptischen achtzehnten Jahrhunderts und in einer Stadt, wo zur Zeit meiner Kindheit nicht bloß die Franzosen, sondern auch der französische Geist herrschte.

Die Franzosen, die ich kennenlernte, machten mich, ich muß es gestehen, mit Büchern bekannt, die sehr unsauber und mir ein Vorurteil gegen die ganze französische Literatur einflößten.

Ich habe sie auch später nie so sehr geliebt, wie sie es verdient, und am ungerechtesten blieb ich gegen die französische Poesie, die mir von Jugend an fatal war.

Daran ist wohl zunächst der vermaledeite Abbé Daunoi schuld, der im Lyceum zu Düsseldorf die französische Sprache dozierte und mich durchaus zwingen wollte, französische Verse zu machen. Wenig fehlte, und er hätte mir nicht bloß die französische, sondern die Poesie überhaupt verleidet.

Der Abbé Daunoi, ein emigrierter Priester, war ein ältliches Männchen mit den beweglichsten Gesichtsmuskeln und mit einer braunen Perücke, die, sooft er in Zorn geriet, eine sehr schiefe Stellung einnahm.

Er hatte mehrere französische Grammatiken sowie auch Chrestomathien, worin Auszüge französischer und deutscher Klassiker, zum Übersetzen für seine verschiedenen Klassen geschrieben; für die oberste veröffentlichte er auch eine „Art oratoire" und eine „Art poétique", zwei Büchlein, wovon das erstere Beredsamkeitsrezepte aus Quintilian enthielt, angewendet auf Beispiele von Predigten Fléchiers, Massillions, Bourdaloues und Bossuets, welche mich nicht allzusehr langweilten. –

Aber gar das andere Buch, das die Definitionen von der Poesie: l'art de peindre par les images, den faden Abhub der alten Schule von Batteux, auch die französische Prosodie und überhaupt die ganze Metrik der Franzosen enthielt, welch ein schrecklicher Alp!

Ich kenne auch jetzt nichts Abgeschmackteres als das metrische System der französischen Poesie, dieser art de peindre par les images, wie die Franzosen dieselbe definieren, welcher verkehrte Begriff vielleicht dazu beiträgt, daß sie immer in die malerische Paraphrase geraten.

Ihre Metrik hat gewiß Prokrustes erfunden; sie ist eine wahre Zwangsjacke für Gedanken, die bei ihrer Zahmheit gewiß nicht einer solchen bedürfen. Daß die Schönheit eines Gedichtes in der Überwindung der metrischen Schwierigkeiten bestehe, ist ein lächerlicher Grundsatz, derselben närrischen Quelle entsprungen. Der französische

Hexameter, dieses gereimte Rülpsen, ist mir wahrhaft ein Abscheu. Die Franzosen haben diese widrige Unnatur, die weit sündhafter als die Greuel von Sodom und Gomorrha, immer selbst gefühlt, und ihre guten Schauspieler sind darauf angewiesen, die Verse so sakkadiert zu sprechen, als wären sie Prosa – warum aber alsdann die überflüssige Mühe der Versifikation?

So denk ich jetzt, und so fühlt ich schon als Knabe, und man kann sich leicht vorstellen, daß es zwischen mir und der alten braunen Perücke zu offnen Feindseligkeiten kommen mußte, als ich ihm erklärte, wie es mir rein unmöglich sei, französische Verse zu machen. Er sprach mir allen Sinn für Poesie ab und nannte mich einen Barbaren des Teutoburger Waldes.

Ich denke noch mit Entsetzen daran daß ich aus der Chrestomathie des Professors die Anrede des Kaiphas an den Sanhedrin aus den Hexametern der Klopstockschen „Messiade“ in französische Alexandriner übersetzen sollte! Es war ein Raffinement von Grausamkeit, die alle Passionsqualen des Messias selbst übersteigt, und die selbst dieser nicht ruhig erduldet hätte. Gott verzeih, ich verwünschte die Welt und die fremden Unterdrücker, die uns ihre Metrik aufbürden wollten, und ich war nahe daran, ein Franzosenfresser zu werden.

Ich hätte für Frankreich sterben können, aber französische Verse machen – nimmermehr!

Durch den Rektor und meine Mutter wurde der Zwist beigelegt. Letztere war überhaupt nicht damit zufrieden, daß ich Verse machen lernte, und seien es auch nur französische. Sie hatte nämlich damals die größte Angst, daß ich ein Dichter werden möchte; das wäre das Schlimmste, sagte sie immer, was mir passieren könne.

Die Begriffe, die man damals mit dem Namen Dichter verknüpfte, waren nämlich nicht sehr ehrenhaft, und ein Poet war ein zerlumpter, armer Teufel, der für ein paar Taler ein Gelegenheitsgedicht verfertigt und am Ende im Hospital stirbt.

Meine Mutter aber hatte große, hochfliegende Dinge mit mir im Sinn, und alle ihre Erziehungspläne zielten darauf hin. Sie spielte die Hauptrolle in meiner Entwickelungsgeschichte, sie machte die Programme aller meiner Studien, und schon vor meiner Geburt begannen ihre Erziehungspläne. Ich folgte gehorsam ihren ausgesprochenen Wünschen, jedoch gestehe ich, daß sie schuld war an der Unfruchtbarkeit meiner meisten Versuche und Bestrebungen in bürgerlichen Stellen, da dieselben niemals meinem Naturell entsprachen. Letzteres, weit mehr als die Weltbegebenheiten, bestimmte meine Zukunft.

In uns selbst liegen die Sterne unseres Glücks.

Zuerst war es die Pracht des Kaiserreichs, die meine Mutter blendete, und da die Tochter eines Eisenfabrikanten unserer Gegend, die mit meiner Mutter sehr befreundet war, eine Herzogin geworden und ihr gemeldet hatte, daß ihr Mann sehr viele Schlachten gewonnen und bald auch zum König avancieren würde, – ach da träumte meine Mutter für mich die goldensten Epauletten oder die brodiertesten Ehrenchargen am Hofe des Kaisers, dessen Dienst sie mich ganz zu widmen beabsichtigte.

Deshalb mußte ich jetzt vorzugsweise diejenigen Studien betreiben, die einer solchen Laufbahn förderlich, und obgleich im Lyceum schon hinlänglich für mathematische Wissenschaften gesorgt war und ich bei dem liebenswürdigen Professor Brewer vollauf mit Geometrie, Statik, Hydrostatik, Hydraulik und so weiter gefüttert ward und in Logarithmen und Algebra schwamm, so mußte ich doch noch Privatunterricht in dergleichen Disziplinen nehmen, die mich instand setzen sollten, ein großer Strategiker oder nötigenfalls der Administrator von eroberten Provinzen zu werden.

Mit dem Fall des Kaiserreichs mußte auch meine Mutter der prachtvollen Laufbahn, die sie für mich geträumt, entsagen; die dahin zielenden Studien nahmen ein Ende, und sonderbar! sie ließen auch keine Spur in meinem Geiste zurück, so sehr waren sie demselben fremd. Es war nur eine mechanische Errungenschaft, die ich von mir warf als unnützen Plunder.

Meine Mutter begann jetzt in anderer Richtung eine glänzende Zukunft für mich zu träumen.

Das Rothschildsche Haus, mit dessen Chef mein Vater vertraut war, hatte zu jener Zeit seinen fabelhaften Flor bereits begonnen; auch andere Fürsten der Bank und der Industrie hatten in unserer Nähe sich erhoben, und meine Mutter behauptete, es habe jetzt die Stunde geschlagen, wo ein bedeutender Kopf im merkantilischen Fache das Ungeheuerlichste erreichen und sich zum höchsten Gipfel der weltlichen Macht emporschwingen könne. Sie beschloß daher jetzt, daß ich eine Geldmacht werden sollte, und jetzt mußte ich fremde Sprachen, besonders Englisch, Geographie, Buchhalten, kurz alle auf den Land- und Seehandel und Gewerbskunde bezüglichen Wissenschaften studieren.

Um etwas vom Wechselgeschäft und von Kolonialwaren kennenzulernen, mußte ich später das Comptoir eines Bankiers meines Vaters und die Gewölbe eines großen Spezereihändlers besuchen; erstere Besuche dauerten höchstens drei Wochen, letztere vier Wochen, doch ich lernte bei dieser Gelegenheit, wie man einen Wechsel ausstellt, und wie Muskatnüsse aussehen.

Ein berühmter Kaufmann, bei welchem ich ein apprenti millionaire werden wollte, meinte, ich hätte kein Talent zum Erwerb, und lachend gestand ich ihm, daß er wohl recht haben möchte.

Da bald darauf eine große Handelskrisis entstand und wie viele unserer Freunde auch mein Vater sein Vermögen verlor, da platzte die merkantilische Seifenblase noch schneller und kläglicher als die imperiale, und meine Mutter mußte nun wohl eine andere Laufbahn für mich träumen.

Sie meinte jetzt, ich müsse durchaus Jurisprudenz studieren.

Sie hatte nämlich bemerkt, wie längst in England, aber auch in Frankreich und im konstitutionellen Deutschland der Juristenstand allmächtig sei und besonders die Advokaten durch die Gewohnheit des öffentlichen Vortrags die schwatzenden Hauptrollen spielen und dadurch zu den höchsten Staatsämtern gelangen. Meine Mutter hatte ganz richtig beobachtet.

Da eben die neue Universität Bonn errichtet worden, wo die juristische Fakultät von den berühmtesten Professoren besetzt war, schickte mich meine Mutter unverzüglich nach Bonn, wo ich bald zu den Füßen Mackeldeys und Welkers saß und die Manna ihres Wissens einschlürfte.

Von den sieben Jahren, die ich auf deutschen Universitäten zubrachte, vergeudete ich drei schöne blühende Lebensjahre durch das Studium der römischen Kasuistik, der Jurisprudenz, dieser illiberalsten Wissenschaft.

Welch ein fürchterliches Buch ist das Corpus Juris, die Bibel des Egoismus!

Wie die Römer selbst blieb mir immer verhaßt ihr Rechtskodex. Diese Räuber wollten ihren Raub sicherstellen, und was sie mit dem Schwerte erbeutet, suchten sie durch Gesetze zu schützen; deshalb war der Römer zu gleicher Zeit Soldat und Advokat, und es entstand eine Mischung der widerwärtigsten Art.

Wahrhaftig jenen römischen Dieben verdanken wir die Theorie des Eigentums, das vorher nur als Tatsache bestand, und die Ausbildung dieser Lehre in ihren schnödesten Konsequenzen ist jenes gepriesene römische Recht, das allen unseren heutigen Legislationen, ja allen modernen Staatsinstituten zugrunde liegt, obgleich es im grellsten Widerspruch mit der Religion, der Moral, dem Menschengefühl und der Vernunft steht.

Ich brachte jenes gottverfluchte Studium zu Ende, aber ich konnte mich nimmer entschließen, von solcher Errungenschaft Gebrauch zu machen, und vielleicht auch weil ich fühlte, daß andere mich in der Advokasserie und Rabulisterei leicht überflügeln würden, hing ich meinen juristischen Doktorhut an den Nagel.

Meine Mutter machte eine noch ernstere Miene als gewöhnlich. Aber ich war ein sehr erwachsener Mensch geworden, der in dem Alter stand, wo er der mütterlichen Obhut entbehren muß.

Die gute Frau war ebenfalls älter geworden, und indem sie nach so manchem Fiasko die Oberleitung meines Lebens aufgab, bereute sie, wie wir oben gesehen, daß sie mich nicht dem geistlichen Stande gewidmet.

Sie ist jetzt eine Matrone von 87 Jahren, und ihr Geist hat durch das Alter nicht gelitten. Über meine wirkliche Denkart hat sie sich nie eine Herrschaft angemaßt und war für mich immer die Schonung und Liebe selbst.

Ihr Glauben war ein strenger Deismus, der ihrer vorwaltenden Vernunftrichtung ganz angemessen. Sie war eine Schülerin Rousseaus, hatte dessen „Émile" gelesen, säugte selbst ihre Kinder, und Erziehungswesen war ihr Steckenpferd. Sie selbst hatte eine gelehrte Erziehung genossen und war die Studiengefährtin eines Bruders gewesen, der ein ausgezeichneter Arzt ward, aber früh starb. Schon als ganz junges Mädchen mußte sie ihrem Vater die lateinischen Dissertationen und sonstige gelehrte Schriften vorlesen, wobei sie oft den Alten durch ihre Fragen in Erstaunen setzte.

Ihre Vernunft und ihre Empfindung war die Gesundheit selbst, und nicht von ihr erbte ich den Sinn für das Phantastische und die Romantik. Sie hatte, wie ich schon erwähnt, eine Angst vor Poesie, entriß mir jeden Roman, den sie in meinen Händen fand, erlaubte mir keinen Besuch des Schauspiels, versagte mir alle Teilnahme an Volksspielen, überwachte meinen Umgang, schalt die Mägde, welche in meiner Gegenwart Gespenstergeschichten erzählten, kurz, sie tat alles mögliche, um Aberglauben und Poesie von mir zu entfernen.

Sie war sparsam, aber nur in bezug auf ihre eigne Person; für das Vergnügen andrer konnte sie verschwenderisch sein, und da sie das Geld nicht liebte, sondern nur schätzte, schenkte sie mit leichter Hand und setzte mich oft durch ihre Wohltätigkeit und Freigebigkeit in Erstaunen.

Welche Aufopferung bewies sie dem Sohne, dem sie in schwieriger Zeit nicht bloß das Programm seiner Studien, sondern auch die Mittel dazu lieferte! Als ich die Universität bezog, waren die Geschäfte meines Vaters in sehr traurigem Zustand, und meine Mutter verkaufte ihren Schmuck, Halsband und Ohrringe von großem Werte, um mir das Auskommen für die vier ersten Universitätsjahre zu sichern.

Ich war übrigens nicht der erste in unserer Familie, der auf der Universität Edelsteine aufgegessen und Perlen verschluckt hatte. Der Vater meiner Mutter, wie diese mir einst erzählte, erprobte dasselbe Kunststück. Die Juwelen, welche das Gebetbuch seiner verstorbenen Mutter verzierten, mußten die Kosten seines Aufenthalts auf der Universität bestreiten, als sein Vater, der alte Lazarus de Geldern, durch einen Sukzessionsprozeß mit einer verheirateten Schwester in große Armut geraten war, er, der von seinem Vater ein Vermögen geerbt hatte, von dessen Größe mir eine alte Großmuhme so viel Wunderdinge erzählte.

Das klang dem Knaben immer wie Märchen von „Tausendundeiner Nacht", wenn die Alte von den großen Palästen und den persischen Tapeten und dem massiven Gold- und Silbergeschirr erzählte, die der gute Mann, der am Hofe des Kurfürsten und der Kurfürstin so viel Ehren genoß, so kläglich einbüßte. Sein Haus in der Stadt war das große Hotel in der Rheinstraße; das jetzige Krankenhaus in der Neustadt gehörte ihm ebenfalls sowie ein Schloß bei Gravenberg, und am Ende hatte er kaum, wo er sein Haupt hinlegen konnte.

Nach meiner Mutter beschäftigte sich mit letzterer ganz besonders ihr Bruder, mein Oheim Simon de Geldern. Er ist tot seit 20 Jahren. Er war ein Sonderling von unscheinbarem, ja sogar närrischem Äußeren. Eine kleine, gehäbige Figur, mit einem bläßlichen, strengen Gesichte, dessen Nase zwar griechisch gradlinigt, aber gewiß um ein Drittel länger war, als die Griechen ihre Nasen zu tragen pflegten.

In seiner Jugend, sagte man, sei diese Nase von gewöhnlicher Größe gewesen, und nur durch die üble Gewohnheit, daß er sich beständig daran zupfte, soll sie sich so ungebührlich in die Länge gezogen haben. Fragten wir Kinder den Ohm, ob das wahr sei, so verwies er uns solche respektwidrige Rede mit großem Eifer und zupfte sich dann wieder an der Nase.

Er ging ganz altfränkisch gekleidet, trug kurze Beinkleider, weißseidene Strümpfe, Schnallenschuhe und nach der alten Mode einen ziemlich langen Zopf, der, wenn das kleine Männchen durch die Straßen trippelte, von einer Schulter zur andern flog, allerlei Kapriolen schnitt und sich über seinen eigenen Herrn hinter seinem Rücken zu mokieren schien.

Oft, wenn der gute Onkel in Gedanken vertieft saß oder die Zeitung las, überschlich mich das frevle Gelüste, heimlich sein Zöpfchen zu ergreifen und daran zu ziehen, als wäre es eine Hausklingel, worüber ebenfalls der Ohm sich sehr erboste, indem er jammernd die Hände rang über die junge Brut, die vor nichts mehr Respekt hat, weder durch menschliche noch durch göttliche Autorität mehr in Schranken zu halten und sich endlich an dem Heiligsten vergreifen werde.

War aber das Äußere des Mannes nicht geeignet, Respekt einzuflößen, so war sein Inneres, sein Herz desto respektabler, und es war das bravste und edelmütigste Herz, das ich hier auf Erden kennenlernte. Es war eine Ehrenhaftigkeit in dem Manne, die an den Rigorismus der Ehre in altspanischen Dramen erinnerte, und auch in der Treue glich er den Helden derselben. Er hatte nie Gelegenheit, der „Arzt seiner Ehre" zu werden, doch ein „standhafter Prinz" war er in ebenso ritterlicher Größe, obgleich er nicht in vierfüßigen Trochäen deklamierte, gar nicht nach Todespalmen lechzte und statt des glänzenden Rittermantels ein scheinloses Röckchen mit Bachstelzenschwanz trug.

Er war durchaus kein sinnenfeindlicher Askete, er liebte Kirmesfeste, die Weinstube des Gastwirts Rasia, wo er besonders gern Krammetsvögel aß mit Wacholderbeeren – aber alle Krammetsvögel dieser Welt und alle ihre Lebensgenüsse opferte er mit stolzer Entschiedenheit, wenn es die Idee galt, die er für wahr und gut erkannt. Und er tat dieses mit solcher Anspruchlosigkeit, ja Verschämtheit, daß niemand merkte, wie eigentlich ein heimlicher Märtyrer in dieser spaßhaften Hülle steckte.

Nach weltlichen Begriffen war sein Leben ein verfehltes. Simon de Geldern hatte im Kollegium der Jesuiten seine sogenannten humanistischen Studien, Humaniora, gemacht, doch als der Tod seiner Eltern ihm die völlig freie Wahl einer Lebenslaufbahn ließ, wählte er gar keine, verzichtete auf jedes sogenannte Brotstudium der ausländischen Universitäten und blieb lieber daheim zu Düsseldorf in der „Arche Noä", wie das kleine Haus hieß, welches ihm sein Vater hinterließ, und über dessen Türe das Bild der Arche Noä recht hübsch ausgemeißelt und bunt koloriert zu schauen war.

Von rastlosem Fleiße, überließ er sich hier allen seinen gelehrten Liebhabereien und Schnurrpfeifereien, seiner Bibliomanie und besonders seiner Wut des Schriftstellerns, die er besonders in politischen Tagesblättern und obskuren Zeitschriften ausließ.

Nebenbei gesagt, kostete ihm nicht bloß das Schreiben, sondern auch das Denken die größte Anstrengung.

Entstand diese Schreibwut vielleicht durch den Drang, gemeinnützig zu wirken? Er nahm teil an allen Tagesfragen, und das Lesen von Zeitungen und Broschüren trieb er bis zur Manie. Die Nachbarn nannten ihn den Doktor, aber nicht eigentlich wegen seiner Gelahrtheit, sondern weil sein Vater und sein Bruder Doktoren der Medizin gewesen. Und die alten Weiber ließen es sich nicht ausreden, daß der Sohn des alten Doktors, der sie so oft kuriert, nicht auch die Heilmittel seines Vaters geerbt haben müsse, und wenn sie erkrankten, kamen sie zu ihm gelaufen mit ihren Urinflaschen, mit Weinen und Bitten, daß er dieselben doch besehen möchte, ihnen zu sagen, was ihnen fehle. Wenn der arme Oheim solcherweise in seinen Studien gestört wurde, konnte er in Zorn geraten und die alten Trullen mit ihren Urinflaschen zum Teufel wünschen und davonjagen.

Dieser Oheim war es nun, der auf meine geistige Bildung großen Einfluß geübt, und dem ich in solcher Beziehung unendlich viel zu verdanken habe. Wie sehr auch unsere Ansichten verschieden und so kümmerlich auch seine literärischen Bestrebungen waren, so regten sie doch vielleicht in mir die Lust zu schriftlichen Versuchen.

Der Ohm schrieb einen alten steifen Kanzleistil, wie er in den Jesuitenschulen, wo Latein die Hauptsache, gelehrt wird, und konnte sich nicht leicht befreunden mit meiner Ausdrucksweise, die ihm zu leicht, zu spielend, zu irreverenziös vorkam. Aber sein Eifer, womit er mir die Hülfsmittel des geistigen Fortschritts zuwies, war für mich von größtem Nutzen.

Er beschenkte schon den Knaben mit den schönsten, kostbarsten Werken; er stellte zu meiner Verfügung seine eigene Bibliothek, die an klassischen Büchern und wichtigen Tagesbroschüren so reich war, und er erlaubte mir sogar, auf dem Söller der Arche Noä in den Kisten herumzukramen, worin sich die alten Bücher und Skripturen des seligen Großvaters befanden.

Welche geheimnisvolle Wonne jauchzte im Herzen des Knaben, wenn er auf jenem Söller, der eigentlich eine große Dachstube war, ganze Tage verbringen konnte.

Es war nicht eben ein schöner Aufenthalt, und die einzige Bewohnerin desselben, eine dicke Angorakatze, hielt nicht sonderlich auf Sauberkeit, und nur selten fegte sie mit ihrem Schweife ein bißchen den Staub und das Spinnweb fort von dem alten Gerümpel, das dort aufgestapelt lag.

Aber mein Herz war so blühend jung, und die Sonne schien so heiter durch die kleine Lukarne, daß mir alles von einem phantastischen Lichte übergossen schien und die alte Katze selbst mir wie eine verwünschte Prinzessin vorkam, die wohl plötzlich aus ihrer tierischen Gestalt wieder befreit sich in der vorigen Schöne und Herrlichkeit zeigen dürfte, während die Dachkammer sich in einen prachtvollen Palast verwandeln würde, wie es in allen Zaubergeschichten zu geschehen pflegt.

Doch die alte gute Märchenzeit ist verschwunden, die Katzen bleiben Katzen, und die Dachstube der Arche Noä blieb eine staubige Rumpelkammer, ein Hospital für inkurablen Hausrat, eine Salpetrière für alte Möbel, die den äußersten Grad der Dekrepitüde erlangt und die man doch nicht vor die Türe schmeißen darf, aus sentimentaler Anhänglichkeit und Berücksichtigung der frommen Erinnerungen, die sich damit verknüpften.

Da stand eine morsch zerbrochene Wiege, worin einst meine Mutter gewiegt worden; jetzt lag darin die Staatsperücke meines Großvaters, die ganz vermodert war und vor Alter kindisch geworden zu sein schien.

Der verrostete Galanteriedegen des Großvaters und eine Feuerzange, die nur einen Arm hatte, und anderes invalides Eisengeschirr hing an der Wand. Daneben auf einem wackligen Brette stand der ausgestopfte Papagei der seligen Großmutter, der jetzt ganz entfiedert und nicht mehr grün, sondern aschgrau war und mit dem einzigen Glasauge, das ihm geblieben, sehr unheimlich aussah.

Hier stand auch ein großer, grüner Mops von Porzellan, welcher inwendig hohl war; ein Stück des Hinterteils war abgebrochen, und die Katze schien für dieses chinesische oder japanische Kunstbild einen großen Respekt zu hegen; sie machte vor demselben allerlei devote Katzenbuckel und hielt es vielleicht für ein göttliches Wesen; die Katzen sind so abergläubisch.

In einem Winkel lag eine alte Flöte, welche einst meiner Mutter gehört; sie spielte darauf, als sie noch ein junges Mädchen war, und eben jene Dachkammer wählte sie zu ihrem Konzertsaale, damit der alte Herr, ihr Vater, nicht von der Musik in seine Arbeiter gestört oder auch ob dem sentimentalen Zeitverlust, dessen sich seine Tochter schuldig machte, unwirsch würde. Die Katze hatte jetzt diese Flöte zu ihrem liebsten Spielzeug erwählt, indem sie an dem verblichenen Rosaband, das an der Flöte befestigt war, dieselbe hin und her auf dem Boden rollte.

Zu den Antiquitäten der Dachkammer gehörten auch Weltkugeln, die wunderlichsten Planetenbilder und Kolben und Retorten, erinnernd an astrologische und alchimistische Studien.

In den Kisten, unter den Büchern des Großvaters befanden sich auch viele Schriften, die auf solche Geheimwissenschaften Bezug hatten. Die meisten Bücher waren freilich medizinische Scharteken. An philosophischen war kein Mangel, doch neben dem erzvernünftigen Cartesius befanden sich auch Phantasten wie Paracelsus, van Helmont und gar Agrippa von Nettesheim, dessen „Philosophia occulta" ich hier zum erstenmal zu Gesicht bekam. Schon den Knaben amüsierte die Dedikationsepistel an den Abt Trithem, dessen Antwortschreiben beigedruckt, wo dieser Compère dem andern Charlatan seine bombastischen Komplimente mit Zinsen zurückerstattet.

Der beste und kostbarste Fund jedoch, den ich in den bestäubten Kisten machte, war ein Notizenbuch von der Hand eines Bruders meines Großvaters, den man den Chevalier oder den Morgenländer nannte, und von welchem die alten Muhmen immer soviel zu singen und zu sagen wußten.

Dieser Großoheim, welcher ebenfalls Simon de Geldern hieß, muß ein sonderbarer Heiliger gewesen sein. Den Zunamen der „Morgenländer" empfing er, weil er große Reisen im Oriente gemacht und sich bei seiner Rückkehr immer in orientalische Tracht kleidete.

Am längsten scheint er in den Küstenstädten Nordafrikas, namentlich in den marokkanischen Staaten, verweilt zu haben, wo er von einem Portugiesen das Handwerk eines Waffenschmieds erlernte und dasselbe mit Glück betrieb.

Er wallfahrtete nach Jerusalem, wo er in der Verzückung des Gebetes, auf dem Berge Moria, ein Gesicht hatte. Was sah er? Er offenbarte es nie.

Ein unabhängiger Beduinenstamm, der sich nicht zum Islam, sondern zu einer Art Mosaismus bekannte und in einer der unbekannten Oasen der nordafrikanischen Sandwüste gleichsam sein Absteigequartier hatte, wählte ihn zu seinem Anführer oder Scheik. Dieses kriegerische Völkchen lebte in Fehde mit allen Nachbarstämmen und war der Schrecken der Karawanen. Europäisch zu reden: mein seliger Großoheim, der fromme Visionär vom heiligen Berge Moria, ward Räuberhauptmann. In dieser schönen Gegend erwarb er auch jene Kenntnisse von Pferdezucht und jene Reiterkünste, womit er nach seiner Heimkehr ins Abendland so viele Bewunderung erregte.

An den verschiedenen Höfen, wo er sich lange aufhielt, glänzte er auch durch seine persönliche Schönheit und Stattlichkeit sowie auch durch die Pracht der orientalischen Kleidung, welche besonders auf die Frauen ihren Zauber übte. Er imponierte wohl noch am meisten durch sein vorgebliches Geheimwissen, und niemand wagte es, den allmächtigen Nekromanen bei seinen hohen Gönnern herabzusetzen. Der Geist der Intrige fürchtete die Geister der Kabbala.

Nur sein eigener Übermut konnte ihn ins Verderben stürzen, und sonderbar geheimnisvoll schüttelten die alten Muhmen ihre greisen Köpflein, wenn sie etwas von dem galanten Verhältnis munkelten, worin der „Morgenländer“ mit einer sehr erlauchten Dame stand, und dessen Entdeckung ihn nötigte, aufs schleunigste den Hof und das Land zu verlassen. Nur durch die Flucht mit Hinterlassung aller seiner Habseligkeiten konnte er dem sichern Tode entgehen, und eben seiner erprobten Reiterkunst verdankte er seine Rettung.

Nach diesem Abenteuer scheint er in England einen sichern, aber kümmerlichen Zufluchtsort gefunden zu haben. Ich schließe solches aus einer zu London gedruckten Broschüre des Großoheims, welche ich einst, als ich in der Düsseldorfer Bibliothek bis zu den höchsten Bücherbrettern kletterte, zufällig entdeckte. Es war ein Oratorium in französischen Versen, betitelt „Moses auf dem Horeb“, hatte vielleicht Bezug auf die erwähnte Vision, die Vorrede war aber in englischer Sprache geschrieben und von London datiert; die Verse, wie alle französische Verse, gereimtes lauwarmes Wasser, aber in der englischen Prosa der Vorrede verriet sich der Unmut eines stolzen Mannes, der sich in einer dürftigen Lage befindet.

Aus dem Notizenbuch des Großoheims konnte ich nicht viel Sicheres ermitteln; es war, vielleicht aus Vorsicht, meistens mit arabischen, syrischen und koptischen Buchstaben geschrieben, worin sonderbar genug französische Zitate vorkamen, z. B. sehr oft der Vers:

„Où l'innocence périt c'est un crime de vivre.“

Mich frappierten auch manche Äußerungen, die ebenfalls in französischer Sprache geschrieben; letztere scheint das gewöhnliche Idiom des Schreibenden gewesen zu sein.

Eine rätselhafte Erscheinung, schwer zu begreifen, war dieser Großoheim. Er führte eine jener wunderlichen Existenzen, die nur im Anfang und in der Mitte des achtzehnten Jahrhunderts möglich gewesen; er war halb Schwärmer, der für kosmopolitische, weltbeglückende Utopien Propaganda machte, halb Glücksritter, der im Gefühl seiner individuellen Kraft die morschen Schranken einer morschen Gesellschaft durchbricht oder überspringt. Jedenfalls war er ganz ein Mensch.

Sein Charlatanismus, den wir nicht in Abrede stellen, war nicht von gemeiner Sorte. Er war kein gewohnlicher Charlatan, der den Bauern auf den Märkten die Zähne ausreißt, sondern er drang mutig in die Paläste der Großen, denen er den stärksten Backzahn ausriß, wie weiland Ritter Hüon von Bordeaux dem Sultan von Babylon tat. Klappern gehört zum Handwerk, sagt das Sprüchwort, und das Leben ist ein Handwerk wie jedes andre.

Und welcher bedeutende Mensch ist nicht ein bißchen Charlatan? Die Charlatane der Bescheidenheit sind die schlimmsten mit ihrem demütig tuenden Dünkel! Wer gar auf die Menge wirken will, bedarf einer charlatanischen Zutat.

Der Zweck heiligt die Mittel. Hat doch der liebe Gott selbst, als er auf dem Berg Sinai sein Gesetz promulgierte, nicht verschmäht, bei dieser Gelegenheit tüchtig zu blitzen und zu donnern, obgleich das Gesetz so vortrefflich, so göttlich gut war, daß es füglich aller Zutat von leuchtendem Kolophonium und donnernden Paukenschlägen entbehren konnte. Aber der Herr kannte sein Publikum, das mit seinen Ochsen und Schafen und aufgesperrten Mäulern unten am Berge stand, und welchem gewiß ein physikalisches Kunststück mehr Bewunderung einflößen konnte als alle Mirakel des ewigen Gedankens.

Wie dem auch sei, dieser Großoheim hat die Einbildungskraft des Knaben außerordentlich beschäftigt. Alles, was man von ihm erzählte, machte einen unauslöschlichen Eindruck auf mein junges Gemüt, und ich versenkte mich so tief in seine Irrfahrten und Schicksale, daß mich manchmal am hellen, lichten Tage ein unheimliches Gefühl ergriff und es mir vorkam, als sei ich selbst mein seliger Großohm und als lebte ich nur eine Fortsetzung des Lebens jenes längst Verstorbenen!

In der Nacht spiegelte sich dasselbe retrospektiv zurück in meine Träume. Mein Leben glich damals einem großen Journal, wo die obere Abteilung die Gegenwart, den Tag mit seinen Tagesberichten und Tagesdebatten, enthielt, während in der unteren Abteilung die poetische Vergangenheit in fortlaufenden Nachtträumen wie eine Reihenfolge von Romanfeuilletons sich phantastisch kundgab.

In diesen Träumen identifizierte ich mich gänzlich mit meinem Großohm, und mit Grauen fühlte ich zugleich, daß ich ein anderer war und einer anderen Zeit angehörte. Da gab es Örtlichkeiten, die ich nie vorher gesehen, da gab es Verhältnisse, wovon ich früher keine Ahnung hatte, und doch wandelte ich dort mit sicherem Fuß und sicherem Verhalten.

Da begegneten mir Menschen in brennend bunten, sonderbaren Trachten und mit abenteuerlich wüsten Physiognomien, denen ich dennoch wie alten Bekannten die Hände drückte; ihre wildfremde, nie gehörte Sprache verstand ich, zu meiner Verwunderung antwortete ich ihnen sogar in derselben Sprache, während ich mit einer Heftigkeit gestikulierte, die mir nie eigen war, und während ich sogar Dinge sagte, die mit meiner gewöhnlichen Denkweise widerwärtig kontrastierten.

Dieser wunderliche Zustand dauerte wohl ein Jahr, und obgleich ich wieder ganz zur Einheit des Selbstbewußtseins kam, blieben doch geheime Spuren in meiner Seele. Manche Idiosynkrasie, manche fatale Sympathien und Antipathien, die gar nicht zu meinem Naturell passen, ja sogar manche Handlungen, die im Widerspruch mit meiner Denkweise sind, erkläre ich mir als Nachwirkungen aus jener Traumzeit, wo ich mein eigener Großoheim war.

Wenn ich Fehler begehe, deren Entstehung mir unbegreiflich erscheint, schiebe ich sie gern auf Rechnung meines morgenländschen Doppelgängers. Als ich einst meinem Vater eine solche Hypothese mitteilte, um ein kleines Versehen zu beschönigen, bemerkte er schalkhaft: er hoffe, daß mein Großoheim keine Wechsel unterschrieben habe, die mir einst zur Bezahlung präsentiert werden könnten.

Es sind mir keine solche orientalischen Wechsel vorgezeigt worden, und ich habe genug Nöte mit meinen eigenen okzidentalischen Wechseln gehabt.

Aber es gibt gewiß noch schlimmere Schulden als Geldschulden, welche uns die Vorfahren zur Tilgung hinterlassen. Jede Generation ist eine Fortsetzung der andern und ist verantwortlich für ihre Taten. Die Schrift sagt: die Väter haben Härlinge (unreife Trauben) gegessen, und die Enkel haben davon schmerzhaft taube Zähne bekommen.

Es herrscht eine Solidarität der Generationen, die aufeinander folgen, ja die Völker, die hintereinander in die Arena treten, übernehmen eine solche Solidarität, und die ganze Menschheit liquidiert am Ende die große Hinterlassenschaft der Vergangenheit. Im Tale Josaphat wird das große Schuldbuch vernichtet werden oder vielleicht vorher noch durch einen Universalbankrott.

Der Gesetzgeber der Juden hat diese Solidarität tief erkannt und besonders in seinem Erbrecht sanktioniert; für ihn gab es vielleicht keine individuelle Fortdauer nach dem Tode, und er glaubte nur an die Unsterblichkeit der Familie; alle Güter waren Familieneigentum, und niemand konnte sie so vollständig alienieren, daß sie nicht zu einer gewissen Zeit an die Familienglieder zurückfielen.

Einen schroffen Gegensatz zu jener menschenfreundlichen Idee des mosaischen Gesetzes bildet das römische, welches ebenfalls im Erbrechte den Egoismus des römischen Charakters bekundet.

Ich will hierüber keine Untersuchungen eröffnen, und meine persönlichen Bekenntnisse verfolgend, will ich vielmehr die Gelegenheit benutzen, die sich mir hier bietet, wieder durch ein Beispiel zu zeigen, wie die harmlosesten Tatsachen zuweilen zu den böswilligsten Insinuationen von meinen Feinden benutzt worden. Letztere wollen nämlich die Entdeckung gemacht haben, daß ich bei biographischen Mitteilungen sehr viel von meiner mütterlichen Familie, aber gar nichts von meinen väterlichen Sippen und Magen spräche, und sie bezeichneten solches als ein absichtliches Hervorheben und Verschweigen und beschuldigten mich derselben eiteln Hintergedanken, die man auch meinem seligen Kollegen Wolfgang Goethe vorwarf.

Es ist freilich wahr, daß in dessen Memoiren sehr oft von dem Großvater von väterlicher Seite, welcher als gestrenger Herr Schultheiß auf dem Römer zu Frankfurt präsidierte, mit besonderem Behagen die Rede ist, während der Großvater von mütterlicher Seite, der als ehrsames Flickschneiderlein auf der Bockenheimer Gasse auf dem Werktisch hockte und die alten Hosen der Republik ausbesserte, mit keinem Worte erwähnt wird.

Ich habe Goethen in betreff dieses Ignorierens nicht zu vertreten, doch was mich selbst betrifft, möcht ich jene böswilligen und oft ausgebeuteten Interpretationen und Insinuationen dahin berichten, daß es nicht meine Schuld ist, wenn in meinen Schriften von einem väterlichen Großvater nie gesprochen ward. Die Ursache ist ganz einfach: ich habe nie viel von ihm zu sagen gewußt. Mein seliger Vater war als ganz fremder Mann nach meiner Geburtsstadt Düsseldorf gekommen und besaß hier keine Anverwandten, keine jener alten Muhmen und Basen, welche die weiblichen Barden sind, die der jungen Brut tagtäglich die alten Familienlegenden mit epischer Monotonie vorsingen, während sie die bei den schottischen Barden obligate Dudelsackbegleitung durch das Schnarren ihrer Nasen ersetzen. Nur über die großen Kämpen des mütterlichen Clans konnte von dieser Seite mein junges Gemüt frühe Eindrücke empfangen, und ich horchte mit Andacht, wenn die alte Bräunle oder Brunhildis erzählte.

Mein Vater selbst war sehr einsilbiger Natur, sprach nicht gern, und einst als kleines Bübchen, zur Zeit, wo ich die Werkeltage in der öden Franziskaner-Klosterschule, jedoch die Sonntage zu Hause verbrachte, nahm ich hier eine Gelegenheit wahr, meinen Vater zu befragen, wer mein Großvater gewesen sei. Auf diese Frage antwortete er halb lachend, halb unwirsch: „Dein Großvater war ein kleiner Jude und hatte einen großen Bart."

Den andern Tag, als ich in den Schulsaal trat, wo ich bereits meine kleinen Kameraden versammelt fand, beeilte ich mich sogleich ihnen die wichtige Neuigkeit zu erzählen: daß mein Großvater ein kleiner Jude war, welcher einen langen Bart hatte.

Kaum hatte ich diese Mitteilung gemacht, als sie von Mund zu Mund flog, in allen Tonarten wiederholt ward, mit Begleitung von nachgeäfften Tierstimmen. Die Kleinen sprangen über Tische und Bänke, rissen von den Wänden die Rechentafeln, welche auf den Boden purzelten nebst den Tintenfässern, und dabei wurde gelacht, gemeckert, gegrunzt, gebellt, gekräht – ein Höllenspektakel, dessen Refrain immer der Großvater war, der ein kleiner Jude gewesen und einen großen Bart hatte.

Der Lehrer, welchem die Klasse gehörte, vernahm den Lärm und trat mit zornglühendem Gesichte in den Saal und fragte gleich nach dem Urheber dieses Unfugs. Wie immer in solchen Fällen geschieht: ein jeder suchte kleinlaut sich zu diskulpieren, und am Ende der Untersuchung ergab es sich, daß ich Ärmster überwiesen ward, durch meine Mitteilung über meinen Großvater den ganzen Lärm veranlaßt zu haben, und ich büßte meine Schuld durch eine bedeutende Anzahl Prügel.

Es waren die ersten Prügel, die ich auf dieser Erde empfing, und ich machte bei dieser Gelegenheit schon die philosophische Betrachtung, daß der liebe Gott, der die Prügel erschaffen, in seiner gütigen Weisheit auch dafür sorgte, daß derjenige, welcher sie erteilt, am Ende müde wird, indem sonst am Ende die Prügel unerträglich würden.

Der Stock, womit ich geprügelt ward, war ein Rohr von gelber Farbe, doch die Streifen, welche dasselbe auf meinem Rücken ließ, waren dunkelblau. Ich habe sie nicht vergessen.

Auch den Namen des Lehrers, der mich so unbarmherzig schlug, vergaß ich nicht: es war der Pater Dickerscheit; er wurde bald von der Schule entfernt, aus Gründen, die ich ebenfalls nicht vergessen, aber nicht mitteilen will.

Der Liberalismus hat den Priesterstand genug mit Unrecht verunglimpft, und man könnte ihm wohl jetzt einige Schonung angedeihen lassen, wenn ein unwürdiges Mitglied Verbrechen begeht, die am Ende doch nur der menschlichen Natur oder vielmehr Unnatur beizumessen sind.

Wie der Name des Mannes, der mir die ersten Prügel erteilte, blieb mir auch der Anlaß im Gedächtnis, nämlich meine unglückliche genealogische Mitteilung, und die Nachwirkung jener frühen Jugendeindrücke ist so groß, daß jedesmal, wenn von kleinen Juden mit großen Bärten die Rede war, mir eine unheimliche Erinnerung grüselnd über den Rücken lief. „Gesottene Katze scheut den kochenden Kessel", sagt das Sprüchwort, und jeder wird leicht begreifen, daß ich seitdem keine große Neigung empfand, nähere Auskunft über jenen bedenklichen Großvater und seinen Stammbaum zu erhalten oder gar dem großen

Publikum, wie einst dem kleinen, dahinbezügliche Mitteilungen zu machen.

Meine Großmutter väterlicherseits, von welcher ich ebenfalls nur wenig zu sagen weiß, will ich jedoch nicht unerwähnt lassen. Sie war eine außerordentlich schöne Frau und einzige Tochter eines Bankiers zu Hamburg, der wegen seines Reichtums weit und breit berühmt war. Diese Umstände lassen mich vermuten daß der kleine Jude, der die schöne Person aus dem Hause ihrer hochbegüterten Eltern nach seinem Wohnorte Hannover heimführte, noch außer seinem großen Barte sehr rühmliche Eigenschaften besessen und sehr respektabel gewesen sein muß.

Er starb frühe, eine junge Witwe mit sechs Kindern, sämtlich Knaben im zartesten Alter, zurücklassend. Sie kehrte nach Hamburg zurück und starb dort ebenfalls nicht sehr betagt.

Im Schlafzimmer meines Oheims Salomon Heine zu Hamburg sah ich einst das Porträt der Großmutter. Der Maler, welcher in Rembrandtscher Manier nach Licht- und Schatteneffekten haschte, hatte dem Bilde eine schwarze klösterliche Kopfbedeckung, eine fast ebenso strenge, dunkle Robe und den pechdunkelsten Hintergrund erteilt, so daß das vollwangigte, mit einem Doppelkinn versehene Gesicht wie ein Vollmond aus nächtlichem Gewölk hervorschimmerte.

Ihre Züge trugen noch die Spuren großer Schönheit, sie waren zugleich milde und ernsthaft, und besonders die Morbidezza der Hautfarbe gab dem ganzen Gesicht einen Ausdruck von Vornehmheit eigentümlicher Art; hätte der Maler der Dame ein großes Kreuz von Diamanten vor die Brust gemalt, so hätte man sicher geglaubt, das Porträt irgendeiner gefürsteten Äbtissin eines protestantischen adligen Stiftes zu sehen.

Von den Kindern meiner Großmutter haben, soviel ich weiß, nur zwei ihre außerordentliche Schönheit geerbt, nämlich mein Vater und mein Oheim Salomon Heine, der verstorbene Chef des hamburgischen Bankierhauses dieses Namens.

Die Schönheit meines Vaters hatte etwas Überweiches, Charakterloses, fast Weibliches. Sein Bruder besaß vielmehr eine männliche Schönheit, und er war überhaupt ein Mann, dessen Charakterstärke sich auch in seinen edelgemessenen, regelmäßigen Zügen imposant, ja manchmal sogar verblüffend offenbarte.

Seine Kinder waren alle ohne Ausnahme zur entzückendsten Schönheit emporgeblüht, doch der Tod raffte sie dahin in ihrer Blüte, und von diesem schönen Menschenblumenstrauß leben jetzt nur zwei, der jetzige Chef des Bankierhauses und seine Schwester, eine seltene Erscheinung mit – – –

Ich hatte alle diese Kinder so lieb, und ich liebte auch ihre Mutter, die ebenfalls so schön war und früh dahinschied, und alle haben mir viele Tränen gekostet. Ich habe wahrhaftig in diesem Augenblicke nötig, meine Schellenkappe zu schütteln, um die weinerlichen Gedanken zu überklingeln.

Ich habe oben gesagt, daß die Schönheit meines Vaters etwas Weibliches hatte. Ich will hiermit keineswegs einen Mangel an Männlichkeit andeuten: letztere hat er zumal in seiner Jugend oft erprobt, und ich selbst bin am Ende ein lebendes Zeugnis derselben. Es sollte das keine unziemliche Äußerung sein; im Sinne hatte ich nur die Formen seiner körperlichen Erscheinung, die nicht straff und drall, sondern vielmehr weich und zärtlich geründet waren. Den Konturen seiner Züge fehlte das Markierte, und sie verschwammen ins Unbestimmte. In seinen späteren Jahren ward er fett, aber auch in seiner Jugend scheint er nicht eben mager gewesen zu sein.

In dieser Vermutung bestätigt mich ein Porträt, welches seitdem in einer Feuersbrunst bei meiner Mutter verlorenging und meinen Vater als einen jungen Menschen von etwa achtzehn oder neunzehn Jahren, in roter Uniform, das Haupt gepudert und versehen mit einem Haarbeutel, darstellt.

Dieses Porträt war günstigerweise mit Pastellfarbe gemalt. Ich sage günstigerweise, da letztere weit besser als die Ölfarbe mit dem hinzukommenden Glanzleinenfirnis jenen Blütenstaub wiedergeben kann, den wir auf den Gesichtern der Leute, welche Puder tragen, bemerken, und die Unbestimmtheit der Züge vorteilhaft verschleiert. Indem der Maler auf besagtem Porträt mit den kreideweiß gepuderten Haaren und der ebenso weißen Halsbinde das rosichte Gesicht enkadrierte, verlieh er demselben durch den Kontrast ein stärkeres Kolorit, und es tritt kräftiger hervor.

Auch die scharlachrote Farbe des Rocks, die auf Ölgemälden so schauderhaft uns angrinst, macht hier im Gegenteil einen guten Effekt, indem dadurch die Rosenfarbe des Gesichtes angenehm gemildert wird.

Der Typus von Schönheit, der sich in den Zügen desselben aussprach, erinnerte weder an die strenge keusche Idealität der griechischen Kunstwerke noch an den spiritualistisch schwärmerischen, aber mit heidnischer Gesundheit geschwängerten Stil der Renaissance; nein, besagtes Porträt trug vielmehr ganz den Charakter einer Zeit, die eben keinen Charakter besaß, die minder die Schönheit als das Hübsche, das Niedliche, das Kokett-Zierliche liebte; einer Zeit, die es in der Fadheit bis zur Poesie brachte, jener süßen, geschnörkelten Zeit des Rokoko, die man auch die Haarbeutelzeit nannte und die wirklich als Wahrzeichen, nicht an der Stirn, sondern am Hinterkopfe, einen Haarbeutel trug. Wäre das Bild meines Vaters auf besagtem Porträte etwas mehr Miniatur gewesen, so hätte man glauben können, der vortreffliche Watteau habe es gemalt, um mit phantastischen Arabesken von bunten Edelsteinen und Goldflittern umrahmt auf einem Fächer der Frau von Pompadour zu paradieren.

Bemerkenswert ist vielleicht der Umstand, daß mein Vater auch in seinen späteren Jahren der altfränkischen Mode des Puders treu blieb und bis an sein seliges Ende sich alle Tage pudern ließ, obgleich er das schönste Haar, das man sich denken kann, besaß. Es war blond, fast golden und von einer Weichheit, wie ich sie nur bei chinesischer Flockseide gefunden.

Den Haarbeutel hätte er gewiß ebenfalls gern beibehalten, jedoch der fortschreitende Zeitgeist war unerbittlich. In dieser Bedrängnis fand mein Vater ein beschwichtigendes Auskunftsmittel. Er opferte nur die Form, das schwarze Säckchen, den Beutel; die langen Haarlocken jedoch selbst trug er seitdem wie ein breitgeflochtenes Chignon mit kleinen Kämmchen auf dem Haupte befestigt. Diese Haarflechte war bei der Weichheit der Haare und wegen des Puders fast gar nicht bemerkbar, und so war mein Vater doch im Grunde kein Abtrünniger des alten Haarbeuteltums, und er hatte nur wie so mancher Krypto-Orthodoxe dem grausamen Zeitgeiste sich äußerlich gefügt.

Die rote Uniform, worin mein Vater auf dem erwähnten Porträte abkonterfeit ist, deutet auf hannöversche Dienstverhältnisse. Im Gefolge des Prinzen Ernst von Cumberland befand sich mein Vater zu Anfang der französischen Revolution und machte den Feldzug in Flandern und Brabant mit in der Eigenschaft eines Proviantmeisters oder Kommissarius oder, wie es die Franzosen nennen, eines Officier de bouche; die Preußen nennen es einen „Mehlwurm".

Das eigentliche Amt des blutjungen Menschen war aber das eines Günstlings des Prinzen, eines Brummels au petit pied und ohne gesteifte Krawatte, und er teilte auch am Ende das Schicksal solcher Spielzeuge der Fürstengunst. Mein Vater blieb zwar zeitlebens fest überzeugt, daß der Prinz, welcher später König von Hannover ward, ihn nie vergessen habe, doch wußte er sich nie zu erklären, warum der Prinz niemals nach ihm schickte, niemals sich nach ihm erkundigen ließ, da er doch nicht wissen konnte, ob sein ehemaliger Günstling nicht in Verhältnissen lebte, wo er etwa seiner bedürftig sein möchte.

Aus jener Feldzugsperiode stammen manche bedenkliche Liebhabereien meines Vaters, die ihm meine Mutter nur allmählich abgewöhnen konnte. Z.B. er ließ sich gern zu hohem Spiel verleiten, protegierte die dramatische Kunst oder vielmehr ihre Priesterinnen, und gar Pferde und Hunde waren seine Passion. Bei seiner Ankunft in Düsseldorf, wo er sich aus Liebe für meine Mutter als Kaufmann etablierte, hatte er zwölf der schönsten Gäule mitgebracht. Er entäußerte sich aber derselben auf ausdrücklichen Wunsch seiner jungen Gattin, die ihm vorstellte, daß dieses vierfüßige Kapital zuviel Hafer fresse und gar nichts eintrage.

Schwerer ward es meiner Mutter, auch den Stallmeister zu entfernen, einen vierschrötigen Flegel, der beständig mit irgendeinem aufgegabelten Lump im Stalle lag und Karten spielte. Er ging endlich von selbst in Begleitung einer goldenen Repetieruhr meines Vaters und einiger anderer Kleinodien von Wert.

Nachdem meine Mutter den Taugenichts los war, gab sie auch den Jagdhunden meines Vaters ihre Entlassung, mit Ausnahme eines einzigen, welcher Joly hieß, aber erzhäßlich war. Er fand Gnade in ihren Augen, weil er eben gar nichts von einem Jagdhund an sich hatte und ein bürgerlich treuer und tugendhafter Haushund werden konnte. Er bewohnte im leeren Stalle die alte Kalesche meines Vaters, und wenn dieser hier mit ihm zusammentraf, warfen sie sich wechselseitig bedeutende Blicke zu. „Ja, Joly", seufzte dann mein Vater, und Joly wedelte wehmütig mit dem Schwanze.

Ich glaube, der Hund war ein Heuchler, und einst in übler Laune, als sein Liebling über einen Fußtritt allzu jämmerlich wimmerte, gestand mein Vater, daß die Kanaille sich verstelle. Am Ende ward Joly sehr räudig, und da er eine wandelnde Kaserne von Flöhen geworden, mußte er ersäuft werden, was mein Vater ohne Einspruch geschehen ließ. –

Die Menschen sakrifizieren ihre vierfüßigen Günstlinge mit derselben Indifferenz wie die Fürsten die zweifüßigen.

Aus der Feldlagerperiode meines Vaters stammte auch wohl seine grenzenlose Vorliebe für den Soldatenstand oder vielmehr für das Soldatenspiel, die Lust an jenem lustigen, müßigen Leben, wo Goldflitter und Scharlachlappen die innere Leere verhüllen und die berauschte Eitelkeit sich als Mut gebärden kann.

In seiner junkerlichen Umgebung gab es weder militärischen Ernst noch wahre Ruhmsucht; von Heroismus konnte gar nicht die Rede sein. Als die Hauptsache erschien ihm die Wachtparade, das klirrende Wehrgehenke, die straffanliegende Uniform, so kleidsam für schöne Männer.

Wie glücklich war daher mein Vater, als zu Düsseldorf die Bürgergarden errichtet wurden und er als Offizier derselben die schöne dunkelblaue, mit himmelblauen Sammetaufschlägen versehene Uniform tragen und an der Spitze seiner Kolonnen an unserem Hause vorbeidefilieren konnte. Vor meiner Mutter, welche errötend am Fenster stand, salutierte er dann mit allerliebster Kourtoisie; der Federbusch auf seinem dreieckigen Hute flatterte da so stolz, und im Sonnenlicht blitzten freudig die Epauletten.

Noch glücklicher war mein Vater in jener Zeit, wenn die Reihe an ihn kam, als kommandierender Offizier die Hauptwache zu beziehen und für die Sicherheit der Stadt zu sorgen. An solchen Tagen floß auf der Hauptwache eitel Rüdesheimer und Aßmannshäuser von den trefflichsten Jahrgängen, alles auf Rechnung des kommandierenden Offiziers, dessen Freigebigkeit seine Bürgergardisten, seine Krethi und Plethi, nicht genug zu rühmen wußten.

Auch genoß mein Vater unter ihnen eine Popularität, die gewiß ebenso groß war wie die Begeisterung, womit die alte Garde den Kaiser Napoleon umjubelte. Dieser freilich verstand seine Leute in anderer Weise zu berauschen. Den Garden meines Vaters fehlte es nicht an einer gewissen Tapferkeit, zumal wo es galt, eine Batterie von Weinflaschen, deren Schlünde vom größten Kaliber, zu erstürmen. Aber ihr Heldenmut war doch von einer andren Sorte als die, welche wir bei der alten Kaisergarde fanden. Letztere starb und übergab sich nicht, während die Gardisten meines Vaters immer am Leben blieben und sich oft übergaben.

Was die Sicherheit der Stadt Düsseldorf betrifft, so mag es sehr bedenklich damit ausgesehen haben in den Nächten, wo mein Vater auf der Hauptwache kommandierte. Er trug zwar Sorge, Patrouillen auszuschikken, die singend und klirrend in verschiedenen Richtungen die Stadt durchstreiften. Es geschah einst, daß zwei solcher Patrouillen sich begegneten und in der Dunkelheit die einen die andern als Trunkenbolde und Ruhestörer arretieren wollten. Zum Glück sind meine Landsleute ein harmlos fröhliches Völkchen, sie sind im Rausche gutmütig, „ils ont le vin bon", und es geschah kein Malheur; sie übergaben sich wechselseitig.

Eine grenzenlose Lebenslust war ein Hauptzug im Charakter meines Vaters, er war genußsüchtig, frohsinnig, rosenlaunig. In seinem Gemüte war beständig Kirmes, und wenn auch manchmal die Tanzmusik nicht sehr rauschend, so wurden doch immer die Violinen gestimmt. Immer himmelblaue Heiterkeit und Fanfaren des Leichtsinns. Eine Sorglosigkeit, die des vorigen Tages vergaß und nie an den kommenden Morgen denken wollte.

Dieses Naturell stand im wunderlichsten Widerspruch mit der Gravität, die über sein strengruhiges Antlitz verbreitet war und sich in der Haltung und jeder Bewegung des Körpers kundgab. Wer ihn nicht kannte und zum ersten Male diese ernsthafte, gepuderte Gestalt und diese wichtige Miene sah, hätte gewiß glauben können, einen von den sieben Weisen Griechenlands zu erblicken. Aber bei näherer Bekanntschaft merkte man wohl, daß er weder ein Thales noch ein Lampsakus war, der über kosmogonische Probleme nachgrüble. Jene Gravität war zwar nicht erborgt, aber sie erinnerte doch an jene antiken Basreliefs, wo ein heiteres Kind sich eine große tragische Maske vor das Antlitz hält.

Er war wirklich ein großes Kind mit einer kindlichen Naivetät, die bei platten Verstandesvirtuosen sehr leicht für Einfalt gelten konnte, aber manchmal durch irgendeinen tiefsinnigen Ausspruch das bedeutendste Anschauungsvermögen (Intuition) verriet.

Er witterte mit seinen geistigen Fühlhörnern, was die Klugen erst langsam durch die Reflektion begriffen. Er dachte weniger mit dem Kopfe als mit dem Herzen und hatte das liebenswürdigste Herz, das man sich denken kann. Das Lächeln, das manchmal um seine Lippen spielte und mit der oben erwähnten Gravität gar drollig anmutig kontrastierte, war der süße Widerschein seiner Seelengüte.

Auch seine Stimme, obgleich männlich, klangvoll, hatte etwas Kindliches, ich möchte fast sagen etwas, das an Waldtöne, etwa an Rotkehlchenlaute erinnerte; wenn er sprach, so drang seine Stimme so direkt zu Herzen, als habe sie gar nicht nötig gehabt, den Weg durch die Ohren zu nehmen.

Er redete den Dialekt Hannovers, wo, wie auch in der südlichen Nachbarschaft dieser Stadt, das Deutsche am besten ausgesprochen wird. Das war ein großer Vorteil für mich, daß solchermaßen schon in der Kindheit durch meinen Vater mein Ohr an eine gute Aussprache des Deutschen gewöhnt wurde, während in unserer Stadt selbst jenes fatale Kauderwelsch des Niederrheins gesprochen wird, das zu Düsseldorf noch einigermaßen erträglich, aber in dem nachbarlichen Köln wahrhaft ekelhaft wird. Köln ist das Toskana einer klassisch schlechten Aussprache des Deutschen, und Kobes klügelt mit Marizzebill in einer Mundart, die wie faule Eier klingt, fast riecht.

In der Sprache der Düsseldorfer merkt man schon einen Übergang in das Froschgequäke der holländischen Sümpfe. Ich will der holländischen Sprache beileibe nicht ihre eigentümlichen Schönheiten absprechen, nur gestehe ich, daß ich kein Ohr dafür habe. Es mag sogar wahr sein, daß unsere eigene deutsche Sprache, wie patriotische Linguisten in den Niederlanden behauptet haben, nur ein verdorbenes Holländisch sei. Es ist möglich.

Dieses erinnert mich an die Behauptung eines kosmopolitischen Zoologen, welcher den Affen für den Ahnherrn des Menschengeschlechts erklärt; die Menschen sind nach seiner Meinung nur ausgebildete, ja überbildete Affen. Wenn die Affen sprechen könnten, sie würden wahrscheinlich behaupten, daß die Menschen nur ausgeartete Affen seien, daß die Menschheit ein verdorbenes Affentum, wie nach der Meinung der Holländer die deutsche Sprache ein verdorbenes Holländisch ist.

Ich sage: wenn die Affen sprechen könnten, obgleich ich von solchem Unvermögen des Sprechens nicht überzeugt bin. Die Neger am Senegal versichern steif und fest, die Affen seien Menschen ganz wie wir, jedoch klüger, indem sie sich des Sprechens enthalten, um nicht als Menschen anerkannt und zum Arbeiten gezwungen zu werden; ihre skurrile Affenspäße seien lauter Pfiffigkeit, wodurch sie bei den Machthabern der Erde für untauglich erscheinen möchten, wie wir andre ausgebeutet zu werden.

Solche Entäußerung aller Eitelkeit würde mir von diesen Menschen, die ein stummes Inkognito beibehalten und sich vielleicht über unsere Einfalt lustig machen, eine sehr hohe Idee einflößen. Sie bleiben frei in ihren Wäldern, dem Naturzustand nie entsagend. Sie könnten wahrlich mit Recht behaupten, daß der Mensch ein ausgearteter Affe sei.

Vielleicht haben unsere Vorfahren im achtzehnten Jahrhundert dergleichen schon geahnt, und indem sie instinktmäßig fühlten, wie unsere glatte Überzivilisation nur eine gefirnißte Fäulnis ist, und wie es nötig sei, zur Natur zurückzukehren, suchten sie sich unserem Urtypus, dem natürlichen Affentum, wieder zu nähern. Sie taten das Mögliche, und als ihnen endlich, um ganz Affe zu sein, nur noch der Schwanz fehlte, ersetzten sie diesen Mangel durch den Zopf. So ist die Zopfmode ein bedeutsames Symptom eines ernsten Bedürfnisses und nicht ein Spiel der Frivolität – – doch ich suche vergebens durch das Schellen meiner Kappe die Wehmut zu überklingeln, die mich jedesmal ergreift, wenn ich an meinen verstorbenen Vater denke.

Er war von allen Menschen derjenige, den ich am meisten auf dieser Erde geliebt. Er ist jetzt tot seit länger als 25 Jahren. Ich dachte nie daran, daß ich ihn einst verlieren würde, und selbst jetzt kann ich es kaum glauben, daß ich ihn wirklich verloren habe. Es ist so schwer, sich von dem Tod der Menschen zu überzeugen, die wir so innig liebten. Aber sie sind auch nicht tot, sie leben fort in uns und wohnen in unserer Seele.

Es verging seitdem keine Nacht, wo ich nicht an meinen seligen Vater denken mußte, und wenn ich des Morgens erwache, glaube ich oft noch den Klang seiner Stimme zu hören wie das Echo eines Traumes. Alsdann ist mir zu Sinn, als müßt ich mich geschwind ankleiden und zu meinem Vater hinabeilen in die große Stube, wie ich als Knabe tat.

Mein Vater pflegte immer sehr frühe aufzustehen und sich an seine Geschäfte zu begeben, im Winter wie im Sommer, und ich fand ihn gewöhnlich schon am Schreibtisch, wo er ohne aufzublicken mir die Hand hinreichte zum Kusse. Eine schöne, feingeschnittene, vornehme Hand, die er immer mit Mandelklei wusch. Ich sehe sie noch vor mir, ich sehe noch jedes blaue Äderchen, das diese blendend weiße Marmorhand durchrieselte. Mir ist, als steige der Mandelduft prickelnd in meine Nase, und das Auge wird feucht.

Zuweilen blieb es nicht beim bloßen Handkuß, und mein Vater nahm mich zwischen seine Knie und küßte mich auf die Stirn. Eines Morgens umarmte er mich mit ganz besonderer Zärtlichkeit und sagte: „Ich habe diese Nacht etwas Schönes von dir geträumt und bin sehr zufrieden mit dir, mein lieber Harry." Während er diese naiven Worte sprach, zog ein Lächeln um seine Lippen, welches zu sagen schien: mag der Harry sich noch so unartig in der Wirklichkeit aufführen, ich werde dennoch, um ihn ungetrübt zu lieben, immer etwas Schönes von ihm träumen.

Harry ist bei den Engländern der familiäre Namen derjenigen, welche Henri heißen, und er entspricht ganz meinem deutschen Taufnamen „Heinrich“. Die familiären Benennungen des letztern sind in dem Dialekte meiner Heimat äußerst mißklingend, ja fast skurril, z.B. Heinz, Heinzchen, Hinz. Heinzchen werden oft auch die kleinen Hauskobolde genannt, und der gestiefelte Kater im Puppenspiel und überhaupt der Kater in der Volksfabel heißt „Hinze“.

Aber nicht um solcher Mißlichkeit abzuhelfen, sondern um einen seiner besten Freunde in England zu ehren, ward von meinem Vater mein Name anglisiert. Mr. Harry war meines Vaters Geschäftsführer (Korrespondent) in Liverpool; er kannte dort die besten Fabriken, wo Velveteen fabriziert wurde, ein Handelsartikel, der meinem Vater sehr am Herzen lag, mehr aus Ambition als aus Eigennutz, denn obgleich er behauptete, daß er viel Geld an jenem Artikel verdiene, so blieb solches doch sehr problematisch, und mein Vater hätte vielleicht noch Geld zugesetzt, wenn es darauf ankam, den Velveteen in besserer Qualität und in größerer Quantität abzusetzen als seine Kompetitoren. Wie denn überhaupt mein Vater eigentlich keinen berechnenden Kaufmannsgeist hatte, obgleich er immer rechnete, und der Handel für ihn vielmehr ein Spiel war, wie die Kinder Soldaten oder Kochen spielen.

Seine Tätigkeit war eigentlich nur eine unaufhörliche Geschäftigkeit. Der Velveteen war ganz besonders seine Puppe, und er war glücklich, wenn die großen Frachtkarren abgeladen wurden und schon beim Abpacken alle Handelsjuden der benachbarten Gegend die Hausflur füllten; denn die letzteren waren seine besten Kunden, und bei ihnen fand sein Velveteen nicht bloß den größten Absatz, sondern auch ehrenhafte Anerkennung.

Da du, teurer Leser, vielleicht nicht weißt, was „Velveteen“ ist, so erlaube ich mir, dir zu erklären, daß dieses ein englisches Wort ist, welches samtartig bedeutet, und man benennt damit eine Art Samt von Baumwolle, woraus sehr schöne Hosen, Westen, sogar Kamisöle verfertigt werden. Es trägt dieser Kleidungsstoff auch den Namen „Manchester“ nach der gleichnamigen Fabrikstadt, wo derselbe zuerst fabriziert wurde.

Weil nun der Freund meines Vaters, der sich auf den Einkauf des Velveteens am besten verstand, den Namen Harry führte, erhielt auch ich diesen Namen, und Harry ward ich genannt in der Familie und bei Hausfreunden und Nachbarn.

Ich höre mich noch jetzt sehr gern bei diesem Namen nennen, obgleich ich demselben auch viel Verdruß, vielleicht den empfindlichsten Verdruß meiner Kindheit verdankte. Erst jetzt, wo ich nicht mehr unter den Lebenden lebe und folglich alle gesellschaftliche Eitelkeit in meiner Seele erlischt, kann ich ohne Befangenheit davon sprechen.

Hier in Frankreich ist mir gleich nach meiner Ankunft in Paris mein deutscher Namen „Heinrich" in „Henri" übersetzt worden, und ich mußte mich darin schicken und auch endlich hierzulande selbst so nennen, da das Wort „Heinrich" dem französischen Ohr nicht zusagte und überhaupt die Franzosen sich alle Dinge in der Welt recht bequem machen. Auch den Namen „Henri Heine" haben sie nie recht aussprechen können, und bei den meisten heiße ich Mr. Enri Enn; von vielen wird dieses in ein Enrienne zusammengezogen, und einige nannten mich Mr. Un rien.

Das schadet mir in mancherlei literärischer Beziehung, gewährt aber auch wieder einigen Vorteil. Z.B. unter meinen edlen Landsleuten, welche nach Paris kommen, sind manche, die mich hier gern verlästern möchten, aber da sie immer meinen Namen deutsch aussprechen, so kommt es den Franzosen nicht in den Sinn, daß der Bösewicht und Unschuldbrunnenvergifter, über den so schrecklich geschimpft ward, kein anderer als ihr Freund Monsieur Enrienne sei, und jene edlen Seelen haben vergebens ihrem Tugendeifer die Zügel schießen lassen; die Franzosen wissen nicht, daß von mir die Rede ist, und die transrhenanische Tugend hat vergebens alle Bolzen der Verleumdung abgeschossen.

Es hat aber, wie gesagt, etwas Mißliches, wenn man unsern Namen schlecht ausspricht. Es gibt Menschen, die in solchen Fällen eine große Empfindlichkeit an den Tag legen. Ich machte mir mal den Spaß, den alten Cherubini zu befragen, ob es wahr sei, daß der Kaiser Napoleon seinen Namen immer wie Scherubini und nicht wie Kerubini ausgesprochen, obgleich der Kaiser des Italienischen genugsam kundig war, um zu wissen, wo das italienische ch wie ein que oder k ausgesprochen wird. Bei dieser Anfrage expektorierte sich der alte Maestro mit höchst komischer Wut.

Ich habe dergleichen nie empfunden.

Heinrich, Harry, Henry – alle diese Namen klingen gut, wenn sie von schönen Lippen gleiten. Am besten freilich klingt Signor Enrico. So hieß ich in jenen hellblauen, mit großen silbernen Sternen gestickten Sommernächten jenes edlen und unglücklichen Landes, das die Heimat der Schönheit ist und Raffael Sanzio von Urbino, Joachimo Rossini und die Principessa Cristina Belgiojoso hervorgebracht hat.

Da mein körperlicher Zustand mir alle Hoffnung raubt, jemals wieder in der Gesellschaft zu leben, und letztere wirklich nicht mehr für mich existiert, so habe ich auch die Fessel jener persönlichen Eitelkeit abgestreift, die jeden behaftet, der unter den Menschen, in der sogenannten Welt, sich herumtreiben muß.

Ich kann daher jetzt mit unbefangenem Sinn von dem Mißgeschick sprechen, das mit meinem Namen „Harry" verbunden war und mir die schönsten Frühlingsjahre des Lebens vergällte und vergiftete.

Es hatte damit folgende Bewandtnis. In meiner Vaterstadt wohnte ein Mann, welcher „der Dreckmichel" hieß, weil er jeden Morgen mit einem Karren, woran ein Esel gespannt war, die Straßen der Stadt durchzog und vor jedem Hause stillhielt, um den Kehricht, welchen die Mädchen in zierlichen Haufen zusammengekehrt, aufzuladen und aus der Stadt nach dem Mistfelde zu transportieren. Der Mann sah aus wie sein Gewerbe, und der Esel, welcher seinerseits wie sein Herr aussah, hielt still vor den Häusern oder setzte sich in Trab, je nachdem die Modulation war, womit der Michel ihm das Wort „Haarüh!" zurief.

War solches sein wirklicher Name oder nur ein Stichwort? Ich weiß nicht, doch so viel ist gewiß, daß ich durch die Ähnlichkeit jenes Wortes mit meinem Namen Harry außerordentlich viel Leid von Schulkameraden und Nachbarskindern auszustehen hatte. Um mich zu nergeln, sprachen sie ihn ganz so aus, wie der Dreckmichel seinen Esel rief, und ward ich darob erbost, so nahmen die Schälke manchmal eine ganz unschuldige Miene an und verlangten, um jede Verwechselung zu vermeiden, ich sollte sie lehren, wie mein Name und der des Esels ausgesprochen werden müßten, stellten sich aber dabei sehr ungelehrig, meinten, der Michel pflege die erste Silbe immer sehr lang anzuziehen, während er die zweite Silbe immer sehr schnell abschnappen lasse; zu anderen Zeiten geschähe das Gegenteil, wodurch der Ruf wieder ganz meinem eigenen Namen gleichlaute, und indem die Buben in der unsinnigsten

Weise alle Begriffe und mich mit dem Esel und wieder diesen mit mir verwechselten, gab es tolle Coq-à l'âne, über die jeder andere lachen, aber ich selbst weinen mußte.

Als ich mich bei meiner Mutter beklagte, meinte sie, ich solle nur suchen, viel zu lernen und gescheit zu werden, und man werde mich dann nie mit einem Esel verwechseln.

Aber meine Homonymität mit dem schäbigen Langohr blieb mein Alp. Die großen Buben gingen vorbei und grüßten: „Haarüh!", die kleineren riefen mir denselben Gruß, aber in einiger Entfernung. In der Schule ward dasselbe Thema mit raffinierter Grausamkeit ausgebeutet; wenn nur irgend von einem Esel die Rede war, schielte man nach mir, der ich immer errötete, und es ist unglaublich, wie Schulknaben überall Anzüglichkeiten hervorzuheben oder zu erfinden wissen.

Z.B. der eine frug den andern: „Wie unterscheidet sich das Zebra von dem Esel des Barlaam, Sohn Beors?" Die Antwort lautete: „Der eine spricht zebräisch und der andere sprach hebräisch." – Dann kam die Frage: „Wie unterscheidet sich aber der Esel des Dreckmichels von seinem Namensvetter", und die impertinente Antwort war: „Den Unterschied wissen wir nicht." Ich wollte dann zuschlagen, aber man beschwichtigte mich, und mein Freund Dietrich, der außerordentlich schöne Heiligenbildchen zu verfertigen wußte und auch später ein berühmter Maler wurde, suchte mich einst bei einer solchen Gelegenheit zu trosten, indem er mir ein Bild versprach. Er malte für mich einen heiligen Michael – aber der Bösewicht hatte mich schändlich verhöhnt. Der Erzengel hatte die Züge des Dreckmichels, sein Roß sah ganz aus wie dessen Esel, und statt einen Drachen durchstach die Lanze das Aas einer toten Katze.

Sogar der blondlockichte, sanfte, mädchenhafte Franz, den ich so sehr liebte, verriet mich einst: er schloß mich in seine Arme, lehnte seine Wange zärtlich an die meinige, blieb lange sentimental an meiner Brust und – rief mir plötzlich ins Ohr ein lachendes Haarüh! – das schnöde Wort im Davonlaufen beständig modulierend, daß es weithin durch die Kreuzgänge des Klosters widerhallte.

Noch roher behandelten mich einige Nachbarskinder, Gassenbuben jener niedrigsten Klasse, welche wir in Düsseldorf „Haluten" nannten, ein Wort, welches Etymologienjäger gewiß von den Heloten der Spartaner ableiten würden.

Ein solcher Halut war der kleine Jupp, welches Joseph heißt, und den ich auch mit seinem Vatersnamen Flader benennen will, damit er beileibe nicht mit dem Jupp Rörsch verwechselt werde, welcher ein ganz artiges Nachbarskind war und, wie ich zufällig erfahren, jetzt als Postbeamter in Bonn lebt. Der Jupp Flader trug immer einen langen Fischerstecken, womit er nach mir schlug, wenn er mir begegnete. Er pflegte mir auch gern Roßäpfel an den Kopf zu werfen, die er brühwarm, wie sie aus dem Backofen der Natur kamen, von der Straße aufraffte. Aber nie unterließ er dann auch das fatale Haarüh! zu rufen und zwar in allen Modulationen.

Der böse Bub war der Enkel der alten Frau Flader, welche zu den Klientinnen meines Vaters gehörte. So böse der Bub war, so gutmütig war die arme Großmutter, ein Bild der Armut und des Elends, aber nicht abstoßend, sondern nur herzzerreißend. Sie war wohl über 80 Jahre alt, eine große Schlottergestalt, ein weißes Ledergesicht mit blassen Kummeraugen, eine weiche, röchelnde, wimmernde Stimme, und bettelnd ganz ohne Phrase, was immer furchtbar klingt.

Mein Vater gab ihr immer einen Stuhl, wenn sie kam, ihr Monatsgeld abzuholen an den Tagen, wo er als Armenpfleger seine Sitzungen hielt.

Von diesen Sitzungen meines Vaters als Armenpfleger blieben mir nur diejenigen im Gedächtnis, welche im Winter stattfanden, in der Frühe des Morgens, wenns noch dunkel war. Mein Vater saß dann an einem großen Tische, der mit Geldtüten jeder Größe bedeckt war; statt der silbernen Leuchter mit Wachskerzen, deren sich mein Vater gewöhnlich bediente, und womit er, dessen Herz so viel Takt besaß, vor der Armut nicht prunken wollte, standen jetzt auf dem Tische zwei kupferne Leuchter mit Talglichtern, die mit der roten Flamme des dikken, schwarzgebrannten Dochtes gar traurig die anwesende Gesellschaft beleuchteten.

Das waren arme Leute jedes Alters, die bis in den Vorsaal Queue machten. Einer nach dem andern kam, seine Tüte in Empfang zu nehmen, und mancher erhielt zwei; die große Tüte enthielt das Privatalmosen meines Vaters, die kleine das Geld der Armenkasse.

Ich saß auf einem hohen Stuhle neben meinem Vater und reichte ihm die Tüten. Mein Vater wollte nämlich, ich sollte lernen, wie man gibt, und in diesem Fache konnte man bei meinem Vater etwas Tüchtiges lernen.

Viele Menschen haben das Herz auf dem rechten Fleck, aber sie verstehen nicht zu geben, und es dauert lange, ehe der Wille des Herzens den Weg bis zur Tasche macht; zwischen dem guten Vorsatz und der Vollstreckung vergeht langsam die Zeit wie bei einer Postschnecke. Zwischen dem Herzen meines Vaters und seiner Tasche war gleichsam schon eine Eisenbahn eingerichtet. Daß er durch die Aktionen solcher Eisenbahn nicht reich wurde, versteht sich von selbst. Bei der Nord- oder Lyon-Bahn ist mehr verdient worden.

Die meisten Klienten meines Vaters waren Frauen und zwar alte, und auch in späteren Zeiten, selbst damals, als seine Umstände sehr unglänzend zu sein begannen, hatte er eine solche Klientel von bejahrten Weibspersonen, denen er kleine Pensionen verabreichte. Sie standen überall auf der Lauer, wo sein Weg ihn vorüberführen mußte, und er hatte solchermaßen eine geheime Leibwache von alten Weibern wie einst der selige Robespierre.

Unter dieser altergrauen Garde war manche Vettel, die durchaus nicht aus Dürftigkeit ihm nachlief, sondern aus wahrem Wohlgefallen an seiner Person, an seiner freundlichen und immer liebreichen Erscheinung.

Er war ja die Artigkeit in Person, nicht bloß den jungen, sondern auch den älteren Frauen gegenüber, und die alten Weiber, die so grausam sich zeigen, wenn sie verletzt werden, sind die dankbarste Nation, wenn man ihnen einige Aufmerksamkeit und Zuvorkommenheit erwiesen, und wer in Schmeicheleien bezahlt sein will, der findet in ihnen Personen, die nicht knickern, während die jungen schnippischen Dinger uns für alle unsere Zuvorkommenheiten kaum eines Kopfnickens würdigen.

Da nun für schöne Männer, deren Spezialität drin besteht, daß sie schöne Männer sind, die Schmeichelei ein großes Bedürfnis ist und es ihnen dabei gleichgültig ist, ob der Weihrauch aus einem rosichten oder welken Munde kommt, wenn er nur stark und reichlich hervorquillt, so begreift man, wie mein teurer Vater, ohne eben darauf spekuliert zu haben, dennoch in seinem Verkehr mit den alten Damen ein gutes Geschäft machte.

Es ist unbegreiflich, wie groß oft die Dosis Weihrauch war, mit welcher sie ihn eindampften, und wie gut er die stärkste Portion vertragen konnte. Das war sein glückliches Temperament, durchaus nicht Einfalt. Er wußte sehr wohl, daß man ihm schmeichle, aber er wußte auch, daß Schmeichelei wie Zucker immer süß ist, und er war wie das Kind, welches zu der Mutter sagt: schmeichle mir ein bißchen, sogar ein bißchen zuviel.

Das Verhältnis meines Vaters zu den besagten Frauen hatte aber noch außerdem einen ernsteren Grund. Er war nämlich ihr Ratgeber, und es ist merkwürdig, daß dieser Mann, der sich selber so schlecht zu raten wußte, dennoch die Lebensklugheit selbst war, wenn es galt, anderen in mißlichen Vorfallenheiten einen guten Rat zu erteilen. Er durchschaute dann gleich die Position, und wenn die betrübte Klientin ihm auseinandergesetzt, wie es ihr in ihrem Gewerbe immer schlimmer gehe, so tat er am Ende einen Ausspruch, den ich so oft, wenn alles schlecht ging, aus seinem Munde hörte, nämlich: „In diesem Falle muß man ein neues Fäßchen anstechen." Er wollte damit anraten, daß man nicht in einer verlorenen Sache eigensinnig ferner beharren, sondern etwas Neues beginnen, eine neue Richtung einschlagen müsse. Man muß dem alten Faß, woraus nur saurer Wein und nur sparsam tröpfelt, lieber gleich den Boden ausschlagen und „ein neues Fäßchen anstechen!" Aber statt dessen legt man sich faul mit offenem Mund unter das trockene Spundloch und hofft auf süßeres und reichlicheres Rinnen.

Als die alte Hanne meinem Vater klagte, daß ihre Kundschaft abgenommen und sie nichts mehr zu brocken und, was für sie noch empfindlicher, nichts mehr zu schlucken habe, gab er ihr erst einen Taler, und dann sann er nach. Die alte Hanne war früher eine der vornehmsten Hebammen, aber in späteren Jahren ergab sie sich etwas dem Trinken und besonders dem Tabakschnupfen; da in ihrer roten Nase immer Tauwetter war und der Tropfenfall die weißen Bettücher der Wöchnerinnen sehr verbräunte, so ward die Frau überall abgeschafft.

Nachdem mein Vater nun reiflich nachgedacht, sagte er endlich: „Da muß man ein neues Fäßchen anstechen, und diesmal muß es ein Branntweinfäßchen sein; ich rate Euch, in einer etwas vornehmen, von Matrosen besuchten Straße am Hafen einen kleinen Likörladen zu eröffnen, ein Schnapslädchen."

Die Ex-Hebamme folgte diesem Rat, sie etablierte sich mit einer Schnapsbutike am Hafen, machte gute Geschäfte, und sie hätte gewiß ein Vermögen erworben, wenn nicht unglücklicherweise sie selbst ihre beste Kunde gewesen wäre. Sie verkaufte auch Tabak, und ich sah sie oft vor ihrem Laden stehen mit ihrer rot aufgedunsenen Schnupftabaksnase, eine lebende Reklame, die manchen gefühlvollen Seemann anlockte.

Zu den schönen Eigenschaften meines Vaters gehörte vorzüglich seine große Höflichkeit, die er, als ein wahrhaft vornehmer Mann, ebensosehr gegen Arme wie gegen Reiche ausübte. Ich bemerkte dieses besonders in den oberwähnten Sitzungen, wo er, den armen Leuten ihre Geldtüte verabreichend, ihnen immer einige höfliche Worte sagte.

Ich konnte da etwas lernen, und in der Tat, mancher berühmte Wohltäter, der den armen Leuten immer die Tüte an den Kopf warf, daß man mit jedem Taler auch ein Loch in den Kopf bekam, hätte hier bei meinem höflichen Vater etwas lernen können. Er befragte die meisten armen Weiber nach ihrem Befinden, und er war so gewohnt an die Redeformel: „Ich habe die Ehre", daß er sie auch anwandte, wenn er mancher Vettel, die etwa unzufrieden und patzig, die Türe zeigte.

Gegen die alte Flader war er am höflichsten, und er bot ihr immer einen Stuhl. Sie war auch wirklich so schlecht auf den Beinen und konnte mit ihrer Handkrücke kaum forthumpeln.

Als sie zum letztenmal zu meinem Vater kam, um ihr Monatsgeld abzuholen, war sie so zusammenfallend, daß ihr Enkel, der Jupp, sie führen mußte. Dieser warf mir einen sonderbaren Blick zu, als er mich an dem Tische neben meinem Vater sitzen sah. Die Alte erhielt außer der kleinen Tüte auch noch eine ganz große Privattüte von meinem Vater, und sie ergoß sich in einen Strom von Segenswünschen und Tränen.

Es ist fürchterlich, wenn eine alte Großmutter so stark weint. Ich hätte selbst weinen können, und die alte Frau mochte es mir wohl anmerken. Sie konnte nicht genug rühmen, welch ein hübsches Kind ich sei, und sie sagte, sie wollte die Mutter Gottes bitten, dafür zu sorgen, daß ich niemals im Leben Hunger leiden und bei den Leuten betteln müsse.

Mein Vater ward über diese Worte etwas verdrießlich, aber die Alte meinte es ehrlich; es lag in ihrem Blick etwas so Geisterhaftes, aber zugleich Frömmiges und Liebreiches, und sie sagte zuletzt zu ihrem Enkel: „Geh, Jupp, und küsse dem lieben Kinde die Hand." Der Jupp schnitt eine säuerliche Grimasse, aber er gehorchte dem Befehl der Großmutter; ich fühlte auf meiner Hand seine brennenden Lippen wie den Stich einer Viper. Schwerlich konnte ich sagen warum, aber ich zog aus der Tasche alle meine Fettmännchen und gab sie dem Jupp, der mit einem roh blöden Gesicht sie Stück vor Stück zählte und endlich ganz gelassen in die Tasche seiner Bux steckte.

Zur Belehrung des Lesers bemerke ich, daß „Fettmännchen" der Name einer fettigdicken Kupfermünze ist, die ungefähr einen Sou wert ist.

Die alte Flader ist bald darauf gestorben, aber der Jupp ist gewiß noch am Leben, wenn er nicht seitdem gehenkt worden ist. – Der böse Bube blieb unverändert. Schon den andern Tag nach unserm Zusammentreffen bei meinem Vater begegnete ich ihm auf der Straße. Er ging mit seiner wohlbekannten langen Fischerrute. Er schlug mich wieder mit diesem Stecken, warf auch wieder nach mir mit einigen Roßäpfeln und schrie wieder das fatale Haarüh! und zwar so laut und die Stimme des Dreckmichels so treu nachahmend, daß der Esel desselben, der sich mit dem Karren zufällig in einer Nebengasse befand, den Ruf seines Herrn zu vernehmen glaubte und ein fröhliches I-A erschallen ließ.

Wie gesagt, die Großmutter des Jupp ist bald darauf gestorben und zwar in dem Ruf einer Hexe, was sie gewiß nicht war, obgleich unsere Zippel steif und fest das Gegenteil behauptete.

Zippel war der Name einer noch nicht sehr alten Person, welche eigentlich Sibylle hieß, meine erste Wärterin war und auch später im Hause blieb. Sie befand sich zufällig im Zimmer am Morgen der erwähnten Szene, wo die alte Flader mir so viele Lobsprüche erteilte und die Schönheit des Kindes bewunderte. Als die Zippel diese Worte hörte, erwachte in ihr der alte Volkswahn, daß es den Kindern schädlich sei, wenn sie solchermaßen gelobt werden, daß sie dadurch erkranken oder von einem Übel befallen werden, und um das Übel abzuwenden, womit sie mich bedroht glaubte, nahm sie ihre Zuflucht zu dem vom Volksglauben als probat empfohlenen Mittel, welches darin besteht, daß man das gelobte Kind dreimal anspucken muß. Sie kam auch gleich auf mich zugesprungen und spuckte mir hastig dreimal auf den Kopf.

Doch dieses war erst ein provisorisches Bespeien, denn die Wissenden behaupten, wenn die bedenkliche Lobspende von einer Hexe gemacht worden, so könne der böse Zauber nur durch eine Person gebrochen werden, die ebenfalls eine Hexe, und so entschloß sich die Zippel, noch denselben Tag zu einer Frau zu gehen, die ihr als Hexe bekannt war und ihr auch, wie ich später erfahren, manche Dienste durch ihre geheimnisvolle und verbotene Kunst geleistet hatte. Diese Hexe bestrich mir mit ihrem Daumen, den sie mit Speichel angefeuchtet, den Scheitel des Hauptes, wo sie einige Haare abgeschnitten; auch andere

Stellen bestrich sie solchermaßen, während sie allerlei Abrakadabra-Unsinn dabei murmelte, und so ward ich vielleicht schon frühe zum Teufelspriester ordiniert.

Jedenfalls hat diese Frau, deren Bekanntschaft mir seitdem verblieb, mich späterhin, als ich schon erwachsen, in die geheime Kunst iniziert.

Ich bin zwar selbst kein Hexenmeister geworden, aber ich weiß, wie gehext wird, und besonders weiß ich, was keine Hexerei ist.

Jene Frau nannte man die Meisterin oder auch die Göchin, weil sie aus Goch gebürtig war, wo auch ihr verstorbener Gatte, der das verrufene Gewerbe eines Scharfrichters trieb, sein Domizil hatte und von nah und fern zu Amtsverrichtungen gerufen wurde. Man wußte, daß er seiner Witwe mancherlei Arkana hinterlassen, und diese verstand es, diesen Ruf auszubeuten.

Es war aber wahrlich nicht die Hexerei, was mich zuweilen zur Göcherin trieb. Ich unterhielt die Bekanntschaft mit der Göcherin, und ich mochte wohl schon in einem Alter von sechzehn Jahren sein, als ich öfter als früher nach ihrer Wohnung ging, hingezogen von einer Hexerei, die stärker war als alle ihre lateinisch bombastischen Philtraria. Sie hatte nämlich eine Nichte, welche ebenfalls kaum 16 Jahre alt war, aber, plötzlich aufgeschossen zu einer hohen, schlanken Gestalt, viel älter zu sein schien. Das plötzliche Wachstum war auch schuld, daß sie äußerst mager war. Sie hatte jene enge Taille, welche wir bei den Quarteronen in Westindien bemerken, und da sie kein Korsett und kein Dutzend Unterröcke trug, so glich ihre eng anliegende Kleidung dem nassen Gewand einer Statue. Keine marmorne Statue konnte freilich mit ihr an Schönheit wetteifern, da sie das Leben selbst und jede Bewegung die Rhythmen ihres Leibes, ich möchte sagen sogar die Musik ihrer Seele offenbarte. Keine von den Töchtern der Niobe hatte ein edler geschnittenes Gesicht; die Farbe desselben wie ihre Haut überhaupt war von einer etwas wechselnden Weiße. Ihre großen tiefdunklen Augen sahen aus, als hätten sie ein Rätsel aufgegeben und warteten ruhig auf die Lösung, während der Mund mit den schmalen, hochaufgeschürzten Lippen und den kreideweißen, etwas länglichen Zähnen zu sagen schien: du bist zu dumm und wirst vergebens raten.

Ihr Haar war rot, ganz blutrot und hing in langen Locken bis über ihre Schultern hinab, so daß sie dasselbe unter dem Kinn zusammenbinden konnte. Das gab ihr aber das Aussehen, als habe man ihr den Hals abgeschnitten, und in roten Strömen quölle daraus hervor das Blut.

Die Stimme der Josepha oder des roten „Sefchen“, wie man die schöne Nichte der Göcherin nannte, war nicht besonders wohllautend, und ihr Sprachorgan war manchmal bis zur Klanglosigkeit verschleiert; doch plötzlich, wenn die Leidenschaft eintrat, brach der metallreichste Ton hervor, der mich ganz besonders durch den Umstand ergriff, daß die Stimme der Josepha mit der meinigen eine so große Ähnlichkeit hatte.

Wenn sie sprach, erschrak ich zuweilen und glaubte, mich selbst sprechen zu hören, und auch ihr Gesang erinnerte an Träume, wo ich mich selber in derselben Art und Weise singen hörte.

Sie wußte viele alte Volkslieder und hat vielleicht bei mir den Sinn für diese Gattung geweckt, wie sie gewiß den größten Einfluß auf den erwachenden Poeten übte, so daß meine ersten Gedichte der „Traumbilder“, die ich bald darauf schrieb, ein düstres und grausames Kolorit haben, wie das Verhältnis, das damals seine blutrünstigen Schatten in mein junges Leben und Denken warf.

Unter den Liedern, die Josepha sang, war ein Volkslied, das sie von der Zippel gelernt, und welches diese auch mir in meiner Kindheit oft vorgesungen, so daß ich zwei Strophen im Gedächtnis behielt, die ich um so lieber hier mitteilen will, da ich das Gedicht in keiner der vorhandenen Volksliedersammlungen fand. Sie lauten folgendermaßen – zuerst spricht der böse Tragig:

„Otilje lieb, Otilje mein,
Du wirst wohl nicht die letzte sein –
Sprich, willst du hängen am hohen Baum?
Oder willst du schwimmen im blauen See?
Oder willst du küssen das blanke Schwert,
Was der liebe Gott beschert?“

Hierauf antwortet Otilje:

„Ich will nicht hängen am hohen Baum,
Ich will nicht schwimmen im blauen See,
Ich will küssen das blanke Schwert,
Was der liebe Gott beschert!“

Als das rote Sefchen einst das Lied singend an das Ende dieser Strophe kam und ich ihr die innere Bewegung abmerkte, ward auch ich so erschüttert, daß ich in ein plötzliches Weinen ausbrach, und wir fielen uns beide schluchzend in die Arme, sprachen kein Wort, wohl eine Stunde lang, während uns die Tränen aus den Augen rannen und wir uns wie durch einen Tränenschleier ansahen.

Ich bat Sefchen, mir jene Strophen aufzuschreiben, und sie tat es, aber sie schrieb sie nicht mit Tinte, sondern mit ihrem Blute; das rote Autograph kam mir später abhanden, doch die Strophen blieben mir unauslöschlich im Gedächtnis.

Der Mann der Göchin war der Bruder von Sefchens Vater, welcher ebenfalls Scharfrichter war, doch da derselbe früh starb, nahm die Göchin das kleine Kind zu sich. Aber als bald darauf ihr Mann starb und sie sich in Düsseldorf ansiedelte, übergab sie das Kind dem Großvater, welcher ebenfalls Scharfrichter war und im Westfälischen wohnte.

Hier, in dem „Freihaus", wie man die Scharfrichterei zu nennen pflegt, verharrte Sefchen bis zu ihrem vierzehnten Jahre, wo der Großvater starb und die Göchin die ganz Verwaiste wieder zu sich nahm.

Durch die Unehrlichkeit ihrer Geburt führte Sefchen von ihrer Kindheit bis ins Jungfrauenalter ein vereinsamtes Leben, und gar auf dem Freihof ihres Großvaters war sie von allem gesellschaftlichen Umgang abgeschieden. Daher ihre Menschenscheu, ihr sensitives Zusammenzucken vor jeder fremden Berührung, ihr geheimnisvolles Hinträumen, verbunden mit dem störrigsten Trutz, mit der patzigsten Halsstarrigkeit und Wildheit.

Sonderbar! sogar in ihren Träumen, wie sie mir einst gestand, lebte sie nicht mit Menschen, sondern sie träumte nur von Tieren.

In der Einsamkeit der Scharfrichterei konnte sie sich nur mit den alten Büchern des Großvaters beschäftigen, welcher letztere ihr zwar Lesen und Schreiben selbst lehrte, aber doch äußerst wortkarg war.

Manchmal war er mit seinen Knechten auf mehrere Tage abwesend, und das Kind blieb dann allein im Freihaus, welches nahe am Hochgericht in einer waldigen Gegend sehr einsam gelegen war. Zu Hause blieben nur drei alte Weiber mit greisen Wackelköpfen, die beständig ihre Spinnräder schnurren ließen, hüstelten, sich zankten und viel Brannte-wein tranken.

Besonders in Winternächten, wo der Wind draußen die alten Eichen schüttelte und der große flackernde Kamin so sonderbar heulte, ward es dem armen Sefchen sehr unheimlich im einsamen Hause; denn alsdann fürchtete man auch den Besuch der Diebe, nicht der lebenden, sondern der toten, der gehenkten, die vom Galgen sich losgerissen und an die niederen Fensterscheiben des Hauses klopften und Einlaß verlangten, um sich ein bißchen zu wärmen. Sie schneiden so jämmerlich verfrorene Grimassen. Man kann sie nur dadurch verscheuchen, daß man aus der Eisenkammer ein Richtschwert holt und ihnen damit droht; alsdann huschen sie wie ein Wirbelwind von dannen.

Manchmal lockt sie nicht bloß das Feuer des Herdes, sondern auch die Absicht, die ihnen vom Scharfrichter gestohlenen Finger wieder zu stehlen. Hat man die Tür nicht hinlänglich verriegelt, so treibt sie auch noch im Tode das alte Diebesgelüste, und sie stehlen die Laken aus den Schränken und Betten. Eine von den alten Frauen, die einst einen solchen Diebstahl noch zeitig bemerkte, lief dem toten Diebe nach, der im Winde das Laken flattern ließ, und einen Zipfel erfassend, entriß sie ihm den Raub, als er den Galgen erreicht hatte und sich auf das Gebälke desselben flüchten wollte.

Nur an Tagen, wo der Großvater sich zu einer großen Hinrichtung anschickte, kamen aus der Nachbarschaft die Kollegen zum Besuche, und dann wurde gesotten, gebraten, geschmaust, getrunken, wenig gesprochen und gar nicht gesungen. Man trank aus silbernen Bechern, statt daß dem unehrlichen Freimeister oder gar seinen Freiknechten in den Wirtshäusern, wo sie einkehrten, nur eine Kanne mit hölzernem Deckel gereicht wurde, während man allen anderen Gästen aus Kannen mit zinnernen Deckeln zu trinken gab. An manchen Orten wird das Glas zerbrochen, woraus der Scharfrichter getrunken; niemand spricht mit ihm, jeder vermeidet die geringste Berührung. Diese Schmach ruht auf seiner ganzen Sippschaft, weshalb auch die Scharfrichterfamilien nur untereinander heuraten.

Als Sefchen, wie sie mir erzählte, schon acht Jahre alt war, kamen an einem schönen Herbsttage eine ungewöhnliche Anzahl von Gästen aufs Gehöft des Großvaters, obgleich eben keine Hinrichtung oder sonstige peinliche Amtspflicht zu vollstrecken stand. Es waren ihrer wohl über ein Dutzend, fast alle sehr alte Männchen mit eisgrauen oder kahlen Köpfchen, die unter ihren langen roten Mänteln ihr Richtschwert und ihre sonntäglichsten, aber ganz altfränkischen Kleider trugen. Sie kamen, wie sie sagten, um zu „tagen“, und was Küche und Keller am Kostbarsten besaß, ward ihnen beim Mittagsmahl aufgetischt.

Es waren die ältesten Scharfrichter aus den entferntesten Gegenden, hatten einander lange nicht gesehen, schüttelten sich unaufhörlich die Hände, sprachen wenig und oft in einer geheimnisvollen Zeichensprache und amüsierten sich in ihrer Weise, das heißt „moult tristement“, wie Froissart von den Engländern sagte, die nach der Schlacht bei Poitiers bankettierten.

Als die Nacht hereinbrach, schickte der Hausherr seine Knechte aus dem Hause, befahl der alten Schaffnerin, aus dem Keller drei Dutzend Flaschen seines besten Rheinweins zu holen und auf den Steintisch zu stellen, der draußen vor den großen, einen Halbkreis bildenden Eichen stand; auch die Eisenleuchter für die Kienlichter befahl er dort aufzustellen, und endlich schickte er die Alte nebst den zwei anderen Vetteln mit einem Vorwande aus dem Hause. Sogar an des Hofhundes kleinem Stall, wo die Planken eine Öffnung ließen, verstopfte er dieselbe mit einer Pferdedecke; der Hund ward sorgsam angekettet.

Das rote Sefchen ließ der Großvater im Hause, er gab ihr den Auftrag, den großen silbernen Pokal, worauf die Meergötter mit ihren Delphinen und Muscheltrompeten abgebildet, rein auszuschwenken und auf den erwähnten Steintisch zu stellen, – dann aber, setzte er mit Befangenheit hinzu, solle sie sich unverzüglich in ihrem Schlafkämmerlein zu Bette begeben.

Den Neptunspokal hat das rote Sefchen ganz gehorsamlich ausgeschwenkt und auf den Steintisch zu den Weinflaschen gestellt, aber zu Bette ging sie nicht, und von Neugier getrieben verbarg sie sich hinter einem Gebüsche nahe bei den Eichen, wo sie zwar wenig hören, jedoch alles genau sehen konnte, was vorging.

Die fremden Männer mit dem Großvater an ihrer Spitze kamen feierlich paarweis herangeschritten und setzten sich auf hohen Holzblökken im Halbkreis um den Steintisch, wo die Harzlichter angezündet worden und ihre ernsthaften, steinharten Gesichter gar grauenhaft beleuchteten.

Sie saßen lange schweigend oder vielmehr in sich hineinmurmelnd, vielleicht betend. Dann goß der Großvater den Pokal voll Wein, den jeder nun austrank und mit wieder neu eingeschenktem Wein seinem Nachbarn zustellte; nach jedem Trunk schüttelte man sich auch biderbe die Hände.

Endlich hielt der Großvater eine Anrede, wovon das Sefchen wenig hören konnte und gar nichts verstand, die aber sehr traurige Gegenstände zu behandeln schien, da große Tränen aus des alten Mannes Augen herabtropften und auch die anderen alten Männer bitterlich zu weinen anfingen, was ein entsetzlicher Anblick war, da diese Leute sonst so hart und verwittert aussahen wie die grauen Steinfiguren vor einem Kirchenportal – und jetzt schossen Tränen aus den stieren Steinaugen, und sie schluchzten wie die Kinder.

Der Mond sah dabei so melancholisch aus seinen Nebelschleiern am sternlosen Himmel, daß der kleinen Lauscherin das Herz brechen wollte vor Mitleid. Besonders rührte sie der Kummer eines kleinen alten Mannes, der heftiger als die anderen weinte und so laut jammerte, daß sie ganz gut einige seiner Worte vernahm – er rief unaufhörlich: „O Gott! o Gott! das Unglück dauert schon so lange, das kann eine menschliche Seele nicht länger tragen. O Gott, du bist ungerecht, ja ungerecht." – Seine Genossen schienen ihn nur mit großer Mühe beschwichtigen zu können.

Endlich erhob sich wieder die Versammlung von ihren Sitzen, sie warfen ihre roten Mäntel ab, und, jeder sein Richtschwert unterm Arm haltend, je zwei und zwei begaben sie sich hinter einen Baum, wo schon ein eiserner Spaten bereit stand, und mit diesem Spaten schaufelte einer von ihnen in wenigen Augenblicken eine tiefe Grube. Jetzt trat Sefchens Großvater heran, welcher seinen roten Mantel nicht wie die anderen abgelegt hatte, und langte darunter ein weißes Paket hervor, welches sehr schmal, aber über eine Brabanter Elle lang sein mochte und mit einem Bettlaken umwickelt war; er legte dasselbe sorgsam in die offene Grube, die er mit großer Hast wieder zudeckte.

Das arme Sefchen konnte es in seinem Versteck nicht länger aushalten; bei dem Anblick jenes geheimnisvollen Begräbnisses sträubten sich ihre Haare, das arme Kind trieb die Seelenangst von dannen, sie eilte in ihr Schlafkämmerlein, barg sich unter die Decke und schlief ein.

Am anderen Morgen erschien dem Sefchen alles wie ein Traum, aber da sie hinter dem bekannten Baum den aufgefrischten Boden sah, merkte sie wohl, daß alles Wirklichkeit war. Sie grübelte lange darüber nach, was dort wohl vergraben sein mochte: ein Kind? ein Tier? ein Schatz? – sie sagte aber niemandem ein Sterbenswort von dem nächtlichen Begebnis, und da die Jahre vergingen, trat dasselbe in den Hintergrund ihres Gedächtnisses.

Erst fünf Jahre später, als der Großvater gestorben und die Göcherin ankam, um das Mädchen nach Düsseldorf abzuholen, wagte dasselbe der Muhme ihr Herz zu öffnen. Diese aber war über die seltsame Geschichte weder erschrocken noch verwundert, sondern höchlich erfreut, und sie sagte, daß weder ein Kind, noch eine Katze, noch ein Schatz in der Grube verborgen läge, wohl aber das alte Richtschwert des Großvaters, womit derselbe hundert armen Sündern den Kopf abgeschlagen habe. Nun sei es aber Brauch und Sitte der Scharfrichter, daß sie ein Schwert, womit hundertmal das hochnotpeinliche Amt verrichtet worden, nicht länger behalten oder gar benutzen; denn ein solches Richtschwert sei nicht wie andere Schwerter, es habe mit der Zeit ein heimliches Bewußtsein bekommen und bedürfe am Ende der Ruhe im Grabe wie ein Mensch.

Auch werden solche Schwerter, meinen viele, durch das viele Blutvergießen zuletzt grausam und sie lechzen manchmal nach Blut, und oft um Mitternacht könne man deutlich hören, wie sie im Schranke, wo sie aufgehenkt sind, leidenschaftlich rasseln und rumoren; ja, einige werden so tückisch und boshaft ganz wie unsereins und betören den Unglücklichen, der sie in Händen hat, so sehr, daß er die besten Freunde damit verwundet. So habe mal in der Göcherin eigenen Familie ein Bruder den andern mit einem solchen Schwerte erstochen.

Nichtsdestoweniger gestand die Göcherin, daß man mit einem solchen Hundertmordschwert die kostbarsten Zauberstücke verrichten könne, und noch in derselben Nacht hatte sie nichts Eiligeres zu tun, als an dem bezeichneten Baum das verscharrte Richtschwert auszugraben, und sie verwahrte es seitdem unter anderem Zaubergeräte in ihrer Rumpelkammer.

Als sie einst nicht zu Hause war, bat ich Sefchen, mir jene Kuriosität zu zeigen. Sie ließ sich nicht lange bitten, ging in die besagte Kammer und trat gleich daraus hervor mit einem ungeheuren Schwerte, das sie trotz ihrer schmächtigen Arme sehr kräftig schwang, während sie schalkhaft drohend die Worte sang:

„Willst du küssen das blanke Schwert,
Das der liebe Gott beschert?"

Ich antwortete darauf in derselben Tonart: „Ich will nicht küssen das blanke Schwert – ich will das rote Sefchen küssen!" und da sie sich aus Furcht, mich mit dem fatalen Stahl zu verletzen, nicht zur Gegenwehr setzen konnte, mußte sie es geschehen lassen, daß ich mit großer Herzhaftigkeit die feinen Hüften umschlang und die trutzigen Lippen küßte. Ja, trotz dem Richtschwert, womit schon hundert arme Schelme geköpft worden, und trotz der Infamia, womit jede Berührung des unehrlichen Geschlechtes jeden behaftet, küßte ich die schöne Scharfrichterstochter.

Ich küßte sie nicht bloß aus zärtlicher Neigung, sondern auch aus Hohn gegen die alte Gesellschaft und alle ihre dunklen Vorurteile, und in diesem Augenblick loderten in mir auf die ersten Flammen jener zwei Passionen, welchen mein späteres Leben gewidmet blieb: die Liebe für schöne Frauen und die Liebe für die französische Revolution, den modernen furor francese, wovon auch ich ergriffen ward im Kampf mit den Landsknechten des Mittelalters.

Ich will meine Liebe für Josepha nicht näher beschreiben. So viel aber will ich gestehen, daß sie doch nur ein Präludium war, welches den großen Tragödien meiner reiferen Periode voranging. So schwärmt Romeo erst für Rosalinde, ehe er seine Julia sieht.

In der Liebe gibt es ebenfalls, wie in der römisch-katholischen Religion, ein provisorisches Fegfeuer, in welchem man sich erst an das Gebratenwerden gewöhnen soll, ehe man in die wirkliche ewige Hölle gerät.

Hölle? Darf man der Liebe mit solcher Unart erwähnen? Nun, wenn ihr wollt, will ich sie auch mit dem Himmel vergleichen. Leider ist in der Liebe nie genau zu ermitteln, wo sie anfängt, mit der Hölle oder mit dem Himmel die größte Ähnlichkeit zu bieten, so wie man auch nicht weiß, ob nicht die Engel, die uns darin begegnen, etwa verkappte Teufel sind, oder ob die Teufel dort nicht manchmal verkappte Engel sein mögen.

Aufrichtig gesagt: welche schreckliche Krankheit ist die Frauenliebe! Da hilft keine Inokulation, wie wir leider gesehen. Sehr gescheute und erfahrene Ärzte raten zu Ortsveränderung und meinen, mit der Entfernung von der Zauberin zerreiße auch der Zauber. Das Prinzip der Homöopathie, wo das Weib uns heilet von dem Weibe, ist vielleicht das probateste.

So viel wirst du gemerkt haben, teurer Leser, daß die Inokulation der Liebe, welche meine Mutter in meiner Kindheit versuchte, keinen günstigen Erfolg hatte. Es stand geschrieben, daß ich von dem großen

Übel, den Pocken des Herzens, stärker als andere Sterbliche heimgesucht werden sollte, und mein Herz trägt die schlechtvernarbten Spuren in so reichlicher Fülle, daß es aussieht wie die Gipsmaske des Mirabeau oder wie die Fassade des Palais Mazarin nach den glorreichen Juliustagen oder gar wie die Reputation der größten tragischen Künstlerin.

Gibt es aber gar kein Heilmittel gegen das fatale Gebreste? Jüngst meinte ein Psychologe, man könnte dasselbe bewältigen, wenn man gleich im Beginn des Ausbruchs einige geeignete Mittel anwende. Diese Vorschrift mahnt jedoch an das alte naive Gebetbuch, welches Gebete für alle Unglücksfälle, womit der Mensch bedroht ist, und unter anderen ein mehrere Seiten langes Gebet enthält, das der Schieferdecker abbeten solle, sobald er sich vom Schwindel ergriffen fühle und in Gefahr sei, vom Dache herabzufallen.

Ebenso töricht ist es, wenn man einem Liebeskranken anrät, den Anblick seiner Schönen zu fliehen und sich in der Einsamkeit an der Brust der Natur Genesung zu suchen. Ach, an dieser grünen Brust wird er nur Langeweile finden, und es wäre ratsamer, daß er, wenn nicht alle seine Energie erloschen, an ganz anderen und sehr weißen Brüsten wo nicht Ruhe, so doch heilsame Unruhe suchte; denn das wirksamste Gegengift gegen die Weiber sind die Weiber; freilich hieße das, den Satan durch Beelzebub bannen, und dann ist in solchem Falle die Medizin oft noch verderblicher als die Krankheit. Aber es ist immer eine Chance, und in trostlosen Liebeszuständen ist der Wechsel der Inamorata gewiß das Ratsamste, und mein Vater dürfte auch hier mit Recht sagen: jetzt muß man ein neues Fäßchen anstechen.

Ja, laßt uns zu meinem lieben Vater zurückkehren, dem irgendeine mildtätige alte Weiberseele meinen öfteren Besuch bei der Göcherin und meine Neigung für das rote Sefchen denunziert hatte. Diese Denunziationen hatten jedoch keine andere Folge, als meinem Vater Gelegenheit zu geben, seine liebenswürdige Höflichkeit zu bekunden. Denn Sefchen sagte mir bald, ein sehr vornehmer und gepuderter Mann in Begleitung eines andern sei ihr auf der Promenade begegnet, und als ihm sein Begleiter einige Worte zugeflüstert, habe er sie freundlich angesehen und im Vorbeigehen grüßend seinen Hut vor ihr abgezogen.

Nach der näheren Beschreibung erkannte ich in dem grüßenden Manne meinen lieben gütigen Vater.

Nicht dieselbe Nachsicht zeigte er, als man ihm einige irreligiöse

Spötteleien, die mir entschlüpft, hinterbrachte. Man hatte mich der Gottesleugnung angeklagt, und mein Vater hielt mir deswegen ein Standrede, die längste, die er wohl je gehalten und die folgendermaßen lautete: „Lieber Sohn! Deine Mutter läßt dich beim Rektor Schallmayer Philosophie studieren. Das ist ihre Sache. Ich meinesteils liebe nicht die Philosophie, denn sie ist lauter Aberglauben, und ich bin Kaufmann und habe meinen Kopf nötig für mein Geschäft. Du kannst Philosoph sein, soviel du willst, aber ich bitte dich, sage nicht öffentlich, was du denkst, denn du würdest mir im Geschäft schaden, wenn meine Kunden erführen, daß ich einen Sohn habe, der nicht an Gott glaubt; besonders die Juden würden keine Velveteens mehr bei mir kaufen und sind ehrliche Leute, zahlen prompt und haben auch recht, an der Religion zu halten. Ich bin dein Vater und also älter als du und dadurch auch erfahrener; du darfst mir also aufs Wort glauben, wenn ich mir erlaube, dir zu sagen, daß der Atheismus eine große Sünde ist."

Aus: Ideen. Das Buch Le Grand

Kapitel VI

Ja, Madame, dort bin ich geboren, und ich bemerke dieses ausdrücklich für den Fall, daß etwa, nach meinem Tode, sieben Städte – Schilda, Krähwinkel, Polkwitz, Bockum, Dülken, Göttingen und Schöppenstädt – sich um die Ehre streiten, meine Vaterstadt zu sein. Düsseldorf ist eine Stadt am Rhein, es leben da 16 000 Menschen, und viele hunderttausend Menschen liegen noch außerdem da begraben. Und darunter sind manche, von denen meine Mutter sagt, es wäre besser, sie lebten noch, z. B. mein Großvater und mein Oheim, der alte Herr v. Geldern und der junge Herr v. Geldern, die beide so berühmte Doktoren waren, und so viele Menschen vom Tode kuriert, und doch selber sterben mußten. Und die fromme Ursula, die mich als Kind auf den Armen getragen, liegt auch dort begraben, und es wächst ein Rosenstrauch auf ihrem Grab – Rosenduft liebte sie so sehr im Leben und ihr Herz war lauter Rosenduft und Güte. Auch der alte kluge Kanonikus liegt dort begraben. Gott, wie elend sah er aus, als ich ihn zuletzt sah! Er bestand nur noch aus Geist und Pflastern, und studierte dennoch Tag und Nacht, als wenn er besorgte, die Würmer möchten einige Ideen zuwenig in seinem Kopfe finden. Auch der kleine Wilhelm liegt dort, und daran bin ich schuld. Wir waren Schulkameraden im Franziskanerkloster und spielten auf jener Seite desselben, wo zwischen steinernen Mauern die Düssel fließt, und ich sagte: „Wilhelm, hol doch das Kätzchen, das eben hineingefallen“ – und lustig stieg er hinab auf das Brett, das über dem Bach lag, riß das Kätzchen aus dem Wasser, fiel aber selbst hinein, und als man ihn herauszog, war er naß und tot. Das Kätzchen hat noch lange Zeit gelebt.

Die Stadt Düsseldorf ist sehr schön, und wenn man in der Ferne an sie denkt und zufällig dort geboren ist, wird einem wunderlich zumute. Ich bin dort geboren, und es ist mir, als müßte ich gleich nach Hause gehn. Und wenn ich sage nach Hause gehn, so meine ich die Bolkerstraße und das Haus, worin ich geboren bin. Dieses Haus wird einst sehr merkwürdig sein, und der alten Frau, die es besitzt, habe ich sagen lassen, daß sie bei Leibe das Haus nicht verkaufen solle. Für das ganze Haus bekäme sie jetzt doch kaum so viel wie schon allein das Trinkgeld betragen wird, das einst die grünverschleierten, vornehmen Engländerinnen dem Dienstmädchen geben, wenn es ihnen die Stube zeigt, worin ich das Licht der Welt erblickt, und den Hühnerwinkel, worin mich Vater gewöhnlich einsperrte, wenn ich Trauben genascht, und auch die braune Türe, worauf Mutter mich die Buchstaben mit Kreide schreiben lehrte – ach Gott! Madame, wenn ich ein berühmter Schriftsteller werde, so hat das meiner armen Mutter genug Mühe gekostet.

Aber mein Ruhm schläft jetzt noch in den Marmorbrüchen von Carrara, der Makulatur-Lorbeer, womit man meine Stirne geschmückt, hat seinen Duft noch nicht durch die ganze Welt verbreitet, und wenn jetzt die grünverschleierten, vornehmen Engländerinnen nach Düsseldorf kommen, so lassen sie das berühmte Haus noch unbesichtigt und gehen direkt nach dem Marktplatz und betrachten die dort in der Mitte stehende, schwarze, kolossale Reuterstatue. Diese soll den Kurfürsten Jan Wilhelm vorstellen. Er trägt einen schwarzen Harnisch, eine tiefherabhängende Allongeperücke – Als Knabe hörte ich die Sage, der Künstler, der diese Statue gegossen, habe während des Gießens mit Schrecken bemerkt, daß sein Metall nicht dazu ausreiche, und da wären die Bürger der Stadt herbeigelaufen, und hätten ihm ihre silbernen Löffel gebracht, um den Guß zu vollenden – und nun stand ich stundenlang vor dem Reuterbilde, und zerbrach mir den Kopf: wie viel silberne Löffel wohl darin stecken mögen, und wie viel Apfeltörtchen man wohl für all das Silber bekommen könnte? Apfeltörtchen waren nämlich damals meine Passion – jetzt ist es Liebe, Wahrheit, Freiheit und Krebssuppe – und eben unweit des Kurfürstenbildes, an der Theaterecke, stand gewöhnlich der wunderlich gebackene, säbelbeinige Kerl, mit der weißen Schürze und dem umgehängten Korbe voll lieblich dampfender Apfeltörtchen, die er mit einer unwiderstehlichen Diskantstimme anzupreisen wußte: „Die Apfeltörtchen sind ganz frisch, eben aus dem Ofen, riechen so delikat" – Wahrlich, wenn in meinen späteren Jahren der Versucher mir beikommen wollte, so sprach er mit solcher lockenden Diskantstimme, und bei Signora Giulietta wäre ich keine volle zwölf Stunden geblieben, wenn sie nicht den süßen, duftenden Apfeltörtchenton angeschlagen hätte. Und wahrlich, nie würden Apfeltörtchen mich so sehr angereizt haben, hätte der krumme Hermann sie nicht so geheimnisvoll mit seiner weißen Schürze bedeckt – und die Schürzen sind es, welche –

doch sie bringen mich ganz aus dem Kontext, ich sprach ja von der Reuterstatue, die so viel silberne Löffel im Leibe hat, und keine Suppe, und den Kurfürsten Jan Wilhelm darstellt.

Er soll ein braver Herr gewesen sein, und sehr kunstliebend, und selbst sehr geschickt. Er stiftete die Gemäldegalerie in Düsseldorf, und auf dem dortigen Observatorium zeigt man noch einen überaus künstlichen Einschachtelungsbecher von Holz, den er selbst in seinen Freistunden – er hatte deren täglich vierundzwanzig – geschnitzelt hat.

Damals waren die Fürsten noch keine geplagte Leute wie jetzt, und die Krone war ihnen am Kopfe festgewachsen, und des Nachts zogen sie noch eine Schlafmütze darüber, und schliefen ruhig, und ruhig zu ihren Füßen schliefen die Völker, und wenn diese des Morgens erwachten, so sagten sie: „Guten Morgen, Vater!" – und jene antworteten: „Guten Morgen, liebe Kinder!"

Aber es wurde plötzlich anders; als wir eines Morgens zu Düsseldorf erwachten, und „Guten Morgen, Vater!" sagen wollten, da war der Vater abgereist, und in der ganzen Stadt war nichts als stumpfe Beklemmung, es war überall eine Art Begräbnisstimmung, und die Leute schlichen schweigend nach dem Markte, und lasen den langen papiernen Anschlag auf der Türe des Rathauses. Es war ein trübes Wetter, und der dünne Schneider Kilian stand dennoch in seiner Nanquinjacke, die er sonst nur im Hause trug, und die blauwollnen Strümpfe hingen ihm herab, daß die nackten Beinchen betrübt hervorguckten, und seine schmalen Lippen bebten, während er das angeschlagene Plakat vor sich hinmurmelte. Ein alter pfälzischer Invalide las etwas lauter, und bei manchem Worte träufelte ihm eine klare Träne in den weißen, ehrlichen Schnauzbart. Ich stand neben ihm und weinte mit, und frug ihn: warum wir weinten? Und da antwortete er: „Der Kurfürst läßt sich bedanken." Und dann las er wieder, und bei den Worten: „für die bewährte Untertanstreue" „und entbinden Euch Eurer Pflichten", da weinte er noch stärker – Es ist wunderlich anzusehen, wenn so ein alter Mann mit verblichener Uniform und vernarbtem Soldatengesicht, plötzlich so stark weint. Während wir lasen, wurde auch das kurfürstliche Wappen vom Rathause heruntergenommen, alles gestaltete sich so beängstigend öde, es war, als ob man eine Sonnenfinsternis erwarte, die Herren Ratsherren gingen so abgedankt und langsam umher, sogar der allgewaltige Gassenvogt sah aus, als wenn er nichts mehr zu befehlen hätte, und stand da so friedlich-gleichgültig, obgleich der tolle Alouisius sich wieder auf ein Bein stellte und mit närrischer Grimasse die Namen der französischen Generale herschnatterte, während der besoffene, krumme Gumpertz sich in der Gosse herumwälzte und „Ça ira, ça ira!" sang.

Ich aber ging nach Hause, und weinte und klagte: „Der Kurfürst läßt sich bedanken." Meine Mutter hatte ihre liebe Not, ich wußte was ich wußte, ich ließ mir nichts ausreden, ich ging weinend zu Bette, und in der Nacht träumte mir: die Welt habe ein Ende – die schönen Blumengärten und grünen Wiesen wurden wie Teppiche vom Boden aufgenommen und zusammengerollt, der Gassenvogt stieg auf eine hohe Leiter und nahm die Sonne vom Himmel herab, der Schneider Kilian stand dabei und sprach zu sich selber: „Ich muß nach Hause gehn und mich hübsch anziehn, denn ich bin tot, und soll noch heute begraben werden" – und es wurde immer dunkler, spärlich schimmerten oben einige Sterne und auch diese fielen herab wie gelbe Blätter im Herbste, allmählig verschwanden die Menschen, ich armes Kind irrte ängstlich umher, stand endlich vor der Weidenhecke eines wüsten Bauerhofes und sah dort einen Mann, der mit dem Spaten die Erde aufwühlte, und neben ihm ein häßlich hämisches Weib, das etwas wie einen abgeschnittenen Menschenkopf in der Schürze hielt, und das war der Mond, und sie legte ihn ängstlich sorgsam in die offne Grube – und hinter mir stand der pfälzische Invalide und schluchzte und buchstabierte: „Der Kurfürst läßt sich bedanken."

Als ich erwachte, schien die Sonne wieder wie gewöhnlich durch das Fenster, auf der Straße ging die Trommel, und als ich in unsre Wohnstube trat und meinem Vater, der im weißen Pudermantel saß, einen guten Morgen bot, hörte ich, wie der leichtfüßige Friseur ihm während des Frisierens haarklein erzählte: daß heute auf dem Rathause dem neuen Großherzog Joachim gehuldigt werde, und daß dieser von der besten Familie sei, und die Schwester des Kaisers Napoleon zur Frau bekommen, und auch wirklich viel Anstand besitze, und sein schönes schwarzes Haar in Locken trage, und nächstens seinen Einzug halten und sicher allen Frauenzimmern gefallen müsse. Unterdessen ging das Getrommel, draußen auf der Straße, immer fort, und ich trat vor die Haustür und besah die einmarschierenden französischen Truppen, das freudige Volk des Ruhmes, das singend und klingend die Welt durchzog, die heiter-ernsten Grenadiergesichter, die Bärenmützen, die dreifarbigen Kokarden, die blinkenden Bajonette, die Voltigeurs voll Lustigkeit und Point d'honneur, und den allmächtig großen, silbergestickten Tambour-Major, der seinen Stock mit dem vergoldeten Knopf bis an die erste Etage werfen konnte und seine Augen sogar bis zur zweiten Etage – wo ebenfalls schöne Mädchen am Fenster saßen. Ich freute mich, daß wir Einquartierung bekämen – meine Mutter freute sich nicht – und ich eilte nach dem Marktplatz. Da sah es jetzt ganz anders aus, es war, als ob die Welt neu angestrichen worden, ein neues Wappen hing am Rathause, das Eisengeländer an dessen Balkon war mit gestickten Sammetdecken überhängt, französische Grenadiere standen Schildwache, die alten Herren Ratsherren hatten neue Gesichter angezogen und trugen ihre Sonntagsröcke, und sahen sich an auf französisch und sprachen bon jour, aus allen Fenstern guckten Damen, neugierige Bürgersleute und blanke Soldaten füllten den Platz, und ich nebst andern Knaben, wir kletterten auf das große Kurfürstenpferd und schauten davon herab in das bunte Marktgewimmel.

Nachbars-Pitter und der lange Kurz hätten bei dieser Gelegenheit beinah den Hals gebrochen, und das wäre gut gewesen; denn der eine entlief nachher seinen Eltern, ging unter die Soldaten, desertierte, und wurde in Mainz totgeschossen, der andre aber machte späterhin geographische Untersuchungen in fremden Taschen, wurde deshalb wirkendes Mitglied einer öffentlichen Spinnanstalt, zerriß die eisernen Bande, die ihn an diese und an das Vaterland fesselten, kam glücklich über das Wasser, und starb in London durch eine allzuenge Krawatte, die sich von selbst zugezogen, als ihm ein königlicher Beamter das Brett unter den Beinen wegriß.

Der lange Kurz sagte uns, daß heute keine Schule sei, wegen der Huldigung. Wir mußten lange warten, bis diese losgelassen wurde. Endlich füllte sich der Balkon des Rathauses mit bunten Herren, Fahnen und Trompeten, und der Herr Bürgermeister, in seinem berühmten roten Rock, hielt eine Rede, die sich etwas in die Länge zog, wie Gummi-Elastikum oder wie eine gestrickte Schlafmütze, in die man einen Stein geworfen – nur nicht den Stein der Weisen – und manche Redensarten konnte ich ganz deutlich vernehmen, z. B. daß man uns glücklich machen wolle – und beim letzten Worte wurden die Trompeten geblasen, und die Fahnen geschwenkt, und die Trommel gerührt, und Vivat gerufen – und während ich selber Vivat rief, hielt ich mich fest an den alten Kurfürsten. Und das tat Not, denn mir wurde ordentlich schwindlig, ich glaubte schon, die Leute ständen auf den Köpfen, weil sich die Welt herumgedreht, das Kurfürstenhaupt mit der Allongeperücke nickte und flüsterte: „Halt fest an mir!“ – und erst durch das Kanonieren, das jetzt auf dem Walle losging, ernüchterte ich mich, und stieg vom Kurfürstenpferd langsam wieder herab.

Als ich nach Hause ging, sah ich wieder, wie der tolle Alouisius auf einem Beine tanzte, während er die Namen der französischen Generale schnarrte, und wie sich der krumme Gumpertz besoffen in der Gosse herumwälzte und „Ça ira, ça ira“ brüllte, und zu meiner Mutter sagte ich: „Man will uns glücklich machen und deshalb ist heute keine Schule.“

Kapitel VII

Den andern Tag war die Welt wieder ganz in Ordnung und es war wieder Schule, nach wie vor, und es wurde wieder auswendig gelernt, nach wie vor – die römischen Könige, die Jahreszahlen, die nomina auf *im*, die verba irregularia, Griechisch, Hebräisch, Geographie, deutsche Sprache, Kopfrechnen, – Gott! der Kopf schwindelt mir noch davon – alles mußte auswendig gelernt werden. Und manches davon kam mir in der Folge zustatten. Denn hätte ich nicht die römischen Könige auswendig gewußt, so wäre es mir ja späterhin ganz gleichgültig gewesen, ob Niebuhr bewiesen oder nicht bewiesen hat, daß sie niemals wirklich existiert haben. Und wußte ich nicht jene Jahrszahlen, wie hätte ich mich späterhin zurechtfinden wollen in dem großen Berlin, wo ein Haus dem andern gleicht, wie ein Tropfen Wasser oder wie ein Grenadier dem andern, und wo man seine Bekannten nicht zu finden vermag, wenn man nicht ihre Hausnummer im Kopfe hat; ich dachte mir damals bei jedem Bekannten zugleich eine historische Begebenheit, deren Jahrszahl mit seiner Hausnummer übereinstimmte, so daß ich mich dieser leicht erinnern konnte, wenn ich jener gedachte, und daher kam mir auch immer eine historische Begebenheit in den Sinn, sobald ich einen Bekannten erblickte. So z. B. wenn mir mein Schneider begegnete, dachte ich gleich an die Schlacht bei Marathon, begegnete mir der wohlgeputzte Bankier Christian Gumpel, so dachte ich gleich an die Zerstörung Jerusalems, erblickte ich einen stark verschuldeten portugiesischen Freund, so dachte ich gleich an die Flucht Mahomets, sah ich den Universitätsrichter, einen Mann, dessen strenge Rechtlichkeit bekannt ist, so dachte ich gleich an den Tod Hamans, sobald ich Wadzeck sah, dachte ich gleich an die Kleopatra – Ach, lieber Himmel, das arme Vieh ist jetzt tot, die Tränensäckchen sind vertrocknet, und man kann mit Hamlet sagen: nehmt alles in allem, es war ein altes Weib, wir werden noch oft seines Gleichen haben! Wie gesagt, die Jahrszahlen sind durchaus nötig, ich kenne Menschen, die gar nichts als ein paar Jahrszahlen im Kopfe hatten, und damit in Berlin die rechten Häuser zu finden wußten, und jetzt schon ordentliche Professoren sind. Ich aber hatte in der Schule meine Not mit den vielen Zahlen! Mit dem eigentlichen Rechnen ging es noch schlechter. Am besten begriff ich das Subtrahieren, und da gibt es eine sehr praktische Hauptregel: „Vier von drei geht nicht, da muß ich eins borgen" – ich rate aber jedem, in solchen Fällen immer einige Groschen mehr zu borgen; denn man kann nicht wissen.

Was aber das Lateinische betrifft, so haben Sie gar keine Idee davon, Madame, wie das verwickelt ist. Den Römern würde gewiß nicht Zeit genug übriggeblieben sein, die Welt zu erobern, wenn sie das Latein erst hätten lernen sollen. Diese glücklichen Leute wußten schon in der Wiege, welche Nomina den Akkusativ auf *im* haben. Ich hingegen mußte sie im Schweiße meines Angesichts auswendig lernen; aber es ist doch immer gut, daß ich sie weiß. Denn hätte ich z. B. den 20sten Juli 1825, als ich öffentlich in der Aula zu Göttingen lateinisch disputierte – Madame, es war der Mühe wert zuzuhören – hätte ich da *sinapem* statt *sinapim* gesagt, so würden es vielleicht die anwesenden Füchse gemerkt haben, und das wäre für mich eine ewige Schande gewesen. *Vis, buris, sitis, tussis, cucumis, amussis, cannabis, sinapis* – Diese Wörter, die so viel Aufsehen in der Welt gemacht haben, bewirkten dieses, indem sie sich zu einer bestimmten Klasse schlugen und dennoch eine Ausnahme blieben; deshalb achte ich sie sehr, und daß ich sie bei der Hand habe, wenn ich sie etwa plötzlich brauchen sollte, das gibt mir in manchen trüben Stunden des Lebens viel innere Beruhigung und Trost. Aber, Madame, die verba irregularia – sie unterscheiden sich von den verbis regularibus dadurch, daß man bei ihnen noch mehr Prügel bekömmt – sie sind gar entsetzlich schwer. In den dumpfen Bogengängen des Franziskanerklosters, unfern der Schulstube, hing damals ein großer, gekreuzigter Christus von grauem Holze, ein wüstes Bild, das noch jetzt zuweilen des Nachts durch meine Träume schreitet, und mich traurig ansieht mit starren, blutigen Augen – vor diesem Bilde stand ich oft und betete: O du armer, ebenfalls gequälter Gott, wenn es dir nur irgend möglich ist, so sieh doch zu, daß ich die verba irregularia im Kopfe behalte.

Vom Griechischen will ich gar nicht sprechen; ich ärgere mich sonst zu viel. Die Mönche im Mittelalter hatten so ganz Unrecht nicht, wenn sie behaupteten, daß das Griechische eine Erfindung des Teufels sei. Gott kennt die Leiden, die ich dabei ausgestanden. Mit dem Hebräischen ging es besser, denn ich hatte immer eine große Vorliebe für die Juden, obgleich sie, bis auf diese Stunde, meinen guten Namen kreuzigen; aber ich konnte es doch im Hebräischen nicht so weit bringen wie meine Taschenuhr, die viel intimen Umgang mit Pfänderverleihern hatte, und dadurch manche jüdische Sitte annahm – z. B. des Sonnabends ging sie nicht – und die heilige Sprache lernte, und sie auch späterhin grammatisch trieb; wie ich denn oft, in schlaflosen Nächten, mit Erstaunen hörte, daß sie beständig vor sich hin pickerte: *katal, katalta, katalti – kittel, kittalta, kittalti – – pokat, pokadeti – pikat – pik – pik – –*

Indessen von der deutschen Sprache begriff ich viel mehr, und die ist doch nicht so gar kinderleicht. Denn wir armen Deutschen, die wir schon mit Einquartierungen, Militärpflichten, Kopfsteuern und tausenderlei Abgaben genug geplagt sind, wir haben uns noch obendrein den Adelung aufgesackt und quälen uns einander mit dem Akkusativ und Dativ. Viel deutsche Sprache lernte ich vom alten Rektor Schallmeyer, einem braven geistlichen Herrn, der sich meiner von kindauf annahm. Aber ich lernte auch etwas der Art von dem Professor Schramm, einem Manne, der ein Buch über den ewigen Frieden geschrieben hat, und in dessen Klasse sich meine Mitbuben am meisten rauften.

Während ich in einem Zuge fort schrieb und allerlei dabei dachte, habe ich mich unversehens in die alten Schulgeschichten hineingeschwatzt, und ich ergreife diese Gelegenheit, um Ihnen zu zeigen, Madame, wie es nicht meine Schuld war, wenn ich von der Geographie so wenig lernte, daß ich mich späterhin nicht in der Welt zurecht zu finden wußte. Damals hatten nämlich die Franzosen alle Grenzen verrückt, alle Tage wurden die Länder neu illuminiert, die sonst blau gewesen, wurden jetzt plötzlich grün, manche wurden sogar blutrot, die bestimmten Lehrbuchseelen wurden so sehr vertauscht und vermischt, daß kein Teufel sie mehr erkennen konnte, die Landesprodukte änderten sich ebenfalls, Zichorien und Runkelrüben wuchsen jetzt, wo sonst nur Hasen und hinterherlaufende Landjunker zu sehen waren, auch die Charaktere der Völker änderten sich, die Deutschen wurden gelenkig, die Franzosen machten keine Komplimente mehr, die Engländer warfen das Geld nicht mehr zum Fenster hinaus, und die Venezianer waren nicht schlau genug, unter den Fürsten gab es viel Avancement, die alten Könige bekamen neue Uniformen, neue Königtümer wurden gebacken und hatten Absatz wie frische Semmel, manche Potentaten hingegen wurden von Haus und Hof gejagt, und mußten auf andre Art ihr Brot zu verdienen suchen, und einige legten sich daher früh auf ein Handwerk und machten z. B. Siegellack oder – Madame, diese Periode hat endlich ein Ende, der Atem wollte mir ausgehen – kurz und gut, in solchen Zeiten kann man es in der Geographie nicht weit bringen.

Da hat man es doch besser in der Naturgeschichte, da können nicht so viele Veränderungen vorgehen, und da gibt es bestimmte Kupferstiche von Affen, Kinguruhs, Zebras, Nashornen usw. Weil mir solche Bilder im Gedächtnisse blieben, geschah es in der Folge sehr oft, daß mir manche Menschen beim ersten Anblick gleich wie alte Bekannte vorkamen.

Auch in der Mythologie ging es gut. Ich hatte meine liebe Freude an dem Göttergesindel, das so lustig nackt die Welt regierte. Ich glaube nicht, daß jemals ein Schulknabe im alten Rom die Hauptartikel seines Katechismus, z. B. die Liebschaften der Venus, besser auswendig gelernt hat, als ich. Aufrichtig gestanden, da wir doch einmal die alten Götter auswendig lernen mußten, so hätten wir sie auch behalten sollen, und wir haben vielleicht nicht viel Vorteil bei unserer neurömischen Dreigötterei, oder gar bei unserem jüdischen Eingötzentum. Vielleicht war jene Mythologie im Grunde nicht so unmoralisch, wie man sie verschrien hat; es ist z. B. ein sehr anständiger Gedanke des Homers, daß er jener vielbeliebten Venus einen Gemahl zur Seite gab.

Am allerbesten aber erging es mir in der französischen Klasse des Abbé d'Aulnoi, eines emigrierten Franzosen, der eine Menge Grammatiken geschrieben und eine rote Perücke trug, und gar pfiffig umhersprang, wenn er seine Art poétique und seine Histoire allemande vortrug – Er war im ganzen Gymnasium der einzige, welcher deutsche Geschichte lehrte. Indessen auch das Französische hat seine Schwierigkeiten, und zur Erlernung desselben gehört viel Einquartierung, viel

Getrommel, viel apprendre par cœur, und vor allem darf man keine Bête allemande sein. Da gab es manches saure Wort, ich erinnere mich noch so gut, als wäre es erst gestern geschehen, daß ich durch la religion viel Unannehmlichkeiten erfahren. Wohl sechsmal erging an mich die Frage: „Henri, wie heißt der Glaube auf französisch?" Und sechsmal, und immer weinerlicher antwortete ich: „Das heißt le crédit." Und beim siebenten Male, kirschbraun im Gesichte, rief der wütende Examinator: „Er heißt la religion" – und es regnete Prügel, und alle Kameraden lachten. Madame! seit der Zeit kann ich das Wort religion nicht erwähnen hören, ohne daß mein Rücken blaß vor Schrecken, und meine Wange rot vor Scham wird. Und ehrlich gestanden, le crédit hat mir im Leben mehr genützt als la religion – In diesem Augenblick fällt mir ein, daß ich dem Löwenwirt in Bologna noch fünf Taler schuldig bin – Und wahrhaftig, ich mache mich anheischig, dem Löwenwirt noch fünf Taler extra schuldig zu sein, wenn ich nur das unglückselige Wort la religion in diesem Leben nimmermehr zu hören brauche.

Parbleu Madame! ich habe es im Französischen weit gebracht! Ich verstehe nicht nur Patois, sondern sogar adeliges Bonnenfranzösisch. Noch unlängst, in einer noblen Gesellschaft, verstand ich fast die Hälfte von dem Diskurs zweier deutschen Komtessen, wovon jede über vierundsechzig Jahr und eben so viele Ahnen zählte. Ja, im Café Royal zu Berlin hörte ich einmal den Monsieur Hans Michel Martens französisch parlieren, und verstand jedes Wort, obschon kein Verstand darin war. Man muß den Geist der Sprache kennen, und diesen lernt man am besten durch Trommeln. Parbleu! wie viel verdanke ich nicht dem französischen Tambour, der so lange bei uns in Quartier lag, und wie ein Teufel aussah, und doch von Herzen so engelgut war, und so ganz vorzüglich trommelte.

Es war eine kleine, bewegliche Figur mit einem fürchterlichen, schwarzen Schnurrbarte, worunter sich die roten Lippen trotzig hervorbäumten, während die feurigen Augen hin und her schossen.

Ich kleiner Junge hing an ihm wie eine Klette, und half ihm seine Knöpfe spiegelblank putzen und seine Weste mit Kreide weißen – denn Monsieur Le Grand wollte gerne gefallen – und ich folgte ihm auch auf die Wache, nach dem Appell, nach der Parade – da war nichts als Waffenglanz und Lustigkeit – les jours de fête sont passés! Monsieur Le Grand wußte nur wenig gebrochenes Deutsch, nur die Hauptausdrücke

– Brot, Kuß, Ehre – doch konnte er sich auf der Trommel sehr gut verständlich machen, z. B. wenn ich nicht wußte, was das Wort „liberté" bedeute, so trommelte er den Marseiller Marsch – und ich verstand ihn. Wußte ich nicht die Bedeutung des Wortes „égalité", so trommelte er den Marsch „Ça ira, ça ira – – – les aristocrates à la lanterne!" – und ich verstand ihn. Wußte ich nicht, was „bêtise" sei, so trommelte er den Dessauer Marsch, den wir Deutschen, wie auch Goethe berichtet, in der Champagne getrommelt – und ich verstand ihn. Er wollte mir mal das Wort „L'Allemagne" erklären, und er trommelte jene allzueinfache Urmelodie, die man oft an Markttagen bei tanzenden Hunden hört, nämlich Dum – Dum – Dum – ich ärgerte mich, aber ich verstand ihn doch.

Auf ähnliche Weise lehrte er mich auch die neuere Geschichte. Ich verstand zwar nicht die Worte, die er sprach, aber da er während des Sprechens beständig trommelte, so wußte ich doch, was er sagen wollte. Im Grunde ist das die beste Lehrmethode. Die Geschichte von der Bestürmung der Bastille, der Tuilerien usw. begreift man erst recht, wenn man weiß, wie bei solchen Gelegenheiten getrommelt wurde. In unseren Schulkompendien liest man bloß: „Ihre Exz. die Baronen und Grafen und hochdero Gemahlinnen wurden geköpft – Ihre Altessen die Herzöge und Prinzen und höchstdero Gemahlinnen wurden geköpft – Ihre Majestät der König und allerhöchstdero Gemahlin wurden geköpft –„ aber wenn man den roten Guillotinenmarsch trommeln hört, so begreift man dieses erst recht, und man erfährt das Warum und das Wie. Madame, das ist ein gar wunderlicher Marsch! Er durchschauerte mir Mark und Bein, als ich ihn zuerst hörte, und ich war froh, daß ich ihn vergaß – Man vergißt so etwas, wenn man älter wird, ein junger Mann hat jetzt so viel anderes Wissen im Kopf zu behalten – Whist, Boston, genealogische Tabellen, Bundestagsbeschlüsse, Dramaturgie, Liturgie, Vorschneiden – und wirklich, trotz allem Stirnreiben konnte ich mich lange Zeit nicht mehr auf jene gewaltige Melodie besinnen. Aber denken Sie sich, Madame! unlängst sitze ich an der Tafel mit einer ganzen Menagerie von Grafen, Prinzen, Prinzessinnen, Kammerherren, Hofmarschallinnen, Hofschenken, Oberhofmeisterinnen, Hofsilberbewahrern, Hofjägermeisterinnen, und wie diese vornehmen Domestiken noch außerdem heißen mögen, und ihre Unterdomestiken liefen hinter ihren Stühlen und schoben ihnen die gefüllten Teller vors Maul – ich aber, der übergangen und übersehen wurde, saß müßig, ohne die mindeste Kinnbackenbeschäftigung, und ich knetete Brotkügelchen, und trommelte vor Langerweile mit den Fingern, und zu meinem Entsetzen trommelte ich plötzlich den roten, längstvergessenen Guillotinenmarsch.

„Und was geschah?“ Madame, diese Leute lassen sich im Essen nicht stören, und wissen nicht, daß andere Leute, wenn sie nichts zu essen haben, plötzlich anfangen zu trommeln, und zwar gar kuriose Märsche, die man längst vergessen glaubte.

Ist nun das Trommeln ein angeborenes Talent, oder hab ich es frühzeitig ausgebildet, genug, es liegt mir in den Gliedern, in Händen und Füßen, und äußert sich oft unwillkürlich. Unwillkürlich. Zu Berlin saß ich einst im Kollegium des Geheimerats Schmalz, eines Mannes, der den Staat gerettet durch sein Buch über die Schwarzmäntel- und Rotmäntelgefahr – Sie erinnern sich, Madame, aus dem Pausanias, daß einst durch das Geschrei eines Esels ein eben so gefährliches Komplott entdeckt wurde, auch wissen Sie aus dem Livius, oder aus Beckers Weltgeschichte, daß die Gänse das Kapitol gerettet, und aus dem Sallust wissen Sie ganz genau, daß durch eine geschwätzige Pütaine, die Frau Fulvia, jene fürchterliche Verschwörung des Catilina an den Tag kam – Doch um wieder auf besagten Hammel zu kommen, im Kollegium des Herrn Geheimerats Schmalz hörte ich das Völkerrecht, und es war ein langweiliger Sommernachmittag, und ich saß auf der Bank und hörte immer weniger – der Kopf war mir eingeschlafen – doch plötzlich ward ich aufgeweckt durch das Geräusch meiner eigenen Füße, die wach geblieben waren, und wahrscheinlich zugehört hatten, daß just das Gegenteil vom Völkerrecht vorgetragen und auf Konstitutionsgesinnung geschimpft wurde, und meine Füße, die mit ihren kleinen Hühneraugen das Treiben der Welt besser durchschauen, als der Geheimerat mit seinen großen Juno-Augen, diese armen, stummen Füße, unfähig, durch Worte ihre unmaßgebliche Meinung auszusprechen, wollten sich durch Trommeln verständlich machen, und trommelten so stark, daß ich dadurch schier ins Malheur kam.

Verdammte, unbesonnene Füße! sie spielten mir einen ähnlichen Streich, als ich einmal in Göttingen bei Professor Saalfeld hospitierte, und dieser mit seiner steifen Beweglichkeit auf dem Katheder hin und her sprang, und sich echauffierte, um auf den Kaiser Napoleon recht ordentlich schimpfen zu können – nein, arme Füße, ich kann es euch nicht verdenken, daß ihr damals getrommelt, ja ich würde es euch nicht mal verdacht haben, wenn ihr, in eurer stummen Naivetät, euch noch fußtrittdeutlicher ausgesprochen hättet. Wie darf ich, der Schüler Le Grands, den Kaiser schmähen hören? Den Kaiser! den Kaiser! den großen Kaiser !

Denke ich an den großen Kaiser, so wird es in meinem Gedächtnisse wieder recht sommergrün und goldig, eine lange Lindenallee taucht blühend empor, auf den laubigen Zweigen sitzen singende Nachtigallen, der Wasserfall rauscht, auf runden Beeten stehen Blumen und bewegen traumhaft ihre schönen Häupter – ich stand mit ihnen im wunderlichen Verkehr, die geschminkten Tulpen grüßten mich bettelstolz herablassend, die nervenkranken Lilien nickten wehmütig zärtlich, die trunkenroten Rosen lachten mir schon von weitem entgegen, die Nachtviolen seufzten – mit den Myrten und Lorbeeren hatte ich damals noch keine Bekanntschaft, denn sie lockten nicht durch schimmernde Blüte, aber mit den Reseden, womit ich jetzt so schlecht stehe, war ich ganz besonders intim – Ich spreche vom Hofgarten zu Düsseldorf, wo ich oft auf dem Rasen lag, und andächtig zuhörte, wenn mir Monsieur Le Grand von den Kriegstaten des großen Kaisers erzählte, und dabei die Märsche schlug, die während jener Taten getrommelt wurden, so daß ich alles lebendig sah und hörte. Ich sah den Zug über den Simplon – der Kaiser voran und hinterdrein klimmend die braven Grenadiere, während aufgescheuchtes Gevögel sein Krächzen erhebt und die Gletscher in der Ferne donnern – ich sah den Kaiser, die Fahne im Arm, auf der Brücke von Lodi – ich sah den Kaiser im grauen Mantel bei Marengo – ich sah den Kaiser zu Roß in der Schlacht bei den Pyramiden – nichts als Pulverdampf und Mamelucken – ich sah den Kaiser in der Schlacht bei Austerlitz – hui! wie pfiffen die Kugeln über die glatte Eisbahn! – ich sah, ich hörte die Schlacht bei Jena – dum, dum, dum – ich sah, ich hörte die Schlacht bei Eylau, Wagram – – – – – nein, kaum konnt ich es aushalten! Monsieur Le Grand trommelte, daß fast mein eigenes Trommelfell dadurch zerrissen wurde.

Aber wie ward mir erst, als ich ihn selber sah, mit hochbegnadigten, eignen Augen, ihn selber, Hosiannah! den Kaiser.

Es war eben in der Allee des Hofgartens zu Düsseldorf. Als ich mich durch das gaffende Volk drängte, dachte ich an die Taten und Schlachten, die mir Monsieur Le Grand vorgetrommelt hatte, mein Herz schlug den Generalmarsch – und dennoch dachte ich zu gleicher Zeit an die Polizeiverordnung, daß man bei fünf Taler Strafe nicht mitten durch die Allee reiten dürfe. Und der Kaiser mit seinem Gefolge ritt mitten durch die Allee, die schauernden Bäume beugten sich vorwärts, wo er vorbeikam, die Sonnenstrahlen zitterten furchtsam neugierig durch das grüne Laub, und am blauen Himmel oben schwamm sichtbar ein goldner Stern. Der Kaiser trug seine scheinlose grüne Uniform und das kleine, welthistorische Hütchen. Er ritt ein weißes Rößlein, und das ging so ruhig stolz, so sicher, so ausgezeichnet – wär ich damals Kronprinz von Preußen gewesen, ich hätte dieses Rößlein beneidet. Nachlässig, fast hängend, saß der Kaiser, die eine Hand hielt hoch den Zaum, die andere klopfte gutmütig den Hals des Pferdchens – Es war eine sonnigmarmorne Hand, eine mächtige Hand, eine von den beiden Händen, die das vielköpfige Ungeheuer der Anarchie gebändigt und den Völkerzweikampf geordnet hatten – und sie klopfte gutmütig den Hals des Pferdes. Auch das Gesicht hatte jene Farbe, die wir bei marmornen Griechen- und Römerköpfen finden, die Züge desselben waren ebenfalls edel gemessen, wie die der Antiken, und auf diesem Gesichte stand geschrieben: Du sollst keine Götter haben außer mir. Ein Lächeln, das jedes Herz erwärmte und beruhigte, schwebte um die Lippen – und doch wußte man, diese Lippen brauchten nur zu pfeifen, – et la Prusse n'existait plus – diese Lippen brauchten nur zu pfeifen – und die ganze Klerisei hatte ausgeklingelt – diese Lippen brauchten nur zu pfeifen – und das ganze heilige römische Reich tanzte. Und diese Lippen lächelten und auch das Auge lächelte – Es war ein Auge klar wie der Himmel, es konnte lesen im Herzen der Menschen, es sah rasch auf einmal alle Dinge dieser Welt, während wir anderen sie nur nacheinander und nur ihre gefärbten Schatten sehen. Die Stirne war nicht so klar, es nisteten darauf die Geister zukünftiger Schlachten, und es zuckte bisweilen über dieser Stirn, und das waren die schaffenden Gedanken, die großen Siebenmeilenstiefel-Gedanken, womit der Geist des Kaisers unsichtbar über die Welt hinschritt – und ich glaube, jeder dieser Gedanken hätte einem deutschen Schriftsteller, Zeit seines Lebens, vollauf Stoff zum Schreiben gegeben.

Der Kaiser ritt ruhig mitten durch die Allee, kein Polizeidiener widersetzte sich ihm, hinter ihm, stolz auf schnaubenden Rossen, und belastet mit Gold und Geschmeide, ritt sein Gefolge, die Trommeln wirbelten, die Trompeten erklangen, neben mir drehte sich der tolle Alouisius und schnarrte die Namen seiner Generale, unferne brüllte der besoffene Gumpertz, und das Volk rief tausendstimmig: es lebe der Kaiser!

„Hamburg ist die beste Republik“

Aus: Aus den Memoiren des Herren von Schnabelewopski

Kapitel III

Mein erster Ausflug, als ich Schnabelewops verließ, war nach Deutschland, und zwar nach Hamburg, wo ich sechs Monat blieb, statt gleich nach Leiden zu reisen und mich dort nach dem Wunsche meiner Eltern, dem Studium der Gottesgelahrtheit zu ergeben. Ich muß gestehen, daß ich während jenes Semesters mich mehr mit weltlichen Dingen abgab als mit göttlichen.

Die Stadt Hamburg ist eine gute Stadt; lauter solide Häuser. Hier herrscht nicht der schändliche Macbeth, sondern hier herrscht Banko. Der Geist Bankos herrscht überall in diesem kleinen Freistaate, dessen sichtbares Oberhaupt ein hoch- und wohlweiser Senat. In der Tat, es ist ein Freistaat und hier findet man die größte politische Freiheit. Die Bürger können hier tun was sie wollen und der hoch- und wohlweise Senat kann hier ebenfalls tun was er will; jeder ist hier freier Herr seiner Handlungen. Es ist eine Republik. Hätte Lafayette nicht das Glück gehabt den Ludwig Philipp zu finden, so würde er gewiß seinen Franzosen die hamburgischen Senatoren und Oberalten empfohlen haben. Hamburg ist die beste Republik. Seine Sitten sind englisch und sein Essen ist himmlisch. Wahrlich, es gibt Gerichte zwischen den Wandrahmen und dem Dreckwall, wovon unsere Philosophen keine Ahnung haben. Die Hamburger sind gute Leute und essen gut. Über Religion, Politik und Wissenschaft sind ihre respektiven Meinungen sehr verschieden, aber in Betreff des Essens herrscht das schönste Einverständnis. Mögen die christlichen Theologen dort noch so sehr streiten über die Bedeutung des Abendmahls; über die Bedeutung des Mittagmahls sind sie ganz einig. Mag es unter den Juden dort eine Partei geben, die das Tischgebet auf deutsch spricht, während eine andere es auf hebräisch absingt; beide Parteien essen und essen gut und wissen das Essen gleich richtig zu beurteilen. Die Advokaten, die Bratenwender der Gesetze, die solange die Gesetze wenden und anwenden bis ein Braten für sie dabei abfällt, diese mögen noch so sehr streiten: ob die Gerichte öffentlich sein sollen oder nicht; darüber sind sie einig, daß alle Gerichte gut sein müssen, und jeder von ihnen hat sein Leibgericht. Das Militär denkt gewiß ganz tapfer spartanisch, aber von der schwarzen Suppe will es doch nichts wissen. Die Ärzte, die in der Behandlung der Krankheiten so sehr uneinig sind und die dortige Nationalkrankheit (nämlich Magenbeschwerden), als Braunianer durch noch größere Portionen Rauchfleisch, oder als Homöopathen durch 1/10.000 Tropfen Absinth in einer großen Kumpe Mockturtelsuppe zu kurieren pflegen, diese Ärzte sind ganz einig wenn von dem Geschmacke der Suppe und des Rauchfleisches selbst die Rede ist. Hamburg ist die Vaterstadt des letztern, des Rauchfleisches, und rühmt sich dessen, wie Mainz sich seines Johann Fausts und Eisleben sich seines Luthers zu rühmen pflegt. Aber was bedeutet die Buchdruckerei und die Reformation in Vergleichung mit Rauchfleisch? Ob beide ersteren genutzt oder geschadet, darüber streiten zwei Parteien in Deutschland; aber sogar unsere eifrigsten Jesuiten sind eingeständig, daß das Rauchfleisch eine gute, für den Menschen heilsame Erfindung ist.

Hamburg ist erbaut von Karl dem Großen und wird bewohnt von 80.000 kleinen Leuten, die alle mit Karl dem Großen, der in Aachen begraben liegt, nicht tauschen würden. Vielleicht beträgt die Bevölkerung von Hamburg gegen 100.000; ich weiß es nicht genau, obgleich ich ganze Tage lang auf den Straßen ging um mir dort die Menschen zu betrachten. Auch habe ich gewiß manchen Mann übersehen, indem die Frauen meine besondere Aufmerksamkeit in Anspruch nahmen. Letztere fand ich durchaus nicht mager, sondern meistens sogar korpulent, mitunter reizend schön, und im Durchschnitt, von einer gewissen wohlhabenden Sinnlichkeit, die mir bei Leibe! nicht mißfiel. Wenn sie in der romantischen Liebe sich nicht allzuschwärmerisch zeigen und von der großen Leidenschaft des Herzens wenig ahnen: so ist das nicht ihre Schuld, sondern die Schuld Amors, des kleinen Gottes, der manchmal die schärfsten Liebespfeile auf seinen Bogen legt, aber aus Schalkheit oder Ungeschick viel zu tief schießt, und statt des Herzens der Hamburgerinnen nur ihren Magen zu treffen pflegt. Was die Männer betrifft, so sah ich meistens untersetzte Gestalten, verständige kalte Augen, kurze Stirn, nachlässig herabhängende, rote Wangen, die Eßwerkzeuge besonders ausgebildet, der Hut wie festgenagelt auf dem Kopfe, und die Hände in beiden Hosentaschen, wie einer der eben fragen will: was hab ich zu bezahlen?

Zu den Merkwürdigkeiten der Stadt gehören: 1) Das alte Rathaus, wo die großen Hamburger Bankiers, aus Stein gemeißelt und mit Zepter und Reichsapfel in Händen, abkonterfeit stehen. 2) Die Börse, wo sich täglich die Söhne Hammonias versammeln, wie einst die Römer auf dem Forum, und wo über ihren Häuptern eine schwarze Ehrentafel hängt mit den Namen ausgezeichneter Mitbürger. 3) Die schöne Marianne, ein außerordentlich schönes Frauenzimmer, woran der Zahn der Zeit schon seit zwanzig Jahren kaut – nebenbei gesagt, „der Zahn der Zeit" ist eine schlechte Metapher, denn sie ist so alt, daß sie gewiß keine Zähne mehr hat, nämlich die Zeit – die schöne Marianne hat vielmehr jetzt noch alle ihre Zähne und noch immer Haare darauf, nämlich auf den Zähnen. 4) Die ehemalige Zentralkassa. 5) Altona. 6) Die Originalmanuskripte von Marrs Tragödien. 7) Der Eigentümer des Rödingschen Kabinetts. 8) Die Börsenhalle. 9) Die Bacchushalle, und endlich 10) das Stadttheater. Letzteres verdient besonders gepriesen zu werden, seine Mitglieder sind lauter gute Bürger, ehrsame Hausväter, die sich nicht verstellen können und niemanden täuschen, Männer die das Theater zum Gotteshause machen, indem sie den Unglücklichen, der an der Menschheit verzweifelt, aufs wirksamste überzeugen, daß nicht alles in der Welt eitel Heuchelei und Verstellung ist.

Bei Aufzählung der Merkwürdigkeiten der Republik Hamburg kann ich nicht umhin zu erwähnen, daß, zu meiner Zeit, der Apollosaal auf der Drehbahn sehr brillant war. Jetzt ist er sehr heruntergekommen, und es werden dort philharmonische Konzerte gegeben, Taschenspielerkünste gezeigt und Naturforscher gefüttert. Einst war es anders! Es schmetterten die Trompeten, es wirbelten die Pauken, es flatterten die Straußfedern, und Heloise und Minka rannten durch die Reihen der Oginskipolonäse, und alles war sehr anständig. Schöne Zeit, wo mir das Glück lächelte! Und das Glück hieß Heloise! Es war ein süßes, liebes, beglückendes Glück mit Rosenwangen, Liliennäschen, heißduftigen Nelkenlippen, Augen wie der blaue Bergsee, aber etwas Dummheit lag auf der Stirne, wie ein trüber Wolkenflor über einer prangenden Frühlingslandschaft. Sie war schlank wie eine Pappel und lebhaft wie ein Vogel, und ihre Haut war so zart, daß sie zwölf Tage geschwollen blieb durch den Stich einer Haarnadel. Ihr Schmollen, als ich sie gestochen hatte, dauerte aber nur zwölf Sekunden, und dann lächelte sie – schöne Zeit, als das Glück mir lächelte! Minka lächelte seltener, denn sie hatte keine schöne Zähne. Desto schöner aber waren ihre Tränen, wenn sie weinte, und sie weinte bei jedem fremden Unglück und sie war wohltätig über alle Begriffe. Den Armen gab sie ihren letzten Schilling; sie war sogar oft in der Lage wo sie ihr letztes Hemd weggab, wenn man es verlangte. Sie war so seelengut. Sie konnte nichts abschlagen, ausgenommen ihr Wasser. Dieser weiche, nachgiebige Charakter kontrastierte gar lieblich mit ihrer äußeren Erscheinung. Eine kühne, junonische Gestalt; weißer frecher Nacken, umringelt von wilden schwarzen Locken, wie von wollüstigen Schlangen; Augen, die unter ihren düsteren Siegesbogen so weltbeherrschend strahlten; purpurstolze, hochgewölbte Lippen; marmorne, gebietende Hände, worauf leider einige Sommersprossen; auch hatte sie, in der Form eines kleinen Dolchs, ein braunes Muttermal an der linken Hüfte.

Wenn ich dich in sogenannte schlechte Gesellschaft gebracht, lieber Leser, so tröste dich damit, daß sie dir wenigstens nicht so viel gekostet wie mir. Doch wird es später in diesem Buche nicht an idealischen Frauenspersonen fehlen, und schon jetzt will ich dir, zur Erholung, zwei Anstandsdamen vorführen, die ich damals kennen und verehren lernte. Es ist Madame Pieper und Madame Schnieper. Erstere war eine schöne Frau in ihren reifsten Jahren, große schwärzliche Augen, eine große weiße Stirne, schwarze falsche Locken, eine kühne altrömische Nase, und ein Maul das eine Guillotine war für jeden guten Namen. In der Tat, für einen guten Namen gab es keine leichtere Hinrichtungsmaschine als Madame Piepers Maul; sie ließ ihn nicht lange zappeln, sie machte keine langwichtige Vorbereitungen; war der beste gute Name zwischen ihre Zähne geraten, so lächelte sie nur – aber dieses Lächeln war wie ein Fallbeil, und die Ehre war abgeschnitten und fiel in den Sack. Sie war immer ein Muster von Anstand, Ehrsamkeit, Frömmigkeit und Tugend. Von Madame Schnieper ließ sich dasselbe rühmen. Es war eine zarte Frau, kleine ängstliche Brüste, gewöhnlich mit einem wehmütig dünnen Flor umgeben, hellblonde Haare, hellblaue Augen, die entsetzlich klug hervorstachen aus dem weißen Gesichte. Es hieß man könne ihren Tritt nie hören, und wirklich, ehe man sich dessen versah, stand sie oft neben einem, und verschwand dann wieder ebenso geräuschlos. Ihr Lächeln war ebenfalls tödlich für jeden guten Namen, aber minder wie ein Beil, als vielmehr wie jener afrikanische Giftwind, von dessen Hauch schon alle Blumen verwelken; elendiglich verwelken mußte jeder gute Namen, über den sie nur leise hinlächelte. Sie war immer ein Muster von Anstand, Ehrsamkeit, Frömmigkeit und Tugend.

Ich würde nicht ermangeln mehre von den Söhnen Hammonias ebenfalls hervorzuloben und einige Männer, die man ganz besonders hochschätzt – namentlich diejenigen, welche man auf einige Millionen Mark Banko zu schätzen pflegt – aufs prächtigste zu rühmen; aber ich will in diesem Augenblick meinen Enthusiasmus unterdrücken, damit er späterhin in desto helleren Flammen emporlodere. Ich habe nämlich nichts Geringeres im Sinn, als einen Ehrentempel Hamburgs herauszugeben, ganz nach demselben Plane, welchen schon vor zehn Jahren ein berühmter Schriftsteller entworfen hat, der in dieser Absicht jeden Hamburger aufforderte, ihm ein spezifiziertes Inventarium seiner speziellen Tugenden, nebst einem Speziestaler, aufs schleunigste einzusenden. Ich habe nie recht erfahren können, warum dieser Ehrentempel nicht zur Ausführung kam; denn die einen sagten, der Unternehmer, der Ehrenmann, sei, als er kaum von Aaron bis Abendrot gekommen und gleichsam die ersten Klötze eingerannt, von der Last des Materials schon ganz erdrückt worden; die anderen sagten, der hoch- und wohlweise Senat habe aus allzugroßer Bescheidenheit das Projekt hintertrieben, indem er dem Baumeister seines eignen Ehrentempels plötzlich die Weisung gab, binnen vierundzwanzig Stunden das hamburgische Gebiet mit allen seinen Tugenden zu verlassen. Aber gleichviel aus welchem Grunde, das Werk ist nicht zu Stande gekommen; und da ich ja doch einmal, aus angeborener Neigung, etwas Großes tun wollte in dieser Welt und immer gestrebt habe das Unmögliche zu leisten: so habe ich jenes ungeheure Projekt wieder aufgefaßt und ich liefere einen Ehrentempel Hamburgs, ein unsterbliches Riesenbuch, worin ich die Herrlichkeit aller seiner Einwohner ohne Ausnahme beschreibe, worin ich edle Züge von geheimer Mildtätigkeit mitteile, die noch gar nicht in der Zeitung gestanden, worin ich Großtaten erzähle, die keiner glauben wird, und worin mein eignes Bildnis, wie ich auf dem Jungfernsteg vor dem Schweizerpavillon sitze und über Hamburgs Verherrlichung nachdenke, als Vignette paradieren soll.

Kapitel IV

Für Leser denen die Stadt Hamburg nicht bekannt ist – und es gibt deren vielleicht in China und Oberbayern – für diese muß ich bemerken: daß der schönste Spaziergang der Söhne und Töchter Hammonias den rechtmäßigen Namen Jungfernsteg führt; daß er aus einer Lindenallee besteht, die auf der einen Seite von einer Reihe Häuser, auf der anderen Seite von dem großen Alsterbassin begrenzt wird; und daß vor letzterem, ins Wasser hineingebaut, zwei zeltartige lustige Kaffeehäuslein stehen, die man Pavillons nennt. Besonders vor dem einen, dem sogenannten Schweizerpavillon, läßt sich gut sitzen wenn es Sommer ist und die Nachmittagssonne nicht zu wild glüht, sondern nur heiter lächelt und mit ihrem Glanze die Linden, die Häuser, die Menschen, die Alster und die Schwäne, die sich darauf wiegen, fast märchenhaft lieblich übergießt. Da läßt sich gut sitzen, und da saß ich gut, gar manchen Sommernachmittag, und dachte, was ein junger Mensch zu denken pflegt, nämlich gar nichts, und betrachtete, was ein junger Mensch zu betrachten pflegt, nämlich die jungen Mädchen, die vorübergingen – und da flatterten sie vorüber jene holden Wesen mit ihren geflügelten Häubchen und ihren verdeckten Körbchen, worin nichts enthalten ist – da trippelten sie dahin, die bunten Vierlanderinnen, die ganz Hamburg mit Erdbeeren und eigener Milch versehen, und deren Röcke noch immer viel zu lang sind – da stolzierten die schönen Kaufmannstöchter, mit deren Liebe man auch so viel bares Geld bekömmt – da hüpft eine Amme, auf den Armen ein rosiges Knäbchen, das sie beständig küßt, während sie an ihren Geliebten denkt – da wandeln Priesterinnen der schaumentstiegenen Göttin, hanseatische Vestalen, Dianen die auf die Jagd gehn, Najaden, Dryaden, Hamadryaden und sonstige Predigerstöchter – ach! da wandelt auch Minka und Heloisa! Wie oft saß ich vor dem Pavillon und sah sie vorüberwandeln in ihren rosagestreiften Roben – die Elle kostet 4 Mark und 3 Schilling und Herr Seligmann hat mir versichert, die Rosastreifen würden im Waschen die Farbe behalten – Prächtige Dirnen! riefen dann die tugendhaften Jünglinge, die neben mir saßen – Ich erinnere mich, ein großer Assekuradeur, der immer wie ein Pfingstochs geputzt ging, sagte einst: die eine möcht ich mir mal als Frühstück und die andere als Abendbrot zu Gemüte führen, und ich würde an solchem Tage gar nicht zu Mittag speisen – Sie ist ein Engel! sagte einst ein Seekapitän ganz laut, so daß sich beide Mädchen zu gleicher Zeit umsahen, und sich dann einander eifersüchtig anblickten –Ich selber sagte nie etwas, und ich dachte meine süßesten Garnichtsgedanken, und betrachtete die Mädchen, und den heiter sanften Himmel, und den langen Petriturm mit der schlanken Taille, und die stille blaue Alster, worauf die Schwäne so stolz und so lieblich und so sicher umherschwammen. Die Schwäne! Stundenlang konnte ich sie betrachten, diese holden Geschöpfe mit ihren sanften langen Hälsen, wie sie sich üppig auf den weichen Fluten wiegten, wie sie zuweilen selig untertauchten und wieder auftauchten und übermütig plätscherten, bis der Himmel dunkelte, und die goldenen Sterne hervortraten, verlangend, verheißend, wunderbar zärtlich, verklärt. Die Sterne! Sind es goldne Blumen am bräutlichen Busen des Himmels? Sind es verliebte Engelsaugen, die sich sehnsüchtig spiegeln in den blauen Gewässern der Erde und mit den Schwänen buhlen?

– – – Ach! das ist nun lange her. Ich war damals jung und törigt. Jetzt bin ich alt und törigt. Manche Blume ist unterdessen verwelkt und manche sogar zertreten worden. Manches seidne Kleid ist unterdessen zerrissen, und sogar der rosagestreifte Kattun des Herren Seligmann hat unterdessen die Farbe verloren. Er selbst aber ist ebenfalls verblichen – die Firma ist jetzt „Seligmanns selige Witwe" – und Heloisa, das sanfte Wesen, das geschaffen schien nur auf weichbeblümte indische Teppiche zu wandeln und mit Pfauenfedern gefächelt zu werden, sie ging unter in Matrosenlärm, Punsch, Tabaksrauch und schlechter Musik. Als ich Minka wiedersah – sie nannte sich jetzt Kathinka und wohnte zwischen Hamburg und Altona – da sah sie aus wie der Tempel Salomonis als ihn Nebukadnezar zerstört hatte und roch nach assyrischem Knaster – und als sie mir Heloisas Tod erzählte, weinte sie bitterlich und riß sich verzweiflungsvoll die Haare aus, und wurde schier ohnmächtig, und mußte ein großes Glas Branntewein austrinken, um zur Besinnung zu kommen.

Und die Stadt selbst, wie war sie verändert! Und der Jungfernsteg! Der Schnee lag auf den Dächern und es schien als hätten sogar die Häuser gealtert und weiße Haare bekommen. Die Linden des Jungfernstegs waren nur tote Bäume mit dürren Ästen, die sich gespenstisch im kalten Winde bewegten. Der Himmel war schneidend blau und dunkelte hastig. Es war Sonntag, fünf Uhr, die allgemeine Fütterungstunde, und die Wagen rollten, Herren und Damen stiegen aus, mit einem gefrorenen Lächeln auf den hungrigen Lippen – Entsetzlich! in diesem Augenblick durchschauerte mich die schreckliche Bemerkung, daß ein unergründlicher Blödsinn auf allen diesen Gesichtern lag, und daß alle Menschen die eben vorbeigingen in einem wunderbaren Wahnwitz befangen schienen. Ich hatte sie schon vor zwölf Jahren, um dieselbe Stunde, mit denselben Mienen, wie die Puppen einer Rathausuhr, in derselben Bewegung gesehen, und sie hatten seitdem ununterbrochen in derselben Weise gerechnet, die Börse besucht, sich einander eingeladen, die Kinnbacken bewegt, ihre Trinkgelder bezahlt, und wieder gerechnet: zweimal zwei ist vier – Entsetzlich! rief ich, wenn einem von diesen Leuten, während er auf dem Contoirbock säße, plötzlich einfiele, daß zweimal zwei eigentlich fünf sei, und daß er also sein ganzes Leben verrechnet und sein ganzes Leben in einem schauderhaften Irrtum vergeudet habe! Auf einmal aber ergriff mich selbst ein närrischer Wahnsinn, und als ich die vorüberwandlende Menschen genauer betrachtete, kam es mir vor als seien sie selber nichts anders als Zahlen, als arabische Chiffern; und da ging eine krummfüßige Zwei neben einer fatalen Drei, ihrer schwangeren und vollbusigen Frau Gemahlin; dahinter ging Herr Vier auf Krücken; einherwatschelnd kam eine fatale Fünf, rundbäuchig mit kleinem Köpfchen; dann kam eine wohlbekannte kleine Sechse und eine noch wohlbekanntere böse Sieben – doch als ich die unglückliche Acht, wie sie vorüberschwankte ganz genau betrachtete, erkannte ich den Assekuradeur der sonst wie ein Pfingstochs geputzt ging, jetzt aber wie die magerste von Pharaos mageren Kühen aussah – blasse hohle Wangen, wie ein leerer Suppenteller, kaltrote Nase wie eine Winterrose, abgeschabter schwarzer Rock der einen kümmerlich weißen Widerschein gab, ein Hut worin Saturn mit der Sense einige Luftlöcher geschnitten, doch die Stiefel noch immer spiegelblank gewichst – und er schien nicht mehr daran zu denken, Heloisa und Minka als Frühstück und Abendbrot zu verzehren, er schien sich vielmehr nach einem Mittagessen von gewöhnlichem Rindfleisch zu sehnen. Unter den vorüberrollenden Nullen erkannte ich noch manchen alten Bekannten. Diese und die anderen Zahlenmenschen rollten vorüber, hastig und hungrig, während unfern, längst den Häusern des Jungfernstegs, noch grauenhafter drollig, ein Leichenzug sich hinbewegte. Ein trübsinniger Mummenschanz! hinter den Trauerwagen, einherstelzend auf ihren dünnen schwarzseidenen

Beinchen, gleich Marionetten des Todes, gingen die wohlbekannten Ratsdiener, privilegierte Leidtragende in parodiert altburgundischem Kostüm; kurze schwarze Mäntel und schwarze Pluderhosen, weiße Perücken und weiße Halsbergen, wozwischen die roten bezahlten Gesichter gar possenhaft hervorgucken, kurze Stahldegen an den Hüften, unterm Arm ein grüner Regenschirm.

Aber noch unheimlicher und verwirrender als diese Bilder, die sich, wie ein chinesisches Schattenspiel, schweigend vorbeibewegten, waren die Töne, die von einer anderen Seite in mein Ohr drangen. Es waren heisere, schnarrende, metallose Töne, ein unsinniges Kreischen, ein ängstliches Plätschern und verzweifelndes Schlürfen, ein Keichen und Schollern, ein Stöhnen und Ächzen, ein unbeschreibbar eiskalter Schmerzlaut. Das Bassin der Alster war zugefroren, nur nahe am Ufer war ein großes breites Viereck in der Eisdecke ausgehauen, und die entsetzlichen Töne, die ich eben vernommen, kamen aus den Kehlen der armen weißen Geschöpfe, die darin herumschwammen und in entsetzlicher Todesangst schrieen, und ach! es waren dieselben Schwäne, die einst so weich und heiter meine Seele bewegten. Ach! die schönen weißen Schwäne, man hatte ihnen die Flügel gebrochen, damit sie im Herbst nicht auswandern konnten, nach dem warmen Süden, und jetzt hielt der Norden sie festgebannt in seinen dunkeln Eisgruben – und der Markeur des Pavillons meinte, sie befänden sich wohl darin und die Kälte sei ihnen gesund. Das ist aber nicht wahr, es ist einem nicht wohl, wenn man ohnmächtig in einem kalten Pfuhl eingekerkert ist, fast eingefroren, und einem die Flügel gebrochen sind, und man nicht fortfliegen kann nach dem schönen Süden, wo die schönen Blumen, wo die goldnen Sonnenlichter, wo die blauen Bergseen – Ach! auch mir erging es einst nicht viel besser, und ich verstand die Qual dieser armen Schwäne; und als es gar immer dunkler wurde, und die Sterne oben hell hervortraten, dieselben Sterne die einst, in schönen Sommernächten, so liebeheiß mit den Schwänen gebuhlt, jetzt aber so winterkalt, so frostig klar und fast verhöhnend auf sie herabblickten – wohl begriff ich jetzt, daß die Sterne keine liebende mitfühlende Wesen sind, sondern nur glänzende Täuschungen der Nacht, ewige Trugbilder in einem erträumten Himmel, goldne Lügen im dunkelblauen Nichts – – –

Kapitel VI

Es war aber ein gar lieblicher Frühlingstag, als ich zum erstenmal die Stadt Hamburg verlassen. Noch sehe ich wie im Hafen die goldnen Sonnenlichter auf die beteerten Schiffsbäuche spielen, und ich höre noch das heitre langhingesungene Hoiho! der Matrosen. So ein Hafen im Frühling hat überdies die freundlichste Ähnlichkeit mit dem Gemüt eines Jünglings, der zum erstenmal in die Welt geht, sich zum erstenmal auf die hohe See des Lebens hinauswagt – noch sind alle seine Gedanken buntbewimpelt, Übermut schwellt alle Segel seiner Wünsche, Hoiho! – aber bald erheben sich die Stürme, der Horizont verdüstert sich, die Windsbraut heult, die Planken krachen, die Wellen zerbrechen das Steuer, und das arme Schiff zerschellt an romantischen Klippen oder strandet auf seicht-prosaischem Sand – oder vielleicht morsch und gebrochen, mit gekapptem Mast, ohne ein einziges Anker der Hoffnung, gelangt es wieder heim in den alten Hafen, und vermodert dort, abgetakelt kläglich, als ein elendes Wrack!

Aber es gibt auch Menschen, die nicht mit gewöhnlichen Schiffen verglichen werden dürfen, sondern mit Dampfschiffen. Diese tragen ein dunkles Feuer in der Brust und sie fahren gegen Wind und Wetter – Ihre Rauchflagge flattert wie der schwarze Federbusch des nächtlichen Reuters, ihre Zackenräder sind wie kolossale Pfundsporen, womit sie das Meer in die Wellenrippen stacheln, und das widerspenstisch schäumende Element muß ihrem Willen gehorchen, wie ein Roß – aber sehr oft platzt der Kessel, und der innere Brand verzehrt uns.

Doch ich will mich aus der Metapher wieder herausziehn und auf ein wirkliches Schiff setzen, welches von Hamburg nach Amsterdam fährt. Es war ein schwedisches Fahrzeug, hatte außer den Helden dieser Blätter auch Eisenbarren geladen, und sollte wahrscheinlich als Rückfracht eine Ladung Stockfische nach Hamburg, oder Eulen nach Athen bringen.

Die Ufergegenden der Elbe sind wunderlieblich. Besonders hinter Altona, bei Rainville. Unfern liegt Klopstock begraben. Ich kenne keine Gegend wo ein toter Dichter so gut begraben liegen kann wie dort. Als lebendiger Dichter dort zu leben, ist schon weit schwerer. Wie oft hab ich dein Grab besucht, Sänger des Messias, der du so rührend wahr die Leiden Jesu besungen! Du hast aber auch lang genug auf der Königstraße hinter dem Jungfernsteg gewohnt, um zu wissen, wie Propheten gekreuzigt werden.

Den zweiten Tag gelangten wir nach Kuxhaven, welches eine hamburgische Kolonie. Die Einwohner sind Untertanen der Republik und haben es sehr gut. Wenn sie im Winter frieren werden ihnen aus Hamburg wollene Decken geschickt, und in allzuheißen Sommertagen schickt man ihnen auch Limonade. Als Prokonsul residiert dort ein hoch- und wohlweiser Senator. Er hat jährlich ein Einkommen von 20,000 Mark und regiert über 5000 Seelen. Es ist dort auch ein Seebad, welches vor anderen Seebädern den Vorteil bietet, daß es zu gleicher Zeit ein Elbbad ist. Ein großer Damm, worauf man spazieren gehn kann, führt nach Ritzebüttel, welches ebenfalls zu Kuxhaven gehört. Das Wort kommt aus dem Phönizischen; die Worte „Ritze" und „Büttel" heißen auf phönizisch: Mündung der Elbe. Manche Historiker behaupten, Karl der Große habe Hamburg nur erweitert, die Phönizier aber hätten Hamburg und Altona gegründet und zwar zu derselben Zeit als Sodom und Gomorra zu Grunde gingen. Vielleicht haben sich Flüchtlinge aus diesen Städten nach der Mündung der Elbe gerettet. Man hat zwischen der Fuhlentwiete und der Kaffeemacherei einige alte Münzen ausgegraben, die noch unter der Regierung von Bera XVI. und Birsa X. geschlagen worden. Nach meiner Meinung ist Hamburg das alte Tharsis, woher Salomo ganze Schiffsladungen voll Gold, Silber, Elfenbein, Pfauen und Affen erhalten hat. Salomo, nämlich der König von Juda und Israel, hatte immer eine besondere Liebhaberei für Gold und Affen.

Aus: Deutschland. Ein Wintermärchen

Caput XXII

Noch mehr verändert als die Stadt
Sind mir die Menschen erschienen,
Sie gehn so betrübt und gebrochen herum,
Wie wandelnde Ruinen.

Die mageren sind noch dünner jetzt,
Noch fetter sind die feisten,
Die Kinder sind alt, die Alten sind
Kindisch geworden, die meisten.

Gar manche, die ich als Kälber verließ,
Fand ich als Ochsen wieder;
Gar manches kleine Gänschen ward
Zur Gans mit stolzem Gefieder.

Die alte Gudel fand ich geschminkt
Und geputzt wie eine Sirene;
Hat schwarze Locken sich angeschafft
Und blendend weiße Zähne.

Am besten hat sich konserviert
Mein Freund, der Papierverkäufer;
Sein Haar ward gelb und umwallt sein Haupt,
Sieht aus wie Johannes der Täufer.

Den **** den sah ich nur von fern,
Er huschte mir rasch vorüber;
Ich höre, sein Geist ist abgebrannt
Und war versichert bei Biber.

Auch meinen alten Zensor sah
Ich wieder. Im Nebel, gebücket,

Begegnet er mir auf dem Gänsemarkt,
Schien sehr darnieder gedrücket.

Wir schüttelten uns die Hände, es schwamm
Im Auge des Manns eine Träne.
Wie freute er sich, mich wieder zu sehn!
Es war eine rührende Szene. -

Nicht alle fand ich. Mancher hat
Das Zeitliche gesegnet.
Ach! meinem Gumpelino sogar
Bin ich nicht mehr begegnet.

Der Edle hatte ausgehaucht
Die große Seele soeben,
Und wird als verklärter Seraph jetzt
Am Throne Jehovahs schweben.

Vergebens suchte ich überall
Den krummen Adonis, der Tassen
Und Nachtgeschirr von Porzellan
Feil bot in Hamburgs Gassen.

Sarras, der treue Pudel, ist tot.
Ein großer Verlust! Ich wette,
Daß Campe Hieber ein ganzes Schock
Schriftsteller verloren hätte. – –

Die Population des Hamburger Staats
Besteht, seit Menschengedenken,
Aus Juden und Christen; es pflegen auch
Die letztren nicht viel zu verschenken.

Die Christen sind alle ziemlich gut,
Auch essen sie gut zu Mittag,
Und ihre Wechsel bezahlen sie prompt,
Noch vor dem letzten Respittag.

Die Juden teilen sich wieder ein
In zwei verschiedne Parteien;
Die Alten gehn in die Synagog,
Und in den Tempel die Neuen.

Die Neuen essen Schweinefleisch,
Zeigen sich widersetzig,
Sind Demokraten; die Alten sind
Vielmehr aristokrätzig.

Ich liebe die Alten, ich liebe die Neun –
Doch schwör ich, beim ewigen Gotte,
Ich liebe gewisse Fischchen noch mehr,
Man heißt sie geräucherte Sprotte.

Das neue Israelitische Hospital zu Hamburg

Ein Hospital für arme, kranke Juden,
Für Menschenkinder, welche dreifach elend,
Behaftet mit den bösen drei Gebresten,
Mit Armut, Körperschmerz und Judentume!

Das schlimmste von den dreien ist das letzte,
Das tausendjährige Familienübel,
Die aus dem Niltal mitgeschleppte Plage,
Der altegyptisch ungesunde Glauben.

Unheilbar tiefes Leid! Dagegen helfen
Nicht Dampfbad, Dusche, nicht die Apparate
Der Chirurgie, noch all die Arzeneien,
Die dieses Haus den siechen Gästen bietet.

Wird einst die Zeit die ewige Göttin, tilgen
Das dunkle Weh, das sich vererbt vom Vater
Herunter auf den Sohn, – wird einst der Enkel
Genesen und vernünftig sein und glücklich?

Ich weiß es nicht! Doch mittlerweile wollen
Wir preisen jenes Herz, das klug und liebreich
Zu lindern suchte, was der Lindrung fähig,
Zeitlichen Balsam träufelnd in die Wunden.

Der teure Mann! Er baute hier ein Obdach
Für Leiden, welche heilbar durch die Künste
Des Arztes (oder auch des Todes!), sorgte
Für Polster, Labetrank, Wartung und Pflege –

Ein Mann der Tat, tat er was eben tunlich;
Für gute Werke gab er hin den Taglohn
Am Abend seines Lebens, menschenfreundlich,
Durch Wohltun sich erholend von der Arbeit.

Er gab mit reicher Hand – doch reichre Spende
Entrollte manchmal seinem Aug, die Träne,
Die kostbar schöne Träne, die er weinte
Ob der unheilbar großen Brüderkrankheit.

Sonnenaufgang

Sonne, purpurgeborene,
Glänzend im Glanz der Rubinenkron
Und des goldenen Mantels,
Steigest Du empor
Aus Deinem Palast von Kristall;

Vor Dir, wie Blumenmädchen am Festtag,
Tanzen die jungen Morgenlichter
Und streuen Dir Rosenblätter;
Und unter Triumphportalen,
Gewölbt aus Wolkenmarmor,
Wandelst Du siegreich
Über die leuchtende Wasserbahn,
Und wohin Du gelangst,
Entflieht die Nacht
Mit hastigem Schattenschritt,
Und, lichtgeweckt, erschließen sich freudig
Die bunten Augen der Blumen
Und die lieben Herzen der Menschen,
Und aus den grünen Domen erschallt
Befiederte Jubelmusik.

Aber, o Sonne, purpurgeborene,
Putz Dich heut noch schöner als sonst,
Putz Dich mit all Deinem besten Geschmeide,
Denn es ist heut der Geburtstag
Der schönen Tante,
Und keinen gringeren Boten
Als Dich selber, o Sonne,
Schick ich mit meinem Glückwunsch
An die schöne Tante.

Hoch geehret fühlt sich die Sonne,
Die purpurgeborene,
Sie schmückt sich hastig,

Und hastig eilt sie über das Wasser,
Eilt in die Mündung der Elbe,
Stromaufwärts, Blankenes entlang,
Und sputet sich eifrig, und kommt noch zeitig
Nach Onkels Villa zu Ottensen,
Und findet noch, frühstückversammelt,
Alldort die schöne Tante
Und den Oheim, den fürstlichen Mann,

Und die lieben Mädchen,
Und Carl, den göttlichen Jungen,
Dem die Welt gehört,
Und den vornehmherrlichen Herrmann,
Der jüngst aus Italien gekommen,
Und vieles gesehn und erfahren,
Und jetzt erzählt:
Vom alten, blauen Wunderlande,
Von Zitronenwäldern und Banditen,
Von Makaroni und Madonnen,

Von geflickten Marmorgöttern,
Und von Musik und Misere. –
Unterdessen, die Sonne, die purpurgeborene,
Auftragsgehorsam,
Strahlet ins Fenster hinein
Meinen heißesten Glückwunsch,
Meine wärmste Gratulation.

II. Der deutsche Dichter – ein Jude: Isolation, Assimilation und Kampf um Emanzipation

„Ein Fichtenbaum steht einsam Im Norden auf kahler Höh"

Aus: Buch der Lieder
Vorrede zur dritten Auflage

Das ist der alte Märchenwald!
Es duftet die Lindenblüte!
Der wunderbare Mondenglanz
Bezaubert mein Gemüte.

Ich ging fürbaß, und wie ich ging,
Erklang es in der Höhe.
Das ist die Nachtigall, sie singt
Von Lieb und Liebeswehe.

Sie singt von Lieb und Liebesweh,
Von Tränen und von Lachen,
Sie jubelt so traurig, sie schluchzet so froh,
Vergessene Träume erwachen. –

Ich ging fürbaß, und wie ich ging,
Da sah ich vor mir liegen,
Auf freiem Platz, ein großes Schloß,
Die Giebel hoch aufstiegen.

Verschlossene Fenster, überall
Ein Schweigen und ein Trauern;
Es schien, als wohne der stille Tod
In diesen öden Mauern.

Dort vor dem Tor lag eine Sphinx,
Ein Zwitter von Schrecken und Lüsten,
Der Leib und die Tatzen wie ein Löw,

Ein Weib an Haupt und Brüsten.
Ein schönes Weib! Der weiße Blick,
Er sprach von wildem Begehren;
Die stummen Lippen wölbten sich
Und lächelten stilles Gewähren.

Die Nachtigall, sie sang so süß –
Ich konnt nicht widerstehen –
Und als ich küßte das holde Gesicht,
Da wars um mich geschehen.

Lebendig ward das Marmorbild,
Der Stein begann zu ächzen –
Sie trank meiner Küsse lodernde Glut
Mit Dürsten und mit Lechzen.

Sie trank mir fast den Odem aus –
Und endlich, wollustheischend,
Umschlang sie mich, meinen armen Leib
Mit den Löwentatzen zerfleischend.

Entzückende Marter und wonniges Weh!
Der Schmerz wie die Lust unermeßlich!
Derweilen des Mundes Kuß mich beglückt,
Verwunden die Tatzen mich gräßlich.

Die Nachtigall sang: „O schöne Sphinx!
O Liebe! was soll es bedeuten,
Daß du vermischest mit Todesqual
All deine Seligkeiten?

O schöne Sphinx! O löse mir
Das Rätsel, das wunderbare!
Ich hab darüber nachgedacht
Schon manche tausend Jahre."

Aus: Lyrisches Intermezzo

Prolog

Es war mal ein Ritter trübselig und stumm,
Mit hohlen, schneeweißen Wangen;
Er schwankte und schlenderte schlotternd herum,
In dumpfen Träumen befangen.
Er war so hölzern, so täppisch, so links,
Die Blümlein und Mägdlein die kicherten rings,
Wenn er stolpernd vorbeigegangen.

Oft saß er im finstersten Winkel zu Haus;
Er hatt sich vor Menschen verkrochen.
Da streckte er sehnend die Arme aus,
Doch hat er kein Wörtlein gesprochen.
Kam aber die Mitternachtstunde heran,
Ein seltsames Singen und Klingen begann –
An die Türe da hört er es pochen.

Da kommt seine Liebste geschlichen herein,
Im rauschenden Wellenschaumkleide.
Sie blüht und glüht wie ein Röselein,
Ihr Schleier ist eitel Geschmeide.
Goldlocken umspielen die schlanke Gestalt,
Die Äuglein grüßen mit süßer Gewalt –
In die Arme sinken sich beide.

Der Ritter umschlingt sie mit Liebesmacht,
Der Hölzerne steht jetzt in Feuer,
Der Blasse errötet, der Träumer erwacht,
Der Blöde wird freier und freier.
Sie aber, sie hat ihn gar schalkhaft geneckt,
Sie hat ihm ganz leise den Kopf bedeckt
Mit dem weißen, demantenen Schleier.

In einen kristallenen Wasserpalast
Ist plötzlich gezaubert der Ritter.
Er staunt, und die Augen erblinden ihm fast
Vor alle dem Glanz und Geflitter.
Doch hält ihn die Nixe umarmet gar traut,
Der Ritter ist Bräutgam, die Nixe ist Braut;
Ihre Jungfraun spielen die Zither.

Sie spielen und singen, und singen so schön,
Und heben zum Tanze die Füße;
Dem Ritter dem wollen die Sinne vergehn,
Und fester umschließt er die Süße –
Da löschen auf einmal die Lichter aus,
Der Ritter sitzt wieder ganz einsam zu Haus,
In dem düstern Poetenstübchen.

XXIV

Sie haben dir viel erzählet,
Und haben viel geklagt;
Doch was meine Seele gequälet,
Das haben sie nicht gesagt.

Sie machten ein großes Wesen
Und schüttelten kläglich das Haupt;
Sie nannten mich den Bösen,
Und du hast alles geglaubt.

Jedoch das Allerschlimmste,
Das haben sie nicht gewußt;
Das Schlimmste und das Dümmste,
Das trug ich geheim in der Brust.

XXXIII

Ein Fichtenbaum steht einsam
Im Norden auf kahler Höh.
Ihn schläfert; mit weißer Decke
Umhüllen ihn Eis und Schnee.

Er träumt von einer Palme,
Die, fern im Morgenland,
Einsam und schweigend trauert
Auf brennender Felsenwand.

XXXV

Seit die Liebste war entfernt,
Hatt ichs Lachen ganz verlernt.
Schlechten Witz riß mancher Wicht,
Aber lachen konnt ich nicht.

Seit ich sie verloren hab,
Schafft ich auch das Weinen ab;
Fast vor Weh das Herz mir bricht,
Aber weinen kann ich nicht.

XXXVI

Aus meinen großen Schmerzen
Mach ich die kleinen Lieder;
Die heben ihr klingend Gefieder
Und flattern nach ihrem Herzen.

Sie fanden den Weg zur Trauten,
Doch kommen sie wieder und klagen,
Und klagen, und wollen nicht sagen,
Was sie im Herzen schauten.

XLVII

Sie haben mich gequälet,
Geärgert blau und blaß.
Die Einen mit ihrer Liebe,
Die Andern mit ihrem Haß.

Sie haben das Brot mir vergiftet,
Sie gossen mir Gift ins Glas,
Die Einen mit ihrer Liebe,
Die Andern mit ihrem Haß.

Doch sie, die mich am meisten
Gequält, geärgert, betrübt,
Die hat mich nie gehasset,
Und hat mich nie geliebt.

LXIV

Nacht lag auf meinen Augen,
Blei lag auf meinem Mund,
Mit starrem Hirn und Herzen
Lag ich im Grabesgrund.

Wie lang, kann ich nicht sagen,
Daß ich geschlafen hab;
Ich wachte auf und hörte,
Wies pochte an mein Grab.

„Willst du nicht aufstehn, Heinrich?
Der ewge Tag bricht an,
Die Toten sind erstanden,
Die ewge Lust begann."

Mein Lieb, ich kann nicht aufstehn,
Bin ja noch immer blind;

Durch Weinen meine Augen
Gänzlich erloschen sind.

„Ich will dir küssen, Heinrich,
Vom Auge fort die Nacht;
Die Engel sollst du schauen,
Und auch des Himmels Pracht.“

Mein Lieb, ich kann nicht aufstehn,
Noch blutets immerfort,
Wo du ins Herz mich stachest
Mit einem spitzgen Wort.

„Ganz leise leg ich, Heinrich,
Dir meine Hand aufs Herz;
Dann wird es nicht mehr bluten,
Geheilt ist all sein Schmerz.“

Mein Lieb, ich kann nicht aufstehn,
Es blutet auch mein Haupt;
Hab ja hineingeschossen,
Als du mir wurdest geraubt.

„Mit meinen Locken, Heinrich,
Stopf ich des Hauptes Wund,
Und dräng zurück den Blutstrom,
Und mache dein Haupt gesund.“

Es bat so sanft, so lieblich,
Ich konnt nicht widerstehn;
Ich wollte mich erheben
Und zu der Liebsten gehn.

Da brachen auf die Wunden,
Da stürzt’ mit wilder Macht
Aus Kopf und Brust der Blutstrom,
Und sieh! – ich bin erwacht.

Aus: Die Heimkehr

II

Ich weiß nicht was soll es bedeuten,
Daß ich so traurig bin;
Ein Märchen aus alten Zeiten,
Das kommt mir nicht aus dem Sinn.

Die Luft ist kühl und es dunkelt,
Und ruhig fließt der Rhein;
Der Gipfel des Berges funkelt
Im Abendsonnenschein.

Die schönste Jungfrau sitzet
Dort oben wunderbar;
Ihr goldnes Geschmeide blitzet,
Sie kämmt ihr goldenes Haar.

Sie kämmt es mit goldenem Kamme
Und singt ein Lied dabei;
Das hat eine wundersame,
Gewaltige Melodei.

Den Schiffer im kleinen Schiffe
Ergreift es mit wildem Weh;
Er schaut nicht die Felsenriffe,
Er schaut nur hinauf in die Höh.

Ich glaube, die Wellen verschlingen
Am Ende Schiffer und Kahn;
Und das hat mit ihrem Singen
Die Lore-Ley getan.

III

Mein Herz, mein Herz ist traurig,
Doch lustig leuchtet der Mai;
Ich stehe, gelehnt an der Linde,
Hoch auf der alten Bastei.

Da drunten fließt der blaue
Stadtgraben in stiller Ruh;
Ein Knabe fährt im Kahne,
Und angelt und pfeift dazu.

Jenseits erheben sich freundlich,
In winziger, bunter Gestalt,
Lusthäuser, und Gärten, und Menschen,
Und Ochsen, und Wiesen, und Wald.

Die Mägde bleichen Wäsche,
Und springen im Gras herum:
Das Mühlrad stäubt Diamanten,
Ich höre sein fernes Gesumm.

Am alten grauen Turme
Ein Schilderhäuschen steht;
Ein rotgeröckter Bursche
Dort auf und nieder geht.

Er spielt mit seiner Flinte,
Die funkelt im Sonnenrot,
Er präsentiert und schultert –
Ich wollt, er schösse mich tot.

XIII

Wenn ich an deinem Hause
Des Morgens vorüber geh,
So freuts mich, du liebe Kleine,
Wenn ich dich am Fenster seh.

Mit deinen schwarzbraunen Augen
Siehst du mich forschend an:
Wer bist du, und was fehlt dir,
Du fremder, kranker Mann?

„Ich bin ein deutscher Dichter,
Bekannt im deutschen Land;
Nennt man die besten Namen,
So wird auch der meine genannt.

Und was mir fehlt, du Kleine,
Fehlt manchem im deutschen Land;
Nennt man die schlimmsten Schmerzen,
So wird auch der meine genannt."

XV

Da droben auf jenem Berge,
Da steht ein feines Schloß,
Da wohnen drei schöne Fräulein,
Von denen ich Liebe genoß.

Sonnabend küßte mich Jette,
Und Sonntag die Julia,
Und Montag die Kunigunde,
Die hat mich erdrückt beinah.

Doch Dienstag war eine Fete
Bei meinen drei Fräulein im Schloß;
Die Nachbarschafts-Herren und Damen,
Die kamen zu Wagen und Roß.

Ich aber war nicht geladen,
Und das habt ihr dumm gemacht!
Die zischelnden Muhmen und Basen,
Die merktens und haben gelacht.

XXXV

Ich rief den Teufel und er kam,
Und ich sah ihn mit Verwundrung an.
Er ist nicht häßlich und ist nicht lahm,
Er ist ein lieber, scharmanter Mann,
Ein Mann in seinen besten Jahren,
Verbindlich und höflich und welterfahren.
Er ist ein gescheuter Diplomat,
Und spricht recht schön über Kirch und Staat.
Blaß ist er etwas, doch ist es kein Wunder,
Sanskrit und Hegel studiert er jetzunder.
Sein Lieblingspoet ist noch immer Fouqué.
Doch will er nicht mehr mit Kritik sich befassen,
Die hat er jetzt gänzlich überlassen
Der teuren Großmutter Hekate.
Er lobte mein juristisches Streben,
Hat früher sich auch damit abgegeben.
Er sagte, meine Freundschaft sei
Ihm nicht zu teuer, und nickte dabei,
Und frug: ob wir uns früher nicht
Schon einmal gesehn beim spanschen Gesandten?
Und als ich recht besah sein Gesicht,
Fand ich in ihm einen alten Bekannten.

XLVII

Du bist wie eine Blume,
So hold und schön und rein;
Ich schau dich an, und Wehmut
Schleicht mir ins Herz hinein.

Mir ist, als ob ich die Hände
Aufs Haupt dir legen sollt,
Betend, daß Gott dich erhalte
So rein und schön und hold.

LX

Sie haben heut abend Gesellschaft,
Und das Haus ist lichterfüllt.
Dort oben am hellen Fenster
Bewegt sich ein Schattenbild.

Du schaust mich nicht, im Dunkeln
Steh ich hier unten allein;
Noch wenger kannst du schauen
In mein dunkles Herz hinein.

Mein dunkles Herze liebt dich,
Es liebt dich und es bricht,
Und bricht und zuckt und verblutet,
Aber du siehst es nicht.

Donna Clara

In dem abendlichen Garten
Wandelt des Alkaden Tochter;
Pauken- und Trommetenjubel
Klingt herunter von dem Schlosse.

„Lästig werden mir die Tänze
Und die süßen Schmeichelworte,
Und die Ritter, die so zierlich
Mich vergleichen mit der Sonne.

Überlästig wird mir alles,
Seit ich sah, beim Strahl des Mondes,
Jenen Ritter, dessen Laute
Nächtens mich ans Fenster lockte.

Wie er stand so schlank und mutig,
Und die Augen leuchtend schossen
Aus dem edelblassen Antlitz,
Glich er wahrlich Sankt Georgen."

Also dachte Donna Clara,
Und sie schaute auf den Boden;
Wie sie aufblickt, steht der schöne,
Unbekannte Ritter vor ihr.

Händedrückend, liebeflüsternd
Wandeln sie umher im Mondschein,
Und der Zephir schmeichelt freundlich,
Märchenartig grüßen Rosen.

Märchenartig grüßen Rosen,
Und sie glühn wie Liebesboten. –
Aber sage mir, Geliebte,
Warum du so plötzlich rot wirst?

„Mücken stachen mich, Geliebter,
Und die Mücken sind, im Sommer,
Mir so tief verhaßt, als wärens
Langenasge Judenrotten."

Laß die Mücken und die Juden,
Spricht der Ritter, freundlich kosend.
Von den Mandelbäumen fallen
Tausend weiße Blütenflocken.

Tausend weiße Blütenflocken
Haben ihren Duft ergossen. –
Aber sage mir, Geliebte,
Ist dein Herz mir ganz gewogen?

„Ja, ich liebe dich, Geliebter,
Bei dem Heiland seis geschworen,
Den die gottverfluchten Juden
Boshaft tückisch einst ermordet."

Laß den Heiland und die Juden,
Spricht der Ritter, freundlich kosend.
In der Ferne schwanken traumhaft
Weiße Liljen, lichtumflossen.

Weiße Liljen, lichtumflossen,
Blicken nach den Sternen droben. –
Aber sage mir, Geliebte,
Hast du auch nicht falsch geschworen?

„Falsch ist nicht in mir, Geliebter,
Wie in meiner Brust kein Tropfen
Blut ist von dem Blut der Mohren
Und des schmutzgen Judenvolkes."

Laß die Mohren und die Juden,
Spricht der Ritter, freundlich kosend;
Und nach einer Myrtenlaube
Führt er die Alkadentochter.

Mit den weichen Liebesnetzen
Hat er heimlich sie umflochten;
Kurze Worte, lange Küsse,
Und die Herzen überflossen.

Wie ein schmelzend süßes Brautlied
Singt die Nachtigall, die holde;
Wie zum Fackeltanze hüpfen
Feuerwürmchen auf dem Boden.

In der Laube wird es stiller,
Und man hört nur, wie verstohlen,
Das Geflüster kluger Myrten
Und der Blumen Atemholen.

Aber Pauken und Trommeten
Schallen plötzlich aus dem Schlosse,
Und erwachend hat sich Clara
Aus des Ritters Arm gezogen.

„Horch! da ruft es mich, Geliebter;
Doch, bevor wir scheiden, sollst du
Nennen deinen lieben Namen,
Den du mir so lang verborgen."

Und der Ritter, heiter lächelnd,
Küßt die Finger seiner Donna,
Küßt die Lippen und die Stirne,
Und er spricht zuletzt die Worte:

Ich, Sennora, Eur Geliebter,
Bin der Sohn des vielbelobten,
Großen, schriftgelehrten Rabbi
Israel von Saragossa.

Almansor

In dem Dome zu Corduva
Stehen Säulen, dreizehnhundert,
Dreizehnhundert Riesensäulen
Tragen die gewalt'ge Kuppel.

Und auf Säulen, Kuppel, Wänden
Ziehn von oben sich bis unten
Des Korans arab'sche Sprüche,
Klug und blumenhaft verschlungen.

Mohrenkön'ge bauten weiland
Dieses Haus zu Allahs Ruhme,
Doch hat vieles sich verwandelt
In der Zeiten dunkelm Strudel.

Auf dem Turme, wo der Türmer
Zum Gebete aufgerufen,
Tönet jetzt der Christenglocken
Melancholisches Gesumme.

Auf den Stufen, wo die Glaub'gen
Das Prophetenwort gesungen,
Zeigen jetzt die Glatzenpfäfflein
Ihrer Messe fades Wunder.

Und das ist ein Drehn und Winden
Vor den buntbemalten Puppen,
Und das blökt und dampft und klingelt,
Und die dummen Kerzen funkeln.

In dem Dome zu Corduva
Steht Almansor ben Abdullah,
All die Säulen still betrachtend,
Und die stillen Worte murmelnd:

„Oh, ihr Säulen, stark und riesig,
Einst geschmückt zu Allahs Ruhme,
Jetzo müßt ihr dienend huld'gen
Dem verhaßten Christentume!

Ihr bequemt euch in die Zeiten,
Und ihr tragt die Last geduldig;
Ei, da muß ja wohl der Schwächre
Noch viel leichter sich beruh'gen."

Und sein Haupt, mit heiterm Antlitz,
Beugt Almansor ben Abdullah
Über den gezierten Taufstein,
In dem Dome zu Corduva.

Hastig schritt er aus dem Dome,
Jagte fort auf wildem Rappen,
Daß im Wind die feuchten Locken
Und des Hutes Federn wallen.

Auf dem Weg nach Alkolea,
Dem Guadalquivir entlange,
Wo die weißen Mandeln blühen,
Und die duft'gen Goldorangen;

Dorten jagt der lust'ge Ritter,
Pfeift und singt, und lacht behaglich,
Und es stimmen ein die Vögel
Und des Stromes laute Wasser.

In dem Schloß zu Alkolea
Wohnet Clara de Alvares,
In Navarra kämpft ihr Vater,
Und sie freut sich mindern Zwanges.

Und Almansor hört schon ferne
Pauken und Drommeten schallen,

Und er sieht des Schlosses Lichter
Blitzen durch der Bäume Schatten.

In dem Schloß zu Alkolea
Tanzen zwölf geschmückte Damen,
Tanzen zwölf geschmückte Ritter,
Doch am schönsten tanzt Almansor.

Wie beschwingt von muntrer Laune
Flattert er herum im Saale,
Und er weiß den Damen allen
Süße Schmeichelein zu sagen.

Isabellens schöne Hände
Küßt er rasch, und springt von dannen,
Und er setzt sich vor Elviren,
Und er schaut ihr froh ins Antlitz.

Lachend fragt er Leonoren:
Ob er heute ihr gefalle?
Und er zeigt die goldnen Kreuze,
Eingestickt in seinen Mantel.

Er versichert jeder Dame,
Daß er sie im Herzen trage;
Und „so wahr ich Christ bin!“ schwört er
Dreißigmal an jenem Abend.

In dem Schloß zu Alkolea
Ist verschollen Lust und Klingen,
Herrn und Damen sind verschwunden,
Und erloschen sind die Lichter.

Doña Clara und Almansor
Sind allein im Saal geblieben;
Einsam streut die letzte Lampe
Über beide ihren Schimmer.

Auf dem Sessel sitzt die Dame,
Auf dem Schemel sitzt der Ritter,
Und sein Haupt, das schlummermüde,
Ruht auf den geliebten Knien.

Rosenöl aus goldnem Fläschchen
Gießt die Dame, sorgsam sinnend.
Auf Almansors braune Locken –
Und er seufzt aus Herzenstiefe.

Süßen Kuß, mit sanftem Munde,
Drückt die Dame, sorgsam sinnend,
Auf Almansors braune Locken –
Und es wölkt sich seine Stirne.

Tränenflut aus lichten Augen
Weint die Dame, sorgsam sinnend,
Auf Almansors braune Locken –
Und es zuckt um seine Lippen.

Und er träumt: er stehe wieder,
Tief das Haupt gebeugt und triefend,
In dem Dome zu Corduva,
Und er hört viel dunkle Stimmen.

All die hohen Riesensäulen
Hört er murmeln unmutgrimmig,
Länger wollen sie's nicht tragen,
Und sie wanken und sie zitttern;

Und sie brechen wild zusammen,
Es erbleichen Volk und Priester,
Krachend stürzt herab die Kuppel,
Und die Christengötter wimmern.

„Der Taufzettel ist das Entréebillet zur europäischen Kultur“

Einem Abtrünnigen

O des heilgen Jugendmutes!
O, wie schnell bist du gebändigt!
Und du hast dich, kühlern Blutes,
Mit den lieben Herrn verständigt.

Und du bist zu Kreuz gekrochen,
Zu dem Kreuz, das du verachtest,
Das du noch vor wenig Wochen
In den Staub zu treten dachtest!

O, das tut das viele Lesen
Jener Schlegel, Haller, Burke –
Gestern noch ein Held gewesen,
Ist man heute schon ein Schurke.

Seegespenst

Ich aber lag am Rande des Schiffes,
Und schaute, träumenden Auges,
Hinab in das spiegelklare Wasser,
Und schaute tiefer und tiefer –
Bis tief, im Meeresgrunde,
Anfangs wie dämmernde Nebel,
Jedoch allmählig farbenbestimmter,
Kirchenkuppel und Türme sich zeigten,
Und endlich, sonnenklar, eine ganze Stadt,
Altertümlich niederländisch,
Und menschenbelebt.
Bedächtige Männer, schwarzbemäntelt,
Mit weißen Halskrausen und Ehrenketten
Und langen Degen und langen Gesichtern,
Schreiten, über den wimmelnden Marktplatz,
Nach dem treppenhohen Rathaus,
Wo steinerne Kaiserbilder
Wacht halten mit Zepter und Schwert.
Unferne, vor langen Häuserreihn,
Wo spiegelblanke Fenster
Und pyramidisch beschnittene Linden,
Wandeln seidenrauschende Jungfern,
Schlanke Leibchen, die Blumengesichter
Sittsam umschlossen von schwarzen Mützchen
Und hervorquellendem Goldhaar.
Bunte Gesellen, in spanischer Tracht,
Stolzieren vorüber und nicken.
Bejahrte Frauen,
In braunen, verschollnen Gewändern,
Gesangbuch und Rosenkranz in der Hand,
Eilen, trippelnden Schritts,
Nach dem großen Dome,
Getrieben von Glockengeläute
Und rauschendem Orgelton.

Mich selbst ergreift des fernen Klangs
Geheimnisvoller Schauer!
Unendliches Sehnen, tiefe Wehmut
Beschleicht mein Herz,
Mein kaum geheiltes Herz; –
Mir ist, als würden seine Wunden
Von lieben Lippen aufgeküßt,
Und täten wieder bluten –
Heiße, rote Tropfen,
Die lang und langsam niederfalln
Auf ein altes Haus, dort unten
In der tiefen Meerstadt,
Auf ein altes, hochgegiebeltes Haus,
Wo melancholisch einsam
Unten am Fenster ein Mädchen sitzt,
Den Kopf auf den Arm gelehnt,
Wie ein armes, vergessenes Kind –
Und ich kenne dich armes, vergessenes Kind!

So tief, meertief also
Verstecktest du dich vor mir,
Aus kindischer Laune,
Und konntest nicht mehr herauf,
Und saßest fremd unter fremden Leuten,
Jahrhundertelang,
Derweilen ich, die Seele voll Gram,
Auf der ganzen Erde dich suchte,
Und immer dich suchte,
Du Immergeliebte,
Du Längstverlorene,
Du Endlichgefundene –
Ich hab dich gefunden und schaue wieder
Dein süßes Gesicht,
Die klugen, treuen Augen,
Das liebe Lächeln –
Und nimmer will ich dich wieder verlassen,
Und ich komme hinab zu dir,

Und mit ausgebreiteten Armen
Stürz ich hinab an dein Herz –

Aber zur rechten Zeit noch
Ergriff mich beim Fuß der Kapitän,
Und zog mich vom Schiffsrand,
Und rief, ärgerlich lachend:
Doktor, sind Sie des Teufels?

Reinigung

Bleib du in deiner Meerestiefe,
Wahnsinniger Traum,
Der du einst so manche Nacht
Mein Herz mit falschem Glück gequält hast,
Und jetzt, als Seegespenst,
Sogar am hellen Tag mich bedrohest –
Bleib du dort unten, in Ewigkeit,
Und ich werfe noch zu dir hinab
All meine Schmerzen und Sünden,
Und die Schellenkappe der Torheit,
Die so lange mein Haupt umklingelt,
Und die kalte, gleißende Schlangenhaut
Der Heuchelei,
Die mir so lang die Seele umwunden,
Die kranke Seele,
Die gottverleugnende, engelverleugnende,
Unselige Seele –
Hoiho! hoiho! Da kommt der Wind!
Die Segel auf! Sie flattern und schwelln!
Über die stillverderbliche Fläche
Eilet das Schiff,
Und es jauchzt die befreite Seele.

Frieden

Hoch am Himmel stand die Sonne,
Von weißen Wolken umwogt,
Das Meer war still,
Und sinnend lag ich am Steuer des Schiffes,
Träumerisch sinnend, – und halb im Wachen
Und halb im Schlummer, schaute ich Christus,
Den Heiland der Welt.
Im wallend weißen Gewande
Wandelt er riesengroß
Über Land und Meer;
Es ragte sein Haupt in den Himmel,
Die Hände streckte er segnend
Über Land und Meer;
Und als ein Herz in der Brust
Trug er die Sonne,
Die rote, flammende Sonne,
Und das rote, flammende Sonnenherz
Goß seine Gnadenstrahlen
Und sein holdes, liebseliges Licht,
Erleuchtend und wärmend,
Über Land und Meer.

Glockenklänge zogen feierlich
Hin und her, zogen wie Schwäne,
An Rosenbändern, das gleitende Schiff,
Und zogen es spielend ans grüne Ufer,
Wo Menschen wohnen, in hochgetürmter,
Ragender Stadt.

O Friedenswunder! Wie still die Stadt!
Es ruhte das dumpfe Geräusch
Der schwatzenden, schwülen Gewerbe,
Und durch die reinen, hallenden Straßen
Wandelten Menschen, weißgekleidete,
Palmzweigtragende,

Und wo sich Zwei begegneten,
Sahn sie sich an, verständnisinnig,
Und schauernd, in Liebe und süßer Entsagung,
Küßten sie sich auf die Stirne,
Und schauten hinauf
Nach des Heilands Sonnenherzen,
Das freudig versöhnend sein rotes Blut
Hinunterstrahlte,
Und dreimalselig sprachen sie:
Gelobt sei Jesu Christ!

Fragen

Am Meer, am wüsten, nächtlichen Meer
Steht ein Jüngling-Mann,
Die Brust voll Wehmut, das Haupt voll Zweifel,
Und mit düstern Lippen fragt er die Wogen:

„O löst mir das Rätsel des Lebens,
Das qualvoll uralte Rätsel,
Worüber schon manche Häupter gegrübelt,
Häupter in Hieroglyphenmützen,
Häupter in Turban und schwarzem Barett,
Perückenhäupter und tausend andre
Arme, schwitzende Menschenhäupter –
Sagt mir, was bedeutet der Mensch?
Woher ist er kommen? Wo geht er hin?
Wer wohnt dort oben auf goldenen Sternen?“

Es murmeln die Wogen ihr ewges Gemurmel,
Es wehet der Wind, es fliehen die Wolken,
Es blinken die Sterne, gleichgültig und kalt,
Und ein Narr wartet auf Antwort.

Der Phönix

Es kommt ein Vogel geflogen aus Westen,
Er fliegt gen Osten,
Nach der östlichen Gartenheimat,
Wo Spezereien duften und wachsen,
Und Palmen rauschen und Brunnen kühlen –
Und fliegend singt der Wundervogel:

„Sie liebt ihn! sie liebt ihn!
Sie trägt sein Bildnis im kleinen Herzen,
Und trägt es süß und heimlich verborgen,
Und weiß es selbst nicht!

Aber im Traume steht er vor ihr,
Sie bittet und weint und küßt seine Hände,
Und ruft seinen Namen,
Und rufend erwacht sie und liegt erschrocken,
Und reibt sich verwundert die schönen Augen –
Sie liebt ihn! sie liebt ihn!"

*

An den Mastbaum gelehnt, auf dem hohen Verdeck,
Stand ich und hört ich des Vogels Gesang.
Wie schwarzgrüne Rosse mit silbernen Mähnen,
Sprangen die weißgekräuselten Wellen;
Wie Schwänenzüge schifften vorüber,
Mit schimmernden Segeln, die Helgolander,
Die kecken Nomaden der Nordsee;
Über mir, in dem ewigen Blau,
Flatterte weißes Gewölk
Und prangte die ewige Sonne,
Die Rose des Himmels, die feuerblühende,
Die freudvoll im Meer sich bespiegelte; –
Und Himmel und Meer und mein eigenes Herz
Ertönten im Nachhall:
Sie liebt ihn! sie liebt ihn!

Im Hafen

Glücklich der Mann, der den Hafen erreicht hat,
Und hinter sich ließ das Meer und die Stürme,
Und jetzo warm und ruhig sitzt
Im guten Ratskeller zu Bremen.

Wie doch die Welt so traulich und lieblich
Im Römerglas sich widerspiegelt,
Und wie der wogende Mikrokosmus
Sonnig hinabfließt ins durstige Herz!
Alles erblick ich im Glas,
Alte und neue Völkergeschichte,
Türken und Griechen, Hegel und Gans,
Zitronenwälder und Wachtparaden,
Berlin und Schilda und Tunis und Hamburg,
Vor allem aber das Bild der Geliebten,
Das Engelköpfchen auf Rheinweingoldgrund.

O, wie schön! wie schön bist du, Geliebte!
Du bist wie eine Rose!
Nicht wie die Rose von Schiras,
Die hafisbesungene Nachtigallbraut;
Nicht wie die Rose von Saron,
Die heiligrote, prophetengefeierte; –
Du bist wie die Ros im Ratskeller zu Bremen!
Das ist die Rose der Rosen,
Je älter sie wird, je lieblicher blüht sie,
Und ihr himmlischer Duft, er hat mich beseligt,
Er hat mich begeistert, er hat mich berauscht,
Und hielt mich nicht fest, am Schopfe fest,
Der Ratskellermeister von Bremen,
Ich wäre gepurzelt!

Der brave Mann! wir saßen beisammen
Und tranken wie Brüder,
Wir sprachen von hohen, heimlichen Dingen,
Wir seufzten und sanken uns in die Arme,

Und er hat mich bekehrt zum Glauben der Liebe –
Ich trank auf das Wohl meiner bittersten Feinde,
Und allen schlechten Poeten vergab ich,
Wie einst mir selber vergeben soll werden –
Ich weinte vor Andacht, und endlich
Erschlossen sich mir die Pforten des Heils,
Wo die zwölf Apostel, die heilgen Stückfässer,
Schweigend predgen, und doch so verständlich
Für alle Völker.

Das sind Männer!
Unscheinbar von außen, in hölzernen Röcklein,
Sind sie von innen schöner und leuchtender
Denn all die stolzen Leviten des Tempels
Und des Herodes Trabanten und Höflinge,
Die goldgeschmückten, die purpurgekleideten –
Hab ich doch immer gesagt,
Nicht unter ganz gemeinen Leuten,
Nein, in der allerbesten Gesellschaft,
Lebte beständig der König des Himmels!

Hallelujah! Wie lieblich umwehen mich
Die Palmen von Beth El!
Wie duften die Myrrhen von Hebron!
Wie rauscht der Jordan und taumelt vor Freude! –
Auch meine unsterbliche Seele taumelt,
Und ich taumle mit ihr, und taumelnd
Bringt mich die Treppe hinauf, ans Tagslicht,
Der brave Ratskellermeister von Bremen.

Du braver Ratskellermeister von Bremen!
Siehst du, auf den Dächern der Häuser sitzen
Die Engel und sind betrunken und singen;
Die glühende Sonne dort oben
Ist nur eine rote, betrunkene Nase,
Die Nase des Weltgeists;
Und um die rote Weltgeistnase
Dreht sich die ganze, betrunkene Welt.

„Was aber ist die große Aufgabe unserer Zeit? Es ist die Emanzipation“

Aus: Über Polen

Die Unterwürfigkeit des polnischen Bauers gegen den Edelmann ist empörend. Er beugt sich mit dem Kopf fast bis zu den Füßen des gnädigen Herrn, und spricht die Formel: „Ich küsse die Füße.“ Wer den Gehorsam personifiziert haben will, sehe einen polnischen Bauer vor seinem Edelmann stehen; es fehlt nur der wedelnde Hundeschweif. Bei einem solchen Anblick denke ich unwillkürlich: Und Gott erschuf den Menschen nach seinem Ebenbilde! – und es ergreift mich ein unendlicher Schmerz, wenn ich einen Menschen vor einem andern so tief erniedrigt sehe. Nur vor dem Könige soll man sich beugen; bis auf dieses letztere Glaubensgesetz bekenne ich mich ganz zum nordamerikanischen Katechismus. Ich leugne es nicht, daß ich die Bäume der Flur mehr liebe als Stammbäume, daß ich das Menschenrecht mehr achte als das kanonische Recht, und daß ich die Gebote der Vernunft höher schätze als die Abstraktionen kurzsichtiger Historiker; wenn Sie mich aber fragen: ob der polnische Bauer wirklich unglücklich ist, und ob seine Lage besser wird, wenn jetzt aus den gedrückten Hörigen lauter freie Eigentümer gemacht werden? so müßte ich lügen, sollte ich diese Frage unbedingt bejahen. Wenn man den Begriff von Glücklichsein in seiner Relativität auffaßt, und sich wohl merkt, daß es kein Unglück ist, wenn man von Jugend auf gewöhnt ist, den ganzen Tag zu arbeiten und Lebensbequemlichkeiten zu entbehren, die man gar nicht kennt, so muß man gestehen, daß der polnische Bauer im eigentlichen Sinne nicht unglücklich ist: um so mehr, da er gar nichts hat, und folglich in der großen Sorglosigkeit, die ja von vielen als das höchste Glück geschildert wird, sein Leben dahin lebt. Aber es ist keine Ironie, wenn ich sage, daß, im Fall man jetzt die polnischen Bauern plötzlich zu selbständigen Eigentümern machte, sie sich gewiß bald in der unbehaglichsten Lage von der Welt befinden und manche gewiß dadurch in größeres Elend geraten würden. Bei seiner jetzt zur zweiten Natur gewordenen Sorglosigkeit würde der Bauer sein Eigentum schlecht verwalten, und träfe ihn ein Unglück, wär er ganz und gar verloren. Wenn jetzt ein Mißwachs ist, so muß der Edelmann dem Bauer von seinem eigenen Getreide schicken; es wäre ja auch sein eigener Verlust, wenn der Bauer verhungerte oder nicht säen könnte. Er muß ihm aus demselben Grunde ein neues Stück Vieh schicken, wenn der Ochs oder die Kuh des Bauers krepiert ist. Er gibt ihm Holz im Winter, er schickt ihm Ärzte, Arzneien, wenn er oder einer von der Familie krank ist; kurz, der Edelmann ist der beständige Vormund desselben. Ich habe mich überzeugt, daß diese Vormundschaft von den meisten Edelleuten sehr gewissenhaft und liebreich ausgeübt wird und überhaupt gefunden, daß die Edelleute ihre Bauern milde und gütig behandeln; wenigstens sind die Reste der alten Strenge selten. Viele Edelleute wünschen sogar die Selbständigkeit der Bauern – der größte Mensch, den Polen hervor gebracht hat, und dessen Andenken noch in allen Herzen lebt, Thaddäus Kosciuszko, war eifriger Beförderer der Bauern-Emanzipation und die Grundsätze eines Lieblings dringen unbemerkt in alle Gemüter. Außerdem ist der Einfluß französischer Lehren, die in Polen leichter als irgendwo Eingang finden, von unberechenbarer Wirkung für den Zustand der Bauern. Sie sehen, daß es mit letzteren nicht mehr so schlimm steht, und daß ein allmähliges Selbständigwerden derselben wohl zu hoffen ist. Auch die preußische Regierung scheint dies durch zweckmäßige Einrichtungen nach und nach zu erzielen. Möge diese begütigende Allmähligkeit gedeihen; sie ist gewisser, zeitlich nützlicher, als die zerstörungssüchtige Plötzlichkeit. Aber auch das Plötzliche ist zuweilen gut, wie sehr man dagegen eifere.

Zwischen dem Bauer und dem Edelmann stehen in Polen die Juden. Diese betragen fast mehr als den vierten Teil der Bevölkerung, treiben alle Gewerbe, und können füglich der dritte Stand Polens genannt werden. Unsere Statistik-Kompendienmacher, die an alles den deutschen, wenigstens den französischen Maßstab legen, schreiben also mit Unrecht: daß Polen keinen tiers etat habe, weil dort dieser Stand von den übrigen schroffer abgesondert ist, weil seine Glieder am Mißverständnisse des alten Testaments – Gefallen finden – – – und weil dieselben vom Ideal gemütlicher Bürgerlichkeit, wie dasselbe in einem Nürnberger Frauen-Taschenbuche, unter dem Bilde reichsstädtischer Philiströsität, so niedlich und sonntäglich schmuck dargestellt wird, äußerlich noch sehr entfernt sind.

Sie sehen also, daß die Juden in Polen durch Zahl und Stellung von größerer staatswirtschaftlicher Wichtigkeit sind, als bei uns in Deutschland, und daß, um Gediegenes über dieselben zu sagen, etwas mehr dazu gehört, als die großartige Leihhaus-Anschauung gefühlvoller Romanenschreiber des Nordens, oder der naturphilosophische Tiefsinn geistreicher Ladendiener des Südens. Man sagte mir, daß die Juden des Großherzogtums auf einer niedrigeren Humanitätsstufe ständen, als ihre östlicheren Glaubensgenossen; ich will daher nichts Bestimmtes von polnischen Juden überhaupt sprechen, und verweise Sie lieber auf David Friedländer: „Über die Verbesserung der Israeliten (Juden) im Königreich Polen; Berlin 1819." Seit dem Erscheinen dieses Buches, das, bis auf eine zu ungerechte Verkennung der Verdienste und der sittlichen Bedeutung der Rabbinen, mit einer seltenen Wahrheit- und Menschenliebe geschrieben ist, hat sich der Zustand der polnischen Juden wahrscheinlich nicht gar besonders verändert. Im Großherzogtum sollen sie einst, wie noch im übrigen Polen, alle Handwerke ausschließlich getrieben haben; jetzt aber sieht man viele christliche Handwerker aus Deutschland einwandern, und auch die polnischen Bauern scheinen an Handwerken und andern Gewerben mehr Geschmack zu finden. Seltsam aber ist es, daß der gemeine Pole gewöhnlich Schuster oder Bierbrauer und Branntweinbrenner wird. In der Wallischei, einer Vorstadt Posens, fand ich das zweite Haus immer mit einem Schuhmacherschilde verziert, und ich dachte an die Stadt Bradford in Shakespears „Flurschütz von Wakefield". Im preußischen Polen erlangen die Juden kein Staatsamt, die sich nicht taufen lassen; im russischen Polen werden auch die Juden zu allen Staatsämtern zugelassen, weil man es dort für zweckmäßig hält. Übrigens ist der Arsenik in den dortigen Bergwerken auch noch nicht zu einer überfrommen Philosophie sublimiert, und die Wölfe in den altpolnischen Wäldern sind noch nicht darauf abgerichtet, mit historischen Zitaten zu heulen.

Es wäre zu wünschen, daß unsere Regierung, durch zweckmäßige Mittel, den Juden des Großherzogtums mehr Liebe zum Ackerbau ein zu flößen suchte; denn jüdische Ackerbauer soll es hier nur sehr wenige geben. Im russischen Polen sind sie häufig. Die Abneigung gegen den Pflug soll bei den polnischen Juden daher entstanden sein, weil sie ehemals den leibeigenen Bauer in einem äußerlich so sehr traurigen Zustande sahen. Hebt sich jetzt der Bauernstand aus seiner Erniedrigung, so werden auch die Juden zum Pflug greifen. – Bis auf wenige Ausnahmen sind alle Wirtshäuser Polens in den Händen der Juden und ihre vielen Branntwein-Brennereien werden dem Lande sehr schädlich, indem die Bauern dadurch zur Völlerei angereizt werden. Aber ich habe ja schon oben gezeigt, wie das Branntweintrinken zur Seligmachung der Bauern gehört. – Jeder Edelmann hat einen Juden im Dorf oder in der Stadt, den er Faktor nennt, und der alle seine Kommissionen, Ein- und Verkäufe, Erkundigungen usw. ausführt. Eine originelle Einrichtung, welche ganz die Bequemlichkeitsliebe der polnischen Edelleute zeigt. Das Äußere des polnischen Juden ist schrecklich. Mich überläuft ein Schauder, wenn ich daran denke, wie ich hinter Meseritz zuerst ein polnisches Dorf sah, meistens von Juden bewohnt. Das W-cksche Wochenblatt, auch zu physischem Brei gekocht, hätte mich nicht so brechpulverisch anwidern können, als der Anblick jener zerlumpten Schmutzgestalten; und die hochherzige Rede eines für Turnplatz und Vaterland begeisterten Tertianers hätte nicht so zerreißend meine Ohren martern können, als der polnische Judenjargon. Dennoch wurde der Ekel bald verdrängt von Mitleid, nachdem ich den Zustand dieser Menschen näher betrachtete, und die schweinestallartigen Löcher sah, worin sie wohnen, mauscheln, beten, schachern und – elend sind. Ihre Sprache ist ein mit Hebräisch durchwirktes, und mit Polnisch façonniertes Deutsch. Sie sind in sehr frühen Zeiten wegen Religionsverfolgung aus Deutschland nach Polen eingewandert; denn die Polen haben sich in solchen Fällen immer durch Toleranz ausgezeichnet. Als Frömmlinge einem polnischen Könige rieten, die polnischen Protestanten zum Katholizismus zurück zu zwingen, antwortete derselbe: „Sum rex populorum sed non conscientiarum!“ – Die Juden brachten zuerst Gewerbe und Handel nach Polen und wurden unter Kasimir dem Großen mit bedeutenden Privilegien begünstigt. Sie scheinen dem Adel weit näher gestanden zu haben als den Bauern; denn nach einem alten Gesetze wurde der Jude durch seinen Übertritt zum Christentum eo ipso in den Adelstand erhoben. Ich weiß nicht, ob und warum dieses Gesetz untergegangen und was etwa mit Bestimmtheit im Werte gesunken ist. – In jenen frühern Zeiten standen indessen die Juden in Kultur und Geistesausbildung gewiß weit über dem Edelmann, der nur das rauhe Kriegshandwerk trieb, und noch den französischen Firnis entbehrte. Jene aber beschäftigten sich wenigstens immer mit ihren hebräischen

Wissenschaft- und Religionsbüchern, um derentwillen eben sie Vaterland und Lebensbehaglichkeit verlassen. Aber sie sind offenbar mit der europäischen Kultur nicht fortgeschritten und ihre Geisteswelt versumpfte zu einem unerquicklichen Aberglauben, den eine spitzfindige Scholastik in tausenderlei wunderliche Formen hinein quetscht. Dennoch, trotz der barbarischen Pelzmütze, die seinen Kopf bedeckt, und der noch barbarischeren Ideen, die denselben füllen, schätze ich den polnischen Juden weit höher als so manchen deutschen Juden, der seinen Bolivar auf dem Kopf, und seinen Jean Paul im Kopfe trägt. In der schroffen Abgeschlossenheit wurde der Charakter des polnischen Juden ein Ganzes; durch das Einatmen toleranter Luft bekam dieser Charakter den Stempel der Freiheit. Der innere Mensch wurde kein quodlibetartiges Kompositum heterogener Gefühle und verkümmerte nicht durch die Einzwängung Frankfurter Judengaßmauern, hochweiser Stadtverordnungen und liebreicher Gesetzbeschränkungen. Der polnische Jude mit seinem schmutzigen Pelze, mit seinem bevölkerten Barte und Knoblauchgeruch und Gemauschel, ist mir noch immer lieber als mancher in all seiner staatspapiernen Herrlichkeit.

Wie ich bereits oben bemerkt, dürfen Sie in diesem Briefe keine Schilderungen reizender Naturszenen, herrlicher Kunstwerke usw. erwarten; nur die Menschen, und zwar besonders die nobelste Sorte, die Edel leute, verdienen hier in Polen die Aufmerksamkeit des Reisenden. Und wahrlich, ich sollte denken, wenn man einen kräftigen, echten polnischen Edelmann, oder eine schöne edle Polin in ihrem wahren Glanze sieht, so könnte dieses die Seele eben so erfreuen, wie etwa der Anblick einer romantischen Felsenburg, oder einer marmornen Medizäerin. Ich lieferte Ihnen sehr gerne eine Charakterschilderung der polnischen Edelleute, und das gäbe eine sehr kostbare Mosaikarbeit von den Adjektiven: gastfrei, stolz, mutig, geschmeidig, falsch (dieses gelbe Steinchen darf nicht fehlen) reizbar, enthusiastisch, spielsüchtig, lebenslustig, edelmütig und übermütig. Aber ich selbst habe zu oft geeifert gegen unsre Broschürenskribler, die, wenn sie einen Pariser Tanzmeister hüpfen sehen, aus dem Stegreif die Charakteristik eines Volkes schreiben, – – – – und die, wenn sie einen dicken Liverpooler Baumwollnhändler jähnen sahen, auf der Stelle eine Beurteilung jenes Volkes liefern, – – – Diese allgemeinen Charaktristiken sind die Quelle aller Übel. Es gehört mehr als ein Menschenalter dazu, um den Charakter eines einzigen

Menschen zu begreifen: und aus Millionen einzelnen Menschen besteht eine Nation. Nur wenn wir die Geschichte eines Menschen, die Geschichte seiner Erziehung und seines Lebens, betrachten, wird es uns möglich, einzelne Hauptzüge seines Charakters aufzufassen. – Bei Menschenklassen, deren einzelne Glieder durch Erziehung und Leben eine gleiche Richtung gewinnen, müssen sich indessen einige hervortretende Charakterzüge bemerken lassen; dies ist bei den polnischen Edelleuten der Fall, und nur von diesem Standpunkte aus läßt sich etwas Allgemeines über ihren Charakter ausmitteln. Die Erziehung selbst wird überall und immer bedingt durch das Lokale, und durch das Temporale, durch den Boden und durch die politische Geschichte. In Polen ist ersteres weit mehr der Fall als irgendwo.

Aus: Reise von München nach Genua

Was ist aber diese große Aufgabe unserer Zeit?

Es ist die Emanzipation. Nicht bloß die der Irländer, Griechen, Frankfurter Juden, westindischen Schwarzen und dergleichen gedrückten Volkes, sondern es ist die Emanzipation der ganzen Welt, absonderlich Europas, das mündig geworden ist, und sich jetzt losreißt von dem eisernen Gängelbande der Bevorrechteten, der Aristokratie. Mögen immerhin einige philosophische Renegaten der Freiheit die feinsten Kettenschlüsse schmieden, um uns zu beweisen, daß Millionen Menschen geschaffen sind als Lasttiere einiger tausend privilegierter Ritter; sie werden uns dennoch nicht davon überzeugen können, so lange sie uns, wie Voltaire sagt, nicht nachweisen, daß jene mit Sätteln auf dem Rücken und diese mit Sporen an den Füßen zur Welt gekommen sind.

Jede Zeit hat ihre Aufgabe und durch die Lösung derselben rückt die Menschheit weiter. Die frühere Ungleichheit, durch das Feudalsystem in Europa gestiftet, war vielleicht notwendig, oder notwendige Bedingung zu den Fortschritten der Zivilisation; jetzt aber hemmt sie diese, empört sie die zivilisierten Herzen. Die Franzosen, das Volk der Gesellschaft, hat diese Ungleichheit, die mit dem Prinzip der Gesellschaft am unleidlichsten kollidiert, notwendigerweise am tiefsten erbittert, sie haben die Gleichheit zu erzwingen gesucht, indem sie die Häupter derjenigen, die durchaus hervorragen wollten, gelinde abschnitten, und die Revolution ward ein Signal für den Befreiungskrieg der Menschheit.

Laßt uns die Franzosen preisen! sie sorgten für die zwei größten Bedürfnisse der menschlichen Gesellschaft, für gutes Essen und bürgerliche Gleichheit; in der Kochkunst und in der Freiheit haben sie die größten Fortschritte gemacht, und wenn wir einst alle, als gleiche Gäste, das große Versöhnungsmahl halten, und guter Dinge sind, – denn was gäbe es Besseres als eine Gesellschaft von Pairs an einem gutbesetzten Tische? – dann wollen wir den Franzosen den ersten Toast darbringen. Es wird freilich noch einige Zeit dauern, bis dieses Fest gefeiert werden kann, bis die Emanzipation durchgesetzt sein wird; aber sie wird doch endlich kommen, diese Zeit, wir werden, versöhnt und allgleich, um denselben Tisch sitzen; wir sind dann vereinigt, und kämpfen vereinigt gegen andere Weltübel, vielleicht am Ende gar gegen den Tod – dessen ernstes Gleichheitssystem uns wenigstens nicht so sehr beleidigt, wie die lachende Ungleichheitslehre des Aristokratismus.

Lächle nicht, später Leser. Jede Zeit glaubt, ihr Kampf sei vor allen der wichtigste, dieses ist der eigentliche Glaube der Zeit, in diesem lebt sie und stirbt sie, und auch wir wollen leben und sterben in dieser Freiheitsreligion, die vielleicht mehr den Namen Religion verdient, als das hohle ausgestorbene Seelengespenst, das wir noch so zu benennen pflegen – unser heiliger Kampf dünkt uns der wichtigste, wofür jemals auf dieser Erde gekämpft worden, obgleich historische Ahnung uns sagt, daß einst unsre Enkel auf diesen Kampf herabsehen werden, vielleicht mit demselben Gleichgültigkeitsgefühl, womit wir herabsehen auf den Kampf der ersten Menschen, die gegen eben so gierige Ungetüme, Lindwürmer und Raubriesen, zu kämpfen hatten.

Aus: Aus der Harzreise

Prolog

Schwarze Röcke, seidne Strümpfe,
Weiße, höfliche Manschetten,
Sanfte Reden, Embrassieren –
Ach, wenn sie nur Herzen hätten!

Herzen in der Brust, und Liebe,
Warme Liebe in dem Herzen –
Ach, mich tötet ihr Gesinge
Von erlognen Liebesschmerzen.

Auf die Berge will ich steigen,
Wo die frommen Hütten stehen,
Wo die Brust sich frei erschließet,
Und die freien Lüfte wehen.

Auf die Berge will ich steigen,
Wo die dunkeln Tannen ragen,
Bäche rauschen, Vögel singen,
Und die stolzen Wolken jagen.

Lebet wohl, ihr glatten Säle!
Glatte Herren, glatte Frauen!
Auf die Berge will ich steigen,
Lachend auf euch niederschauen.

Bergidylle

1

Auf dem Berge steht die Hütte,
Wo der alte Bergmann wohnt;
Dorten rauscht die grüne Tanne,
Und erglänzt der goldne Mond.

In der Hütte steht ein Lehnstuhl,
Ausgeschnitzelt wunderlich,
Der darauf sitzt, der ist glücklich,
Und der Glückliche bin Ich!

Auf dem Schemel sitzt die Kleine,
Stützt den Arm auf meinen Schoß;
Äuglein wie zwei blaue Sterne,
Mündlein wie die Purpurros.

Und die lieben, blauen Sterne
Schaun mich an so himmelgroß,
Und sie legt den Liljenfinger
Schalkhaft auf die Purpurros.

Nein, es sieht uns nicht die Mutter,
Denn sie spinnt mit großem Fleiß,
Und der Vater spielt die Zither,
Und er singt die alte Weis.

Und die Kleine flüstert leise,
Leise, mit gedämpftem Laut;
Manches wichtige Geheimnis
Hat sie mir schon anvertraut.

„Aber seit die Muhme tot ist,
Können wir ja nicht mehr gehn
Nach dem Schützenhof zu Goslar,
Dorten ist es gar zu schön.

Hier dagegen ist es einsam,
Auf der kalten Bergeshöh,
Und des Winters sind wir gänzlich
Wie begraben in dem Schnee.

Und ich bin ein banges Mädchen,
Und ich fürcht mich wie ein Kind
Vor den bösen Bergesgeistern,
Die des Nachts geschäftig sind."

Plötzlich schweigt die liebe Kleine,
Wie vom eignen Wort erschreckt,
Und sie hat mit beiden Händchen
Ihre Äugelein bedeckt.

Lauter rauscht die Tanne draußen,
Und das Spinnrad schnurrt und brummt,
Und die Zither klingt dazwischen,
Und die alte Weise summt:

„Fürcht dich nicht, du liebes Kindchen,
Vor der bösen Geister Macht;
Tag und Nacht, du liebes Kindchen,
Halten Englein bei dir Wacht!"

2

Tannenbaum, mit grünen Fingern,
Pocht ans niedre Fensterlein,
Und der Mond, der stille Lauscher,
Wirft sein goldnes Licht herein.

Vater, Mutter schnarchen leise
In dem nahen Schlafgemach,
Doch wir beide, selig schwatzend,
Halten uns einander wach.

„Daß du gar zu oft gebetet,
Das zu glauben wird mir schwer,
Jenes Zucken deiner Lippen
Kommt wohl nicht vom Beten her.

Jenes böse, kalte Zucken,
Das erschreckt mich jedesmal,
Doch die dunkle Angst beschwichtigt
Deiner Augen frommer Strahl.

Auch bezweifl ich, daß du glaubest,
Was so rechter Glauben heißt –
Glaubst wohl nicht an Gott den Vater,
An den Sohn und heilgen Geist?“

Ach, mein Kindchen, schon als Knabe,
Als ich saß auf Mutters Schoß,
Glaubte ich an Gott den Vater,
Der da waltet gut und groß;

Der die schöne Erd erschaffen,
Und die schönen Menschen drauf,
Der den Sonnen, Monden, Sternen
Vorgezeichnet ihren Lauf.

Als ich größer wurde, Kindchen,
Noch viel mehr begriff ich schon,
Ich begriff, und ward vernünftig,
Und ich glaub auch an den Sohn;

An den lieben Sohn, der liebend
Uns die Liebe offenbart,
Und zum Lohne, wie gebräuchlich,
Von dem Volk gekreuzigt ward.

Jetzo, da ich ausgewachsen,
Viel gelesen, viel gereist,

Schwillt mein Herz, und ganz von Herzen
Glaub ich an den heilgen Geist.

Dieser tat die größten Wunder,
Und viel größre tut er noch;
Er zerbrach die Zwingherrnburgen,
Und zerbrach des Knechtes Joch.

Alte Todeswunden heilt er,
Und erneut das alte Recht:
Alle Menschen, gleichgeboren,
Sind ein adliges Geschlecht.

Er verscheucht die bösen Nebel
Und das dunkle Hirngespinst,
Das uns Lieb und Lust verleidet,
Tag und Nacht uns angegrinst.

Tausend Ritter, wohlgewappnet,
Hat der heilge Geist erwählt,
Seinen Willen zu erfüllen,
Und er hat sie mutbeseelt.

Ihre teuern Schwerter blitzen,
Ihre guten Banner wehn!
Ei, du möchtest wohl, mein Kindchen,
Solche stolze Ritter sehn?

Nun, so schau mich an, mein Kindchen,
Schau mich an, und küsse dreist;
Denn ich selber bin ein solcher
Ritter von dem heilgen Geist.

3

Still versteckt der Mond sich draußen
Hinterm grünen Tannenbaum,
Und im Zimmer unsre Lampe
Flackert matt und leuchtet kaum.

Aber meine blauen Sterne
Strahlen auf in hellerm Licht,
Und es glüht die Purpurrose,
Und das liebe Mädchen spricht:

„Kleines Völkchen, Wichtelmännchen,
Stehlen unser Brot und Speck,
Abends liegt es noch im Kasten,
Und des Morgens ist es weg.

Kleines Völkchen, unsre Sahne
Nascht es von der Milch, und läßt
Unbedeckt die Schüssel stehen,
Und die Katze säuft den Rest.

Und die Katz ist eine Hexe,
Denn sie schleicht, bei Nacht und Sturm,
Drüben nach dem Geisterberge,
Nach dem altverfallnen Turm.

Dort hat einst ein Schloß gestanden,
Voller Lust und Waffenglanz;
Blanke Ritter, Fraun und Knappen
Schwangen sich im Fackeltanz.

Da verwünschte Schloß und Leute
Eine böse Zauberin,
Nur die Trümmer blieben stehen,
Und die Eulen nisten drin.

Doch die selge Muhme sagte:
Wenn man spricht das rechte Wort,
Nächtlich zu der rechten Stunde,
Drüben an dem rechten Ort:

So verwandeln sich die Trümmer
Wieder in ein helles Schloß,
Und es tanzen wieder lustig
Ritter, Fraun und Knappentroß;

Und wer jenes Wort gesprochen,
Dem gehören Schloß und Leut,
Pauken und Trompeten huldgen
Seiner jungen Herrlichkeit."

Also blühen Märchenbilder
Aus des Mundes Röselein,
Und die Augen gießen drüber
Ihren blauen Sternenschein.

Ihre goldnen Haare wickelt
Mir die Kleine um die Händ,
Gibt den Fingern hübsche Namen,
Lacht und küßt, und schweigt am End.

Und im stillen Zimmer alles
Blickt mich an so wohlvertraut;
Tisch und Schrank, mir ist als hätt ich
Sie schon früher mal geschaut.

Freundlich ernsthaft schwatzt die Wanduhr,
Und die Zither, hörbar kaum,
Fängt von selber an zu klingen,
Und ich sitze wie im Traum.

Jetzo ist die rechte Stunde,
Und es ist der rechte Ort;

Ja, ich glaube, von den Lippen
Gleitet mir das rechte Wort.

Siehst du, Kindchen, wie schon dämmert
Und erbebt die Mitternacht!
Bach und Tannen brausen lauter,
Und der alte Berg erwacht.

Zitherklang und Zwergenlieder
Tönen aus des Berges Spalt,
Und es sprießt, wie'n toller Frühling,
Draus hervor ein Blumenwald; –

Blumen, kühne Wunderblumen,
Blätter, breit und fabelhaft,
Duftig bunt und hastig regsam,
Wie gedrängt von Leidenschaft.

Rosen, wild wie rote Flammen,
Sprühn aus dem Gewühl hervor;
Liljen, wie kristallne Pfeiler,
Schießen himmelhoch empor.

Und die Sterne, groß wie Sonnen,
Schaun herab mit Sehnsuchtglut;
In der Liljen Riesenkelche
Strömet ihre Strahlenflut.

Doch wir selber, süßes Kindchen,
Sind verwandelt noch viel mehr;
Fackelglanz und Gold und Seide
Schimmern lustig um uns her.

Du, du wurdest zur Prinzessin,
Diese Hütte ward zum Schloß,
Und da jubeln und da tanzen
Ritter, Fraun und Knappentroß.

Aber Ich, ich hab erworben
Dich und Alles, Schloß und Leut;
Pauken und Trompeten huldgen
Meiner jungen Herrlichkeit!

Aus: Die Harzreise

Ich stand am Fenster und betrachtete den Mond. Gibt es wirklich einen Mann im Monde? Die Slawen sagen, er heiße Clotar, und das Wachsen des Mondes bewirke er durch Wasseraufgießen. Als ich noch klein war, hatte ich gehört: der Mond sei eine Frucht, die, wenn sie reif geworden, vom lieben Gott abgepflückt, und, zu den übrigen Vollmonden, in den großen Schrank gelegt werde, der am Ende der Welt steht, wo sie mit Brettern zugenagelt ist. Als ich größer wurde, bemerkte ich, daß die Welt nicht so eng begrenzt ist, und daß der menschliche Geist die hölzernen Schranken durchbrochen, und mit einem riesigen Petri-Schlüssel, mit der Idee der Unsterblichkeit, alle sieben Himmel aufgeschlossen hat. Unsterblichkeit! schöner Gedanke! wer hat dich zuerst erdacht? War es ein Nürnberger Spießbürger, der, mit weißer Nachtmütze auf dem Kopfe und weißer Tonpfeife im Maule, am lauen Sommerabend vor seiner Haustüre saß, und recht behaglich meinte: es wäre doch hübsch, wenn er nun so immer fort, ohne daß sein Pfeifchen und sein Lebensatemchen ausgingen, in die liebe Ewigkeit hineinvegetieren könnte! Oder war es ein junger Liebender, der in den Armen seiner Geliebten jenen Unsterblichkeitsgedanken dachte, und ihn dachte, weil er ihn fühlte, und weil er nichts anders fühlen und denken konnte! – Liebe! Unsterblichkeit! – in meiner Brust ward es plötzlich so heiß, daß ich glaubte, die Geographen hätten den Äquator verlegt, und er laufe jetzt gerade durch mein Herz. Und aus meinem Herzen ergossen sich die Gefühle der Liebe, ergossen sich sehnsüchtig in die weite Nacht. Die Blumen im Garten unter meinem Fenster dufteten stärker. Düfte sind die Gefühle der Blumen, und wie das Menschenherz in der Nacht, wo es sich einsam und unbelauscht glaubt, stärker fühlt, so scheinen auch die Blumen, sinnig verschämt, erst die umhüllende Dunkelheit zu erwarten, um sich gänzlich ihren Gefühlen hinzugeben, und sie auszuhauchen in süßen Düften. – Ergießt Euch, Ihr Düfte meines Herzens! und sucht hinter jenen Bergen die Geliebte meiner Träume! Sie liegt jetzt schon und schläft; zu ihren Füßen knieen Engel, und wenn sie im Schlafe lächelt, so ist es ein Gebet, das die Engel nachbeten; in ihrer Brust liegt der Himmel mit allen seinen Seligkeiten, und wenn sie atmet, so bebt mein Herz in der Ferne; hinter den seidnen Wimpern ihrer Augen ist die Sonne untergegangen, und wenn sie die Augen wieder aufschlägt, so ist es Tag, und die Vögel singen, und die Herdenglöckchen läuten, und die Berge schimmern in ihren schmaragdenen Kleidern, und ich schnüre den Ranzen und wandre.

In jener Nacht, die ich in Goslar zubrachte, ist mir etwas höchst Seltsames begegnet. Noch immer kann ich nicht ohne Angst daran zurück denken. Ich bin von Natur nicht ängstlich, aber vor Geistern fürchte ich mich fast so sehr wie der Östreichische Beobachter. Was ist Furcht? Kommt sie aus dem Verstande oder aus dem Gemüt? Über diese Frage disputierte ich so oft mit dem Doktor Saul Ascher, wenn wir zu Berlin, im Café royal, wo ich lange Zeit meinen Mittagstisch hatte, zufällig zusammen trafen. Er behauptete immer: wir fürchten etwas, weil wir es durch Vernunftschlüsse für furchtbar erkennen. Nur die Vernunft sei eine Kraft, nicht das Gemüt. Während ich gut aß und gut trank, demonstrierte er mir fortwährend die Vorzüge der Vernunft. Gegen das Ende seiner Demonstration pflegte er oft nach seiner Uhr zu sehen, und immer schloß er damit: „Die Vernunft ist das höchste Prinzip!"– Vernunft! Wenn ich jetzt dieses Wort höre, so sehe ich noch immer den Doktor Saul Ascher mit seinen abstrakten Beinen, mit seinem engen, transzendentalgrauen Leibrock, und mit seinem schroffen, frierend kalten Gesichte, das einem Lehrbuche der Geometrie als Kupfertafel dienen konnte. Dieser Mann, tief in den Funfzigern, war eine personifizierte grade Linie. In seinem Streben nach dem Positiven hatte der arme Mann sich alles Herrliche aus dem Leben heraus philosophiert, alle Sonnenstrahlen, allen Glauben und alle Blumen, und es blieb ihm nichts übrig, als das kalte, positive Grab. Auf den Apoll von Belvedere und auf das Christentum hatte er eine spezielle Malice. Gegen letzteres schrieb er sogar eine Broschüre, worin er dessen Unvernünftigkeit und Unhaltbarkeit bewies. Er hat überhaupt eine ganze Menge Bücher geschrieben, worin immer die Vernunft von ihrer eigenen Vortrefflichkeit renommiert, und wobei es der arme Doktor gewiß ernsthaft genug meinte, und also in dieser Hinsicht alle Achtung verdiente. Darin aber bestand ja eben der Hauptspaß, daß er ein so ernsthaft närrisches Gesicht schnitt, wenn er dasjenige nicht begreifen konnte, was jedes Kind begreift, eben weil es ein Kind ist. Einige Mal besuchte ich auch den Vernunftdoktor in seinem eigenen Hause, wo ich schöne Mädchen bei ihm fand; denn die Vernunft verbietet nicht die Sinnlichkeit. Als ich ihn einst ebenfalls besuchen wollte, sagte mir sein Bedienter: der Herr Doktor ist eben gestorben. Ich fühlte nicht viel mehr dabei, als wenn er gesagt hätte: der Herr Doktor ist ausgezogen.

Doch zurück nach Goslar. „Das höchste Prinzip ist die Vernunft!" sagte ich beschwichtigend zu mir selbst, als ich ins Bett stieg. Indessen, es half nicht. Ich hatte eben in Varnhagen von Enses „Deutsche Erzählungen", die ich von Clausthal mitgenommen hatte, jene entsetzliche Geschichte gelesen, wie der Sohn, den sein eigener Vater ermorden wollte, in der Nacht von dem Geiste seiner toten Mutter gewarnt wird. Die wunderbare Darstellung dieser Geschichte bewirkte, daß mich während des Lesens ein inneres Grauen durchfröstelte. Auch erregen Gespenstererzählungen ein noch schauerlicheres Gefühl, wenn man sie auf der Reise liest, und zumal des Nachts, in einer Stadt, in einem Hause, in einem Zimmer, wo man noch nie gewesen. Wie viel Gräßliches mag sich schon zugetragen haben auf diesem Flecke, wo du eben liegst? so denkt man unwillkürlich. Überdies schien jetzt der Mond so zweideutig ins Zimmer herein, an der Wand bewegten sich allerlei unberufene Schatten, und als ich mich im Bett aufrichtete, um hin zu sehen, erblickte ich –

Es gibt nichts Unheimlicheres, als wenn man, bei Mondschein, das eigene Gesicht zufällig im Spiegel sieht. In demselben Augenblicke schlug eine schwerfällige, gähnende Glocke, und zwar so lang und langsam, daß ich nach dem zwölften Glockenschlage sicher glaubte, es seien unterdessen volle zwölf Stunden verflossen, und es müßte wieder von vorn anfangen, zwölf zu schlagen. Zwischen dem vorletzten und letzten Glockenschlage schlug noch eine andere Uhr, sehr rasch, fast keifend gell, und vielleicht ärgerlich über die Langsamkeit ihrer Frau Gevatterin. Als beide eiserne Zungen schwiegen, und tiefe Todesstille im ganzen Hause herrschte, war es mir plötzlich, als hörte ich auf dem Korridor, vor meinem Zimmer, etwas schlottern und schlappen, wie der unsichere Gang eines alten Mannes. Endlich öffnete sich meine Tür, und langsam trat herein der verstorbene Doktor Saul Ascher. Ein kaltes Fieber rieselte mir durch Mark und Bein, ich zitterte wie Espenlaub, und kaum wagte ich das Gespenst anzusehen. Er sah aus wie sonst, derselbe transzendentalgraue Leibrock, dieselben abstrakten Beine, und dasselbe mathematische Gesicht; nur war dieses etwas gelblicher als sonst, auch der Mund, der sonst zwei Winkel von 22 1/2 Grad bildete, war zusammengekniffen, und die Augenkreise hatten einen größeren Radius. Schwankend, und wie sonst sich auf sein spanisches Röhrchen stützend, näherte er sich mir, und in seinem gewöhnlichen mundfaulen Dialekte sprach er freundlich: „Fürchten Sie sich nicht, und glauben Sie nicht, daß ich ein Gespenst sei. Es ist Täuschung Ihrer Phantasie, wenn Sie mich als Gespenst zu sehen glauben. Was ist ein Gespenst? Geben Sie mir eine Definition? Deduzieren Sie mir die Bedingungen der Möglichkeit eines Gespenstes? In welchem vernünftigen Zusammenhange stände eine solche Erscheinung mit der Vernunft? Die Vernunft, ich sage die Vernunft –„ Und nun schritt das Gespenst zu einer Analyse der Vernunft, zitierte Kants „Kritik der reinen Vernunft", 2ter Teil, 1ster Abschnitt 2tes Buch, 3tes Hauptstück, die Unterscheidung von Phänomena und Noumena, konstruierte alsdann den problematischen Gespensterglauben, setzte einen Syllogismus auf den andern, und schloß mit dem logischen Beweise: daß es durchaus keine Gespenster gibt. Mir unterdessen lief der kalte Schweiß über den Rükken, meine Zähne klapperten wie Kastagnetten, aus Seelenangst nickte ich unbedingte Zustimmung bei jedem Satz, womit der spukende Doktor die Absurdität aller Gespensterfurcht bewies, und derselbe demonstrierte so eifrig, daß er einmal in der Zerstreuung, statt seiner goldenen Uhr, eine Hand voll Würmer aus der Uhrtasche zog, und seinen Irrtum bemerkend, mit possierlich ängstlicher Hastigkeit wieder einsteckte. „Die Vernunft ist das höchste –" da schlug die Glocke Eins und das Gespenst verschwand.

III. Der Rabbi von Bacherach

Aus: An Edom

Ein Jahrtausend schon und länger,
Dulden wir uns brüderlich,
Du, du duldest, daß ich atme,
Daß du rasest, dulde Ich.

Manchmal nur, in dunkeln Zeiten,
Ward dir wunderlich zu Mut,
Und die liebefrommen Tätzchen
Färbtest du mit meinem Blut!

Jetzt wird unsre Freundschaft fester,
Und noch täglich nimmt sie zu;
Denn ich selbst begann zu rasen,
Und ich werde fast wie Du.

Es weinen die Großen und Kleinen,
Sogar die kalten Herrn,
Die Frauen und Blumen weinen,
Es weinen am Himmel die Stern!

Und alle die Tränen fließen
Nach Süden, im stillen Verein,
Sie fließen und ergießen
Sich all in den Jordan hinein.

Der Rabbi von Bacherach. Ein Fragment

Erstes Kapitel

Unterhalb des Rheingaus, wo die Ufer des Stromes ihre lachende Miene verlieren, Berg und Felsen, mit ihren abenteuerlichen Burgruinen, sich trotziger gebärden, und eine wildere, ernstere Herrlichkeit emporsteigt, dort liegt, wie eine schaurige Sage der Vorzeit, die finstre, uralte Stadt Bacherach. Nicht immer waren so morsch und verfallen diese Mauern mit ihren zahnlosen Zinnen und blinden Warttürmchen, in deren Luken der Wind pfeift und die Spatzen nisten; in diesen armselig häßlichen Lehmgassen, die man durch das zerrissene Tor erblickt, herrschte nicht immer jene öde Stille, die nur dann und wann unterbrochen wird von schreienden Kindern, keifenden Weibern und brüllenden Kühen. Diese Mauern waren einst stolz und stark, und in diesen Gassen bewegte sich frisches, freies Leben, Macht und Pracht, Lust und Leid, viel Liebe und viel Haß. Bacherach gehörte einst zu jenen Munizipien, welche von den Römern während ihrer Herrschaft am Rhein gegründet worden, und die Einwohner, obgleich die folgenden Zeiten sehr stürmisch, und obgleich sie späterhin unter Hohenstaufische, und zuletzt unter Wittelsbacher Oberherrschaft gerieten, wußten dennoch, nach dem Beispiel andrer rheinischen Städte, ein ziemlich freies Gemeinwesen zu erhalten. Dieses bestand aus einer Verbindung einzelner Körperschaften, wovon die der patrizischen Altbürger und die der Zünfte, welche sich wieder nach ihren verschiedenen Gewerken unterabteilten, beiderseitig nach der Alleinmacht rangen: so daß sie sämtlich nach außen, zu Schutz und Trutz gegen den nachbarlichen Raubadel, fest verbunden standen, nach innen aber, wegen streitender Interessen, in beständiger Spaltung verharrten; und daher unter ihnen wenig Zusammenleben, viel Mißtrauen, oft sogar tätliche Ausbrüche der Leidenschaft. Der herrschaftliche Vogt saß auf der hohen Burg Sareck, und wie sein Falke schoß er herab, wenn man ihn rief, und auch manchmal ungerufen. Die Geistlichkeit herrschte im Dunkeln durch die Verdunkelung des Geistes. Eine am meisten vereinzelte, ohnmächtige und vom Bürgerrechte allmählig verdrängte Körperschaft war die kleine Judengemeinde, die schon zur Römerzeit in Bacherach sich niedergelassen und späterhin, während der großen Judenverfolgung, ganze Scharen flüchtiger Glaubensbrüder in sich aufgenommen hatte.

Die große Judenverfolgung begann mit den Kreuzzügen und wütete am grimmigsten um die Mitte des vierzehnten Jahrhunderts, am Ende der großen Pest, die, wie jedes andre öffentliche Unglück, durch die Juden entstanden sein sollte, indem man behauptete, sie hätten den Zorn Gottes herabgeflucht und mit Hülfe der Aussätzigen die Brunnen vergiftet. Der gereizte Pöbel, besonders die Horden der Flagellanten, halbnackte Männer und Weiber, die zur Buße sich selbst geißelnd und ein tolles Marienlied singend, die Rheingegend und das übrige Süddeutschland durchzogen, ermordeten damals viele tausend Juden, oder marterten sie, oder tauften sie gewaltsam. Eine andre Beschuldigung, die ihnen schon in früherer Zeit, das ganze Mittelalter hindurch bis Anfang des vorigen Jahrhunderts, viel Blut und Angst kostete, das war das läppische, in Chroniken und Legenden bis zum Ekel oft wiederholte Märchen: daß die Juden geweihte Hostien stählen, die sie mit Messern durchstächen bis das Blut herausfließe, und daß sie an ihrem Paschafeste Christenkinder schlachteten, um das Blut derselben bei ihrem nächtlichen Gottesdienste zu gebrauchen. Die Juden, hinlänglich verhaßt wegen ihres Glaubens, ihres Reichtums, und ihrer Schuldbücher, waren an jenem Festtage ganz in den Händen ihrer Feinde, die ihr Verderben nur gar zu leicht bewirken konnten, wenn sie das Gerücht eines solchen Kindermords verbreiteten, vielleicht gar einen blutigen Kinderleichnam in das verfemte Haus eines Juden heimlich hineinschwärzten und dort nächtlich die betende Judenfamilie überfielen; wo alsdann gemordet, geplündert und getauft wurde, und große Wunder geschahen durch das vorgefundne tote Kind, welches die Kirche am Ende gar kanonisierte. Sankt Werner ist ein solcher Heiliger, und ihm zu Ehren ward zu Oberwesel jene prächtige Abtei gestiftet, die jetzt am Rhein eine der schönsten Ruinen bildet, und mit der gotischen Herrlichkeit ihrer langen, spitzbögigen Fenster, stolz emporschießender Pfeiler und Steinschnitzeleien uns so sehr entzückt, wenn wir an einem heitergrünen Sommertage vorbeifahren und ihren Ursprung nicht kennen. Zu Ehren dieses Heiligen wurden am Rhein noch drei andre große Kirchen errichtet, und unzählige Juden getötet oder mißhandelt. Dies geschah im Jahr 1287, und auch zu Bacherach, wo eine von diesen Sankt-Wernerskirchen gebaut wurde, erging damals über die Juden viel Drangsal und Elend. Doch zwei Jahrhunderte seitdem blieben sie verschont von solchen Anfällen der Volkswut, obgleich sie noch immer hinlänglich angefeindet und bedroht wurden.

Je mehr aber der Haß sie von außen bedrängte, desto inniger und traulicher wurde das häusliche Zusammenleben, desto tiefer wurzelte die Frömmigkeit und Gottesfurcht der Juden von Bacherach. Ein Muster gottgefälligen Wandels war der dortige Rabbiner, genannt Rabbi Abraham, ein noch jugendlicher Mann, der aber weit und breit wegen seiner Gelahrtheit berühmt war. Er war geboren in dieser Stadt, und sein Vater, der dort ebenfalls Rabbiner gewesen, hatte ihm in seinem letzten Willen befohlen, sich demselben Amt zu widmen und Bacherach nie zu verlassen, es seie denn wegen Lebensgefahr. Dieser Befehl und ein Schrank mit seltenen Büchern war alles was sein Vater, der bloß in Armut und Schriftgelahrtheit lebte, ihm hinterließ. Dennoch war Rabbi Abraham ein sehr reicher Mann; verheuratet mit der einzigen Tochter seines verstorbenen Vaterbruders, welcher den Juwelenhandel getrieben, erbte er dessen große Reichtümer. Einige Fuchsbärte in der Gemeinde deuteten darauf hin, als wenn der Rabbi eben des Geldes wegen seine Frau geheuratet habe. Aber sämtliche Weiber widersprachen und wußten alte Geschichten zu erzählen: wie der Rabbi, schon vor seiner Reise nach Spanien, verliebt gewesen in Sara – man hieß sie eigentlich die schöne Sara – und wie Sara sieben Jahre warten mußte, bis der Rabbi aus Spanien zurückkehrte, indem er sie gegen den Willen ihres Vaters und selbst gegen ihre eigne Zustimmung durch den Trauring geheuratet hatte. Jedweder Jude nämlich kann ein jüdisches Mädchen zu seinem rechtmäßigen Eheweibe machen, wenn es ihm gelang ihr einen Ring an den Finger zu stecken und dabei die Worte zu sprechen: „Ich nehme dich zu meinem Weibe nach den Sitten von Moses und Israel!" Bei der Erwähnung Spaniens pflegten die Fuchsbärte auf eine ganz eigne Weise zu lächeln; und das geschah wohl wegen eines dunkeln Gerüchts, daß Rabbi Abraham auf der hohen Schule zu Toledo zwar emsig genug das Studium des göttlichen Gesetzes getrieben, aber auch christliche Gebräuche nachgeahmt und freigeistige Denkungsart eingesogen habe, gleich jenen spanischen Juden, die damals auf einer außerordentlichen Höhe der Bildung standen. Im Innern ihrer Seele aber glaubten jene Fuchsbärte sehr wenig an die Wahrheit des angedeuteten Gerüchts. Denn überaus rein, fromm und ernst war seit seiner Rückkehr aus Spanien die Lebensweise des Rabbi, die kleinlichsten Glaubensgebräuche übte er mit ängstlicher Gewissenhaftigkeit, alle Montag und Donnerstag pflegte er zu fasten, nur am Sabbat oder anderen Feiertagen genoß er Fleisch und Wein, sein Tag verfloß in Gebet und Studium, des Tages erklärte er das göttliche Gesetz im Kreise der Schüler, die der Ruhm seines Namens nach Bacherach gezogen, und des Nachts betrachtete er die Sterne des Himmels oder die Augen der schönen Sara. Kinderlos war die Ehe des Rabbi; dennoch fehlte es nicht um ihn her an Leben und Bewegung. Der große Saal seines Hauses, welches neben der Synagoge lag, stand offen zum Gebrauche der ganzen Gemeinde: hier ging man aus und ein ohne Umstände, verrichtete schleunige Gebete, oder holte Neuigkeiten, oder hielt Beratung in allgemeiner Not; hier spielten die Kinder am Sabbatmorgen, während in der Synagoge der wöchentliche Abschnitt verlesen wurde; hier versammelte man sich bei Hochzeit- und Leichenzügen, und zankte sich und versöhnte sich; hier fand der Frierende einen warmen Ofen und der Hungrige einen gedeckten Tisch. Außerdem bewegten sich um den Rabbi noch eine Menge Verwandte, Brüder und Schwestern, mit ihren Weibern und Kindern, sowie auch seine und seiner Frau gemeinschaftliche Öhme und Muhmen, eine weitläuftige Sippschaft, die alle den Rabbi als Familienhaupt betrachteten, im Hause desselben früh und spät verkehrten, und an hohen Festtagen sämtlich dort zu speisen pflegten. Solche gemeinschaftliche Familienmahle im Rabbinerhause fanden ganz besonders statt bei der jährlichen Feier des Pascha, eines uralten, wunderbaren Festes, das noch jetzt die Juden in der ganzen Welt, am Vorabend des vierzehnten Tages im Monat Nissen, zum ewigen Gedächtnisse ihrer Befreiung aus ägyptischer Knechtschaft, folgendermaßen begehen:

Sobald es Nacht ist, zündet die Hausfrau die Lichter an, spreitet das Tafeltuch über den Tisch, legt in die Mitte desselben drei von den platten ungesäuerten Bröten, verdeckt sie mit einer Serviette und stellt auf diesen erhöhten Platz sechs kleine Schüsseln, worin symbolische Speisen enthalten, nämlich ein Ei, Lattig, Mairettigwurzel, ein Lammknochen, und eine braune Mischung von Rosinen, Zimmet und Nüssen. An diesen Tisch setzt sich der Hausvater mit allen Verwandten und Genossen und liest ihnen vor aus einem abenteuerlichen Buche, das die Agade heißt, und dessen Inhalt eine seltsame Mischung ist von Sagen der Vorfahren, Wundergeschichten aus Ägypten, kuriosen Erzählungen,

Streitfragen, Gebeten und Festliedern. Eine große Abendmahlzeit wird in die Mitte dieser Feier eingeschoben, und sogar während des Vorlesens wird zu bestimmten Zeiten etwas von den symbolischen Gerichten gekostet, so wie alsdann auch Stückchen von dem ungesäuerten Brote gegessen und vier Becher roten Weine getrunken werden. Wehmütig heiter, ernsthaft spielend und märchenhaft geheimnisvoll ist der Charakter dieser Abendfeier, und der herkömmlich singende Ton, womit die Agade von dem Hausvater vorgelesen und zuweilen chorartig von den Zuhörern nachgesprochen wird, klingt so schauervoll innig, so mütterlich einlullend, und zugleich so hastig aufweckend, daß selbst diejenigen Juden, die längst von dem Glauben ihrer Väter abgefallen und fremden Freuden und Ehren nachgejagt sind, im tiefsten Herzen erschüttert werden, wenn ihnen die alten, wohlbekannten Paschaklänge zufällig ins Ohr dringen.

Im großen Saale seines Hauses saß einst Rabbi Abraham, und mit seinen Anverwandten, Schülern und übrigen Gästen beging er die Abendfeier des Paschafestes. Im Saale war alles mehr als gewöhnlich blank; über den Tisch zog sich die buntgestickte Seidendecke, deren Goldfranzen bis auf die Erde hingen; traulich schimmerten die Tellerchen mit den symbolischen Speisen, so wie auch die hohen weingefüllten Becher, woran als Zierat lauter heilige Geschichten von getriebener Arbeit; die Männer saßen in ihren Schwarzmänteln und schwarzen Platthüten und weißen Halsbergen; die Frauen, in ihren wunderlich glitzernden Kleidern von lombardischen Stoffen, trugen um Haupt und Hals ihr Gold- und Perlengeschmeide; und die silberne Sabbatlampe goß ihr festlichstes Licht über die andächtig vergnügten Gesichter der Alten und Jungen. Auf den purpurnen Sammetkissen eines mehr als die übrigen erhabenen Sessels und angelehnt, wie es der Gebrauch heischt, saß Rabbi Abraham und las und sang die Agade, und der bunte Chor stimmte ein oder antwortete bei den vorgeschriebenen Stellen. Der Rabbi trug ebenfalls sein schwarzes Festkleid, seine edelgeformten, etwas strengen Züge waren milder denn gewöhnlich, die Lippen lächelten hervor aus dem braunen Barte, als wenn sie viel Holdes erzählen wollten, und in seinen Augen schwamm es wie selige Erinnerung und Ahnung. Die schöne Sara, die auf einem ebenfalls erhabenen Sammetsessel an seiner Seite saß, trug als Wirtin nichts von ihrem Geschmeide, nur weißes Linnen umschloß ihren schlanken Leib und ihr frommes

Antlitz. Dieses Antlitz war rührend schön, wie denn überhaupt die Schönheit der Jüdinnen von eigentümlich rührender Art ist; das Bewußtsein des tiefen Elends, der bittern Schmach und der schlimmen Fahrnisse, worin ihre Verwandte und Freunde leben, verbreitet über ihre holden Gesichtszüge eine gewisse leidende Innigkeit und beobachtende Liebesangst, die unsere Herzen sonderbar bezaubern. So saß heute die schöne Sara und sah beständig nach den Augen ihres Mannes; dann und wann schaute sie auch nach der vor ihr liegenden Agade, dem hübschen, in Gold und Samt gebundenen Pergamentbuche, einem alten Erbstück mit verjährten Weinflecken aus den Zeiten ihres Großvaters, und worin so viele keck und bunt gemalten Bilder, die sie schon als kleines Mädchen, am Pascha-Abend, so gerne betrachtete, und die allerlei biblische Geschichten darstellten, als da sind: wie Abraham die steinernen Götzen seines Vaters mit dem Hammer entzweiklopft, wie die Engel zu ihm kommen, wie Moses den Mitzri totschlägt, wie Pharao prächtig auf dem Throne sitzt, wie ihm die Frösche sogar bei Tisch keine Ruhe lassen, wie er Gott sei Dank versäuft, wie die Kinder Israel vorsichtig durch das Rote Meer gehen, wie sie offnen Maules, mit ihren Schafen, Kühen und Ochsen vor dem Berge Sinai stehen, dann auch wie der fromme König David die Harfe spielt, und endlich wie Jerusalem mit den Türmen und Zinnen seines Tempels bestrahlt wird vom Glanze der Sonne!

Der zweite Becher war schon eingeschenkt, die Gesichter und Stimmen wurden immer heller, und der Rabbi, indem er eins der ungesäuerten Osterbröte ergriff und heiter grüßend emporhielt, las er folgende Worte aus der Agade: „Siehe! das ist die Kost, die unsere Väter in Ägypten genossen! Jeglicher, den es hungert, er komme und genieße! Jeglicher, der da traurig, er komme und teile unsre Paschafreude! Gegenwärtigen Jahres feiern wir hier das Fest, aber zum kommenden Jahre im Lande Israels! Gegenwärtigen Jahres feiern wir es noch als Knechte, aber zum kommenden Jahre als Söhne der Freiheit!“

Da öffnete sich die Saaltüre, und hereintraten zwei große, blasse Männer, in sehr weiten Mänteln gehüllt, und der eine sprach: „Friede sei mit Euch, wir sind reisende Glaubensgenossen und wünschen das Paschafest mit Euch zu feiern.“ Und der Rabbi antwortete rasch und freundlich: „Mit Euch sei Frieden, setzt Euch nieder in meiner Nähe.“ Die beiden Fremdlinge setzten sich alsbald zu Tische und der Rabbi fuhr fort im Vorlesen. Manchmal, während die übrigen noch im Zuge des Nachsprechens waren, warf er kosende Worte nach seinem Weibe, und anspielend auf den alten Scherz, daß ein jüdischer Hausvater sich an diesem Abend für einen König hält, sagte er zu ihr: „Freue dich, meine Königin!“ Sie aber antwortete, wehmütig lächelnd: „Es fehlt uns ja der Prinz!“ und damit meinte sie den Sohn des Hauses, der, wie eine Stelle in der Agade es verlangt, mit vorgeschriebenen Worten seinen Vater um die Bedeutung des Festes befragen soll. Der Rabbi erwiderte nichts und zeigte bloß mit dem Finger nach einem eben aufgeschlagenen Bilde in der Agade, wo überaus anmutig zu schauen war: wie die drei Engel zu Abraham kommen, um zu verkünden, daß ihm ein Sohn geboren werde von seiner Gattin Sara, welche unterdessen, weiblich pfiffig, hinter der Zelttüre steht um die Unterredung zu belauschen. Dieser leise Wink goß dreifaches Rot über die Wangen der schönen Frau, sie schlug die Augen nieder, und sah dann wieder freundlich empor nach ihrem Manne, der singend fortfuhr im Vorlesen der wunderbaren Geschichte: wie Rabbi Jesua, Rabbi Elieser, Rabbi Asaria, Rabbi Akiba und Rabbi Tarphen in Bona-Brak angelehnt saßen und sich die ganze Nacht vom Auszuge der Kinder Israel aus Ägypten unterhielten, bis ihre Schüler kamen und ihnen zuriefen, es sei Tag und in der Synagoge verlese man schon das große Morgengebet.

Derweilen nun die schöne Sara andächtig zuhörte, und ihren Mann beständig ansah, bemerkte sie wie plötzlich sein Antlitz in grausiger Verzerrung erstarrte, das Blut aus seinen Wangen und Lippen verschwand und seine Augen wie Eiszapfen hervorglotzten; – aber fast im selben Augenblicke sah sie, wie seine Züge wieder die vorige Ruhe und Heiterkeit annahmen, wie seine Lippen und Wangen sich wieder röteten, seine Augen munter umherkreisten, ja, wie sogar eine ihm sonst ganz fremde tolle Laune sein ganzes Wesen ergriff. Die schöne Sara erschrak wie sie noch nie in ihrem Leben erschrocken war, und ein inneres Grauen stieg kältend in ihr auf, weniger wegen der Zeichen von starrem Entsetzen, die sie einen Momentlang im Gesichte ihres Mannes erblickt hatte, als wegen seiner jetzigen Fröhlichkeit, die allmählich in jauchzende Ausgelassenheit überging. Der Rabbi schob sein Barett spielend von einem Ohre nach dem andern, zupfte und kräuselte possierlich seine Bartlocken, sang den Agadetext nach der Weise eines Gassenhauers, und bei der Aufzählung der ägyptischen Plagen, wo man mehrmals den Zeigefinger in den vollen Becher eintunkt und den anhängenden Weintropfen zur Erde wirft, bespritzte der Rabbi die jüngern Mädchen mit Rotwein, und es gab großes Klagen über verdorbene Halskrausen, und schallendes Gelächter. Immer unheimlicher ward es der schönen Sara bei dieser krampfhaft sprudelnden Lustigkeit ihres Mannes, und beklommen von namenloser Bangigkeit, schaute sie in das summende Gewimmel der buntbeleuchteten Menschen, die sich behaglich breit hin und her schaukelten, an den dünnen Paschabröten knoperten, oder Wein schlürften, oder miteinander schwatzten, oder laut sangen, überaus vergnügt.

Da kam die Zeit wo die Abendmahlzeit gehalten wird, alle standen auf um sich zu waschen, und die schöne Sara holte das große, silberne, mit getriebenen Goldfiguren reichverzierte Waschbecken, das sie jedem der Gäste vorhielt, während ihm Wasser über die Hände gegossen wurde. Als sie auch dem Rabbi diesen Dienst erwies, blinzelte ihr dieser bedeutsam mit den Augen, und schlich zur Türe hinaus. Die schöne Sara folgte ihm auf dem Fuße; hastig ergriff der Rabbi die Hand seines Weibes, eilig zog er sie fort, durch die dunkelen Gassen Bacherachs, eilig zum Tor hinaus, auf die Landstraße, die den Rhein entlang, nach Bingen führt.

Es war eine jener Frühlingsnächte, die zwar lau genug und hellgestirnt sind, aber doch die Seele mit seltsamen Schauern erfüllen. Leichenhaft dufteten die Blumen; schadenfroh und zugleich selbstbeängstigt zwitscherten die Vögel; der Mond warf heimtückisch gelbe Streiflichter über den dunkel hinmurmelnden Strom; die hohen Felsenmassen des Ufers schienen bedrohlich wackelnde Riesenhäupter; der Turmwächter auf Burg-Strahleck blies eine melancholische Weise; und dazwischen läutete, eifrig gellend, das Sterbeglöckchen der Sankt-Wernerskirche. Die schöne Sara trug in der rechten Hand das silberne Waschbecken, ihre Linke hielt der Rabbi noch immer gefaßt, und sie fühlte wie seine Finger eiskalt waren und wie sein Arm zitterte; aber sie folgte schweigend, vielleicht weil sie von jeher gewohnt, ihrem Manne blindlings und fragenlos zu gehorchen, vielleicht auch weil ihre Lippen vor innerer Angst verschlossen waren.

Unterhalb der Burg Sonneck, Lorch gegenüber, ungefähr wo jetzt das Dörfchen Niederrheinbach liegt, erhebt sich eine Felsenplatte, die bogenartig über das Rheinufer hinaushängt. Diese erstieg Rabbi Abraham mit seinem Weibe, schaute sich um nach allen Seiten, und starrte hinauf nach den Sternen. Zitternd und von Todesängsten durchfröstelt stand neben ihm die schöne Sara, und betrachtete sein blasses Gesicht, das der Mond gespenstisch beleuchtete, und worauf es hin und her zuckte wie Schmerz, Furcht, Andacht und Wut. Als aber der Rabbi plötzlich das silberne Waschbecken ihr aus der Hand riß und es schollernd hinabwarf in den Rhein: da konnte sie das grausenhafte Angstgefühl nicht länger ertragen, und mit dem Ausrufe „Schadai voller Gnade!" stürzte sie zu den Füßen des Mannes und beschwor ihn das dunkle Rätsel endlich zu enthüllen.

Der Rabbi, des Sprechens ohnmächtig, bewegte mehrmals lautlos die Lippen, und endlich rief er: „Siehst du den Engel des Todes? Dort unten schwebt er über Bacherach! Wir aber sind seinem Schwerte entronnen. Gelobt sei der Herr!" Und mit einer Stimme, die noch vor innerem Entsetzen bebte, erzählte er: wie er wohlgemut die Agade hinsingend und angelehnt saß, und zufällig unter den Tisch schaute, habe er dort, zu seinen Füßen, den blutigen Leichnam eines Kindes erblickt. „Da merkte ich" – setzte der Rabbi hinzu – „daß unsre zwei späte Gäste nicht von der Gemeinde Israels waren, sondern von der Versammlung der Gottlosen, die sich beraten hatten jenen Leichnam heimlich in unser Haus zu schaffen, um uns des Kindermordes zu beschuldigen und das Volk aufzureizen uns zu plündern und zu ermorden. Ich durfte nicht merken lassen, daß ich das Werk der Finsternis durchschaut; ich hätte dadurch nur mein Verderben beschleunigt, und nur die List hat uns beide gerettet. Gelobt sei der Herr! Ängstige dich nicht, schöne Sara; auch unsre Freunde und Verwandte werden gerettet sein. Nur nach meinem Blute lechzten die Ruchlosen; ich bin ihnen entronnen und sie begnügen sich mit meinem Silber und Golde. Komm mit mir, schöne Sara, nach einem anderen Lande, wir wollen das Unglück hinter uns lassen, und damit uns das Unglück nicht verfolge, habe ich ihm das Letzte meiner Habe, das silberne Becken, zur Versöhnung hingeworfen. Der Gott unserer Väter wird uns nicht verlassen. – Komm herab, du bist müde; dort unten steht bei seinem Kahne der stille Wilhelm; er fährt uns den Rhein hinauf."

Lautlos und wie mit gebrochenen Gliedern war die schöne Sara in die Arme des Rabbi hingesunken, und langsam trug er sie hinab nach dem Ufer. Hier stand der stille Wilhelm, ein taubstummer aber bildschöner Knabe, der zum Unterhalt seiner alten Pflegemutter, einer Nachbarin des Rabbi, den Fischfang trieb und hier seinen Kahn angelegt hatte. Es war aber als erriete er schon gleich die Absicht des Rabbi, ja es schien als habe er eben auf ihn gewartet, um seine geschlossenen Lippen zog sich das lieblichste Mitleid, bedeutungstief ruhten seine großen blauen Augen auf der schönen Sara, und sorgsam trug er sie in den Kahn.

Der Blick des stummen Knaben weckte die schöne Sara aus ihrer Betäubung, sie fühlte auf einmal, daß alles was ihr Mann ihr erzählt, kein bloßer Traum sei, und Ströme bitterer Tränen ergossen sich über ihre Wangen, die jetzt so weiß wie ihr Gewand. Da saß sie nun in der Mitte des Kahns, ein weinendes Marmorbild; neben ihr saßen ihr Mann und der stille Wilhelm, welche emsig ruderten.

Sei es nun durch den einförmigen Ruderschlag, oder durch das Schaukeln des Fahrzeugs, oder durch den Duft jener Bergesufer, worauf die Freude wächst, immer geschieht es, daß auch der Betrübteste seltsam beruhigt wird, wenn er in der Frühlingsnacht, in einem leichten Kahne, leicht dahin fährt auf dem lieben, klaren Rheinstrom. Wahrlich, der alte, gutherzige Vater Rhein kanns nicht leiden, wenn seine Kinder weinen; tränenstillend wiegt er sie auf seinen treuen Armen, und erzählt ihnen seine schönsten Märchen und verspricht ihnen seine goldigsten Schätze,vielleicht gar den uralt versunkenen Niblungshort. Auch die Tränen der schönen Sara flossen immer milder und milder, ihre gewaltigsten Schmerzen wurden fortgespielt von den flüsternden Wellen, die Nacht verlor ihr finstres Grauen, und die heimatlichen Berge grüßten wie zum zärtlichsten Lebewohl. Vor allen aber grüßte traulich ihr Lieblingsberg, der Kedrich, und in seiner seltsamen Mondbeleuchtung schien es, als stände wieder oben ein Fräulein mit ängstlich ausgestreckten Armen, als kröchen die flinken Zwerglein wimmelnd aus ihren Felsenspalten, und als käme ein Reuter den Berg hinaufgesprengt in vollem Galopp; – und der schönen Sara war zu Mute, als sei sie wieder ein kleines Mädchen und säße wieder auf dem Schoße ihrer Muhme aus Lorch, und diese erzähle ihr die hübsche Geschichte von dem kecken Reuter, der das arme, von den Zwergen geraubte Fräulein befreite, und noch andre wahre Geschichten, vom wunderlichen Wispertale drüben, wo die Vögel ganz vernünftig sprechen, und vom Pfefferkuchenland, wohin die folgsamen Kinder kommen, und von verwünschten Prinzessinnen, singenden Bäumen, gläsernen Schlössern, goldenen Brücken, lachenden Nixen ... Aber zwischen all diesen hübschen Märchen, die klingend und leuchtend zu leben begannen, hörte die schöne Sara die Stimme ihres Vaters, der ärgerlich die arme Muhme ausschalt, daß sie dem Kinde so viel Torheiten in den Kopf schwatze! Alsbald kams ihr vor, als setzte man sie auf das kleine Bänkchen, vor dem Sammetsessel ihres Vaters, der mit weicher Hand ihr langes Haar streichelte, gar vergnügt mit den Augen lachte, und sich behaglich hin und her wiegte in seinem weiten blauseidenen Sabbatschlafrock ... Es mußte wohl Sabbat sein, denn die geblümte Decke war über den Tisch gespreitet, alle Geräte im Zimmer leuchteten spiegelblank gescheuert, der weißbärtige Gemeindediener saß an der Seite des Vaters und kaute Rosinen und sprach Hebräisch, auch der kleine Abraham kam herein mit einem allmächtig großen Buche, und bat bescheidentlich seinen Oheim um die Erlaubnis einen Abschnitt der Heiligen Schrift erklären zu dürfen, damit der Oheim sich selber überzeuge, daß er in der verflossenen Woche viel gelernt habe und viel Lob und Kuchen verdiene ... Nun legte der kleine Bursche das Buch auf die breite Armlehne des Sessels, und erklärte die Geschichte von Jakob und Rahel, wie Jakob seine Stimme erhoben und laut geweint, als er sein Mühmchen Rahel zuerst erblickte, wie er so traulich am Brunnen mit ihr gesprochen, wie er sieben Jahr um Rahel dienen mußte, und wie sie ihm so schnell verflossen, und wie er die Rahel geheuratet und immer und immer geliebt hat ... Auf einmal erinnerte sich auch die schöne Sara, daß ihr Vater damals mit lustigem Tone ausrief: „willst du nicht eben so dein Mühmchen Sara heuraten?“ worauf der kleine Abraham ernsthaft antwortete: „Das will ich, und sie soll sieben Jahr warten.“ Dämmernd zogen diese Bilder durch die Seele der schönen Frau, sie sah, wie sie und ihr kleiner Vetter, der jetzt so groß und ihr Mann geworden, kindisch mit einander in der Lauberhütte spielten, wie sie sich dort ergötzten an den bunten Tapeten, Blumen, Spiegeln und vergoldeten Äpfeln, wie der kleine Abraham immer zärtlich mit ihr koste, bis er allmählig größer und mürrisch wurde, und endlich ganz groß und ganz mürrisch ... Und endlich sitzt sie zu Hause allein in ihrer Kammer eines Samstags Abend, der Mond scheint hell durchs Fenster, und die Tür fliegt auf, und hastig stürmt herein ihr Vetter Abraham, in Reisekleidern und blaß wie der Tod, und er greift ihre Hand, steckt einen goldnen Ring an ihren Finger und spricht feierlich:

„Ich nehme dich hiermit zu meinem Weibe, nach den Gesetzen von Moses und Israel! Jetzt aber“ – setzt er bebend hinzu – „jetzt muß ich fort nach Spanien. Lebewohl, sieben Jahre sollst du auf mich warten!“ Und er stürzt fort, und weinend erzählt die schöne Sara das alles ihrem Vater … Der tobt und wütet: „Schneid ab dein Haar, denn du bist ein verheuratetes Weib!“ – und er will dem Abraham nachreuten, um einen Scheidebrief von ihm zu erzwingen; – aber der ist schon über alle Berge, der Vater kehrt schweigend nach Hause zurück, und wie die schöne Sara ihm die Reitstiefel ausziehen hilft und besänftigend äußert, daß der Abraham nach sieben Jahren zurückkehre, da flucht der Vater: „Sieben Jahr sollt ihr betteln gehn!“ und bald stirbt er.

So zogen der schönen Sara die alten Geschichten durch den Sinn, wie ein hastiges Schattenspiel; die Bilder vermischten sich auch wunderlich, und zwischendurch schauten halb bekannte, halb fremde bärtige Gesichter und große Blumen mit fabelhaft breitem Blattwerk. Es war auch als murmelte der Rhein die Melodien der Agade, und die Bilder derselben stiegen daraus hervor, lebensgroß und verzerrt, tolle Bilder: der Erzvater Abraham zerschlägt ängstlich die Götzengestalten, die sich immer hastig wieder von selbst zusammensetzen; der Mitzri wehrt sich furchtbar gegen den ergrimmten Moses; der Berg Sinai blitzt und flammt; der König Pharao schwimmt im Roten Meere, mit den Zähnen im Maule die zackige Goldkrone festhaltend; Frösche mit Menschenantlitz schwimmen hintendrein, und die Wellen schäumen und brausen, und eine dunkle Riesenhand taucht drohend daraus hervor.

Das war Hattos Mäuseturm und der Kahn schoß eben durch den Binger Strudel. Die schöne Sara ward dadurch etwas aus ihren Träumereien gerüttelt, und schaute nach den Bergen des Ufers, auf deren Spitzen die Schloßlichter flimmerten, und an deren Fuß die mondbeleuchteten Nachtnebel sich hinzogen. Plötzlich aber glaubte sie dort ihre Freunde und Verwandte zu sehen, wie sie mit Leichengesichtern und in weißwallenden Totenhemden schreckenhastig vorüberliefen, den Rhein entlang ... es ward ihr schwarz vor den Augen, ein Eisstrom ergoß sich in ihre Seele, und wie im Schlafe hörte sie nur noch, daß ihr der Rabbi das Nachtgebet vorbetete, langsam ängstlich, wie es bei todtkranken Leuten geschieht, und träumerisch stammelte sie noch die Worte: „Zehntausend zur Rechten, zehntausend zur Linken; den König zu schützen vor nächtlichem Grauen …„

Da verzog sich plötzlich all das eindringende Dunkel und Grausen, der düstre Vorhang ward vom Himmel fortgerissen, es zeigte sich oben die heilige Stadt Jerusalem, mit ihren Türmen und Toren; in goldner Pracht leuchtete der Tempel; auf dem Vorhofe desselben erblickte die schöne Sara ihren Vater, in seinem gelben Sabbatschlafrock und vergnügt mit den Augen lachend; aus den runden Tempelfenstern grüßten fröhlich alle ihre Freunde und Verwandte; im Allerheiligsten kniete der fromme König David, mit Purpurmantel und funkelnder Krone, und lieblich ertönte sein Gesang und Saitenspiel, – und selig lächelnd entschlief die schöne Sara.

Zweites Kapitel

Als die schöne Sara die Augen aufschlug, ward sie fast geblendet von den Strahlen der Sonne. Die hohen Türme einer großen Stadt erhoben sich, und der stumme Wilhelm stand mit der Hakenstange aufrecht im Kahne und leitete denselben durch das lustige Gewühl vieler buntbewimpelten Schiffe, deren Mannschaft entweder müßig hinabschaute auf die Vorbeifahrenden, oder vielhändig beschäftigt war mit dem Ausladen von Kisten, Ballen und Fässern, die auf kleineren Fahrzeugen ans Land gebracht wurden; wobei ein betäubender Lärm, das beständige Hallorufen der Barkenführer, das Geschrei der Kaufleute vom Ufer her und das Keifen der Zöllner, die, in ihren roten Röcken, mit weißen Stäbchen und weißen Gesichtern von Schiff zu Schiff hüpften.

„Ja, schöne Sara“ – sagte der Rabbi zu seiner Frau, heiter lächelnd – „das ist hier die weltberühmte freie Reichs- und Handelstadt Frankfurt am Main, und das ist eben der Mainfluß worauf wir jetzt fahren. Da drüben die lachenden Häuser, umgeben von grünen Hügeln, das ist das Sachsenhausen, woher uns der lahme Gumpertz, zur Zeit des Laubhüttenfestes, die schönen Myrrhen holt. Hier siehst du auch die starke Mainbrücke mit ihren dreizehn Bögen, und gar viel Volk, Wagen und Pferde, geht sicher darüberhin, und in der Mitte steht das Häuschen, wovon die Mühmele Täubchen erzählt hat, daß ein getaufter Jude darin wohnt, der jedem, der ihm eine tote Ratte bringt, sechs Heller auszahlt für Rechnung der jüdischen Gemeinde, die dem Stadtrate jährlich fünftausend Rattenschwänze abliefern soll!“

Über diesen Krieg, den die Frankfurter Juden mit den Ratten zu führen haben, mußte die schöne Sara laut lachen; das klare Sonnenlicht und die neue bunte Welt, die vor ihr auftauchte, hatte alles Grauen und Entsetzen der vorigen Nacht aus ihrer Seele verscheucht, und als sie, aus dem landenden Kahne, von ihrem Manne und dem stummen Wilhelm aufs Ufer gehoben worden, fühlte sie sich wie durchdrungen von freudiger Sicherheit. Der stumme Wilhelm aber, mit seinen schönen, tiefblauen Augen, sah ihr lange ins Gesicht, halb schmerzlich, halb heiter, dann warf er noch einen bedeutenden Blick nach dem Rabbi, sprang zurück in seinen Kahn, und bald war er damit verschwunden.

„Der stumme Wilhelm hat doch viele Ähnlichkeit mit meinem verstorbenen Bruder" – bemerkte die schöne Sara. „Die Engel sehen sich alle ähnlich" – erwiderte leichthin der Rabbi, und sein Weib bei der Hand ergreifend, führte er sie durch das Menschengewimmel des Ufers, wo jetzt, weil es die Zeit der Ostermesse, eine Menge hölzerne Krambuden aufgebaut standen. Als sie, durch das dunkle Maintor, in die Stadt gelangten, fanden sie nicht minder lärmigen Verkehr. Hier, in einer engen Straße, erhob sich ein Kaufmannsladen neben dem andern, und die Häuser, wie überall in Frankfurt, waren ganz besonders zum Handel eingerichtet: im Erdgeschosse keine Fenster, sondern lauter offne Bogentüren, so daß man tief hineinschauen und jeder Vorübergehende die ausgestellten Waren deutlich betrachten konnte. Wie staunte die schöne Sara ob der Masse kostbarer Sachen und ihrer niegesehenen Pracht! Da standen Venezianer, die allen Luxus des Morgenlands und Italiens feilboten, und die schöne Sara war wie festgebannt beim Anblick der aufgeschichteten Putzsachen und Kleinodien, der bunten Mützen und Mieder, der güldnen Armspangen und Halsbänder, des ganzen Flitterkrams, das die Frauen sehr gern bewundern und womit sie sich noch lieber schmücken. Die reichgestickten Samt- und Seidenstoffe schienen mit der schönen Sara sprechen und ihr allerlei Wunderliches ins Gedächtnis zurückfunkeln zu wollen, und es war ihr wirklich zu Mute als wäre sie wieder ein kleines Mädchen und Mühmele Täubchen habe ihr Versprechen erfüllt, und sie nach der Frankfurter Messe geführt, und jetzt eben stehe sie vor den hübschen Kleidern, wovon ihr so viel erzählt worden. Mit heimlicher Freude überlegte sie schon was sie nach Bacherach mitbringen wolle, welchem von ihren beiden Bäschen, dem kleinen Blümchen oder dem kleinen Vögelchen, der blauseidne Gürtel am besten gefallen würde, ob auch die grünen Höschen dem kleinen Gottschalk passen mögen, – doch plötzlich sagte sie zu sich selber: „Ach Gott! die sind ja unterdessen großgewachsen und gestern umgebracht worden!" Sie schrak heftig zusammen und die Bilder der Nacht wollten schon mit all ihrem Entsetzen wieder in ihr aufsteigen; doch die goldgestickten Kleider blinzelten nach ihr wie mit tausend Schelmenaugen, und redeten ihr alles Dunkle aus dem Sinn, und wie sie hinaufsah nach dem Antlitz ihres Mannes, so war dieses unumwölkt, und trug seine gewöhnliche ernste Milde. „Mach die Augen zu, schöne Sara" – sagte der Rabbi, und führte seine Frau weiter durch das Menschengedränge.

Welch ein buntes Treiben! Zumeist waren es Handelsleute, die laut mit einander feilschten, oder auch mit sich selber sprechend an den Fingern rechneten, oder auch von einigen hochbepackten Markthelfern, die im kurzen Hundetrab hinter ihnen herliefen, ihre Einkäufe nach der Herberge schleppen ließen. Andere Gesichter ließen merken, daß bloß die Neugier sie herbeigezogen. Am roten Mantel und der goldnen Halskette erkannte man den breiten Ratsherrn. Das schwarze, wohlhabend bauschichte Wams verriet den ehrsamen stolzen Altbürger. Die eiserne Pickelhaube, das gelblederne Wams und die klirrenden Pfundsporen verkündigten den schweren Reutersknecht. Unterm schwarzen Sammethäubchen, das in einer Spitze auf der Stirne zusammenlief, barg sich ein rosiges Mädchengesicht, und die jungen Gesellen, die gleich witternden Jagdhunden hinterdrein sprangen, zeigten sich als vollkommene Stutzer durch ihre keckbefiederten Barette, ihre klingelnden Schnabelschuhe und ihre seidnen Kleider von geteilter Farbe, wo die rechte Seite grün, die linke Seite rot, oder die eine regenbogenartig gestreift, die andre buntscheckig gewürfelt war, so daß die närrischen Burschen aussahen, als wären sie in der Mitte gespalten. Von der Menschenströmung fortgezogen, gelangte der Rabbi mit seinem Weibe nach dem Römer. Dieses ist der große mit hohen Giebelhäusern umgebene Marktplatz der Stadt, seinen Namen führend von einem ungeheuren Hause, das „Zum Römer" hieß und vom Magistrate angekauft und zu einem Rathause geweiht wurde. In diesem Gebäude wählte man Deutschlands Kaiser, und vor dem selben wurden oft edle Ritterspiele gehalten. Der König Maximilian, der dergleichen leidenschaftlich liebte, war damals in Frankfurt anwesend, und tags zuvor hatte man ihm zu Ehren, vor dem Römer, ein großes Stechen veranstaltet. An den hölzernen Schranken, die jetzt von den Zimmerleuten abgebrochen wurden, standen noch viele Müßiggänger und erzählten sich, wie gestern der Herzog von Braunschweig und der Markgraf von Brandenburg unter Pauken- und Trompetenschall gegen einander gerannt, wie Herr Walter, der Lump den Bärenritter so gewaltig aus dem Sattel gestoßen, daß die Lanzensplitter in die Luft flogen, und wie der lange blonde König Max, im Kreise seines Hofgesindes, auf dem Balkone stand und sich vor Freude die Hände rieb. Die Decken von goldnen Stoffen lagen noch auf der Lehne des Balkons und der spitzbögigen Rathausfenster. Auch die übrigen Häuser des Marktplatzes waren noch festlich geschmückt und mit Wappenschilden verziert, besonders das Haus Limburg, auf dessen Banner eine Jungfrau gemalt war, die einen Sperber auf der Hand trägt, während ihr ein Affe einen Spiegel vorhält. Auf dem Balkone dieses Hauses standen viele Ritter und Damen, in lächelnder Unterhaltung hinabblickend auf das Volk, das unten in tollen Gruppen und Aufzügen hin und her wogte. Welche Menge Müßiggänger von jedem Stande und Alter drängte sich hier, um ihre Schaulust zu befriedigen! Hier wurde gelacht, gegreint, gestohlen, in die Lenden gekniffen, gejubelt, und zwischendrein schmetterte gellend die Trompete des Arztes, der im roten Mantel, mit seinem Hanswurst und Affen, auf einem hohen Gerüste stand, seine eigne Kunstfertigkeit recht eigentlich ausposaunte, seine Tinkturen und Wundersalben anpries, oder ernsthaft das Uringlas betrachtete, das ihm irgend ein altes Weib vorhielt, oder sich anschickte einem armen Bauer den Backzahn auszureißen. Zwei Fechtmeister, in bunten Bändern einherflatternd, ihre Rapiere schwingend, begegneten sich hier wie zufällig und stießen mit Scheinzorn auf einander; nach langem Gefechte erklärten sie sich wechselseitig für unüberwindlich und sammelten einige Pfennige. Mit Trommler und Pfeifer marschierte jetzt vorbei die neu errichtete Schützengilde. Hierauf folgte, angeführt von dem Stöcker, der eine rote Fahne trug, ein Rudel fahrender Fräulein, die aus dem Frauenhause „zum Esel" von Würzburg herkamen und nach dem Rosentale hinzogen, wo die hochlöbliche Obrigkeit ihnen für die Meßzeit ihr Quartier angewiesen. „Mach die Augen zu, schöne Sara!" – sagte der Rabbi. Denn jene phantastisch und allzu knapp bekleideten Weibsbilder, worunter einige sehr hübsche, gebärdeten sich auf die unzüchtigste Weise, entblößten ihren weißen, frechen Busen, neckten die Vorübergehenden mit schamlosen Worten, schwangen ihre langen Wanderstöcke, und indem sie auf letzteren, wie auf Steckenpferden, die Sankt-Katharinen-Pforte hinabritten, sangen sie mit gellender Stimme das Hexenlied:

„Wo ist der Bock, das Höllentier?
Wo ist der Bock? Und fehlt der Bock,
So reiten wir, so reiten wir,
So reiten wir auf dem Stock!"

Dieser Singsang, den man noch in der Ferne hören konnte, verlor sich am Ende in den kirchlich langgezogenen Tönen einer herannahenden Prozession. Das war ein trauriger Zug von kahlköpfigen und barfüßigen Mönchen, welche brennende Wachslichter oder Fahnen mit Heiligenbildern, oder auch große silberne Kruzifixe trugen. An ihrer Spitze gingen rot- und weiß-geröckte Knaben mit dampfenden Weihrauchkesseln. In der Mitte des Zuges unter einem prächtigen Baldachin, sah man Geistliche in weißen Chorhemden von kostbaren Spitzen oder in buntseidnen Stolen, und einer derselben trug in der Hand ein sonnenartig goldnes Gefäß, das er, bei einer Heiligennische der Marktecke anlangend, hoch emporhob, während er lateinische Worte halb rief, halb sang … Zugleich erklingelte ein kleines Glöckchen und alles Volk ringsum verstummte, fiel auf die Knie und bekreuzte sich. Der Rabbi aber sprach zu seinem Weibe: „Mach die Augen zu, schöne Sara!" – und hastig zog er sie von hinnen, nach einem schmalen Nebengäßchen, durch ein Labyrinth von engen und krummen Straßen, und endlich über den unbewohnten, wüsten Platz, der das neue Judenquartier von der übrigen Stadt trennte.

Vor jener Zeit wohnten die Juden zwischen dem Dom und dem Mainufer, nämlich von der Brücke bis zum Lumpenbrunnen und von der Mehlwaage bis zu Sankt Bartholomäi. Aber die katholischen Priester erlangten eine päpstliche Bulle, die den Juden verwehrte in solcher Nähe der Hauptkirche zu wohnen, und der Magistrat gab ihnen einen Platz auf dem Wollgraben, wo sie das heutige Judenquartier erbauten. Dieses war mit starken Mauern versehen, auch mit eisernen Ketten vor den Toren, um sie gegen Pöbelandrang zu sperren. Denn hier lebten die Juden ebenfalls in Druck und Angst, und mehr als heut zu Tage in der Erinnerung früherer Nöten. Im Jahr 1240 hatte das entzügelte Volk ein großes Blutbad unter ihnen angerichtet, welches man die erste Judenschlacht nannte, und im Jahr 1349, als die Geißler, bei ihrem Durchzuge, die Stadt anzündeten und die Juden des Brandstiftens anklagten, wurden diese von dem aufgereizten Volke zum größten Teil ermordet oder sie fanden den Tod in den Flammen ihrer eignen Häuser, welches man die zweite Judenschlacht nannte. Später bedrohte man die Juden noch oft mit dergleichen Schlachten, und bei innren Unruhen Frankfurts, besonders bei einem Streite des Rates mit den Zünften, stand der Christenpöbel oft im Begriff das Judenquartier zu stürmen. Letzteres hatte zwei Tore, die an katholischen Feiertagen von außen, an jüdischen Feiertagen von innen geschlossen wurden, und vor jedem Tor befand sich ein Wachthaus mit Stadtsoldaten.

Als der Rabbi mit seinem Weibe an das Tor des Judenquartiers gelangte, lagen die Landsknechte, wie man durch die offnen Fenster sehen konnte, auf der Pritsche ihrer Wachtstube, und draußen vor der Türe, im vollen Sonnenschein, saß der Trommelschläger und phantasierte auf seiner großen Trommel. Das war eine schwere dicke Gestalt; Wams und Hosen von feuergelbem Tuch, an Armen und Lenden weit aufgepufft, und als wenn unzählige Menschenzungen daraus hervorleckten, von oben bis unten besät mit kleinen eingenähten roten Wülstchen; Brust und Rücken gepanzert mit schwarzen Tuchpolstern, woran die Trommel hing; auf dem Kopfe eine platte runde schwarze Kappe; das Gesicht ebenso platt und rund, auch orangengelb und mit roten Schwärchen gespickt, und verzogen zu einem gähnenden Lächeln. So saß der Kerl und trommelte die Melodie des Liedes, das einst die Geißler bei der Judenschlacht gesungen, und mit seinem rauhen Biertone gurgelte er die Worte:

„Unsre liebe Fraue,
Die ging im Morgentaue,
Kyrie Eleison!"

„Hans, das ist eine schlechte Melodie" – rief eine Stimme hinter dem verschlossenen Tore des Judenquartiers – „Hans, auch ein schlecht Lied, paßt nicht für die Trommel, paßt gar nicht und bei Leibe nicht in der Messe und am Ostermorgen, schlecht Lied, gefährlich Lied, Hans, Hänschen, klein Trommelhänschen, ich bin ein einzelner Mensch, und wenn du mich lieb hast, wenn du den Stern lieb hast, den langen Stern, den langen Nasenstern, so hör auf!“

Diese Worte wurden von dem ungesehenen Sprecher, teils angstvoll hastig, teils aufseufzend langsam hervorgestoßen, in einem Tone worin das ziehend Weiche und das heiser Harte schroff abwechselte, wie man ihn bei Schwindsüchtigen findet. Der Trommelschläger blieb unbewegt, und in der vorigen Melodie forttrommelnd sang er weiter:

„Da kam ein kleiner Junge,
Sein Bart war ihm entsprungen,
Halleluja!“

„Hans“ – rief wieder die Stimme des obenerwähnten Sprechers – „Hans, ich bin ein einzelner Mensch, und es ist ein gefährlich Lied, und ich hör es nicht gern, und ich hab meine Gründe, und wenn du mich lieb hast, singst du was anders, und morgen trinken wir ...„

Bei dem Wort „Trinken“ hielt der Hans inne mit seinem Trommeln und Singen, und biedern Tones sprach er: „Der Teufel hole die Juden, aber du, lieber Nasenstern, bist mein Freund, ich beschütze dich, und wenn wir noch oft zusammen trinken, werde ich dich auch bekehren. Ich will dein Pate sein, wenn du getauft wirst, wirst du selig, und wenn du Genie hast und fleißig bei mir lernst, kannst du sogar noch Trommelschläger werden. Ja, Nasenstern, du kannst es noch weit bringen, ich will dir den ganzen Katechismus vortrommeln, wenn wir morgen zusammen trinken – aber jetzt mach mal das Tor auf, da stehen zwei Fremde und begehren Einlaß.“

„Das Tor auf?“ – schrie der Nasenstern, und die Stimme versagte ihm fast. „Das geht nicht so schnell, lieber Hans, man kann nicht wissen, man kann gar nicht wissen, und ich bin ein einzelner Mensch. Der Veitel Rindskopf hat den Schlüssel und steht jetzt still in der Ecke und brümmelt sein Achtzehn-Gebet; da darf man sich nicht unterbrechen lassen. Jäkel der Narr ist auch hier, aber er schlägt jetzt sein Wasser ab. Ich bin ein einzelner Mensch!“

„Der Teufel hole die Juden!“ rief der Trommelhans, und über diesen eignen Witz laut lachend, trollte er sich nach der Wachtstube und legte sich ebenfalls auf die Pritsche.

Während nun der Rabbi mit seinem Weibe jetzt ganz allein vor dem großen verschlossenen Tore stand, erhub sich hinter demselben eine schnarrende, näselnde, etwas spöttisch gezogene Stimme: „Sternchen, dröhnle nicht so lange, nimm die Schlüssel aus Rindsköpfchens Rocktasche, oder nimm deine Nase, und schließe damit das Tor auf. Die Leute stehen schon lange und warten."

„Die Leute?" – schrie ängstlich die Stimme des Mannes, den man den Nasenstern nannte – „ich glaubte es wäre nur Einer, und ich bitte dich, Narr, lieber Jäkel Narr, guck mal heraus wer da ist?"

Da öffnete sich im Tore ein kleines, wohlvergittertes Fensterlein, und zum Vorschein kam eine gelbe, zweihörnige Mütze und darunter das drollig verschnörkelte Lustigmachergesicht Jäkels des Narren. In demselben Augenblicke schloß sich wieder die Fensterluke und ärgerlich schnarrte es: „Mach auf, mach auf, draußen ist nur ein Mann und ein Weib."

„Ein Mann und ein Weib!" – ächzte der Nasenstern – „Und wenn das Tor aufgemacht wird, wirft das Weib den Rock ab und es ist auch ein Mann, und es sind dann zwei Männer, und wir sind nur unserer drei!"

„Sei kein Hase" – erwiderte Jäkel der Narr – „und sei herzhaft und zeige Courage!"

„Courage!" – rief der Nasenstern und lachte mit verdrießlicher Bitterkeit – „Hase! Hase ist ein schlechter Vergleich, Hase ist ein unreines Tier. Courage! Man hat mich nicht der Courage wegen hierhergestellt, sondern der Vorsicht halber. Wenn zu viele kommen soll ich schreien. Aber ich selbst kann sie nicht zurückhalten. Mein Arm ist schwach, ich trage eine Fontenelle, und ich bin ein einzelner Mensch. Wenn man auf mich schießt bin ich tot. Dann sitzt der reiche Mendel Reiß am Sabbat bei Tische, und wischt sich vom Maul die Rosinensauce, und streichelt sich den Bauch, und sagt vielleicht: ‚Das lange Nasensternchen war doch ein braves Kerlchen, wär Es nicht gewesen, so hätten sie das Tor gesprengt, Es hat sich doch für uns totschießen lassen, Es war ein braves Kerlchen, schade, daß Es tot ist –',,

Die Stimme wurde hier allmählig weich und weinerlich, aber plötzlich schlug sie über in einen hastigen, fast erbitterten Ton: „Courage! Und damit der reiche Mendel Reiß sich die Rosinensauce vom Maul abwischen, und sich den Bauch streicheln, und mich braves Kerlchen nennen möge, soll ich mich totschießen lassen? Courage! Herzhaft! Der kleine Strauß war herzhaftig, und hat gestern auf dem Römer dem Stechen zugesehen, und hat geglaubt, man kennte ihn nicht, weil er einen violetten Rock trug, von Samt, drei Gulden die Elle, mit Fuchsschwänzchen, ganz goldgestickt, ganz prächtig – und sie haben ihm den violetten Rock so lange geklopft bis er abfärbte und auch sein Rücken violett geworden ist und nicht mehr menschenähnlich sieht. Courage! Der krumme Leser war herzhaftig, nannte unseren lumpigen Schultheiß einen Lump, und sie haben ihn an den Füßen aufgehängt, zwischen zwei Hunden, und der Trommelhans trommelte. Courage! Sei kein Hase! Unter den vielen Hunden ist der Hase verloren, ich bin ein einzelner Mensch, und ich habe wirklich Furcht!"

„Schwör mal!" – rief Jäkel der Narr.

„Ich habe wirklich Furcht!" – wiederholte seufzend der Nasenstern – „ich weiß die Furcht liegt im Geblüt, und ich habe es von meiner seligen Mutter –„

„Ja, ja!" – unterbrach ihn Jäkel der Narr – „und deine Mutter hatte es von ihrem Vater, und der hatte es wieder von dem seinigen, und so hatten es deine Voreltern einer vom andern, bis auf deinen Stammvater, welcher unter König Saul gegen die Philister zu Felde zog und der erste war welcher Reißaus nahm. – Aber sieh mal, Rindsköpfchen ist gleich fertig, er hat sich bereits zum viertenmal gebückt, schon hüpft er wie ein Floh bei dem dreimaligen Worte Heilig, und jetzt greift er vorsichtig in die Tasche …„

In der Tat, die Schlüssel rasselten, knarrend öffnete sich ein Flügel des Tores, und der Rabbi und sein Weib traten in die ganz menschenleere Judengasse. Der Aufschließer aber, ein kleiner Mann mit gutmütig sauerem Gesicht, nickte träumerisch wie einer, der in seinen Gedanken nicht gern gestört sein möchte, und nachdem er das Tor wieder sorgsam verschlossen, schlappte er, ohne ein Wort zu reden, nach einem Winkel hinter dem Tore, beständig Gebete vor sich hinmurmelnd. Minder schweigsam war Jäkel der Narr, ein untersetzter, etwas krummbeiniger Gesell, mit einem lachend vollroten Antlitz und einer unmenschlich großen Fleischhand, die er, aus den weiten Ärmeln seiner buntscheckigen Jacke, zum Willkomm hervorstreckte. Hinter ihm zeigte oder vielmehr barg sich eine lange, magere Gestalt, der schmale Hals weiß befiedert von einer feinen batistnen Krause, und das dünne, blasse Gesicht gar wundersam geziert mit einer fast unglaublich langen Nase, die sich neugierig angstvoll hin und her bewegte.

„Gott willkommen! zum guten Festtag!" – rief Jäkel der Narr – „wundert Euch nicht daß jetzt die Gasse so leer und still ist. Alle unsere Leute sind jetzt in der Synagoge und Ihr kommt eben zur rechten Zeit, um dort die Geschichte von der Opferung Isaaks vorlesen zu hören. Ich kenne sie, es ist eine interessante Geschichte, und wenn ich sie nicht schon dreiunddreißigmal angehört hätte, so würde ich sie gern dies Jahr noch einmal hören. Und es ist eine wichtige Geschichte, denn wenn Abraham den Isaak wirklich geschlachtet hätte, und nicht den Ziegenbock, so wären jetzt mehr Ziegenböcke und weniger Juden auf der Welt." – Und mit wahnsinnig lustiger Grimasse fing der Jäkel an, folgendes Lied aus der Agade zu singen:

„Ein Böcklein, ein Böcklein, das gekauft Väterlein, er gab dafür zwei Suslein; ein Böcklein! ein Böcklein!

Es kam ein Kätzlein und aß das Böcklein, das gekauft Väterlein, er gab dafür zwei Suslein; ein Böcklein, ein Böcklein!

Es kam ein Hündlein und biß das Kätzlein, das gefressen das Böcklein, das gekauft Väterlein, er gab dafür zwei Suslein; ein Böcklein, ein Böcklein!

Es kam ein Stöcklein und schlug das Hündlein, das gebissen das Kätzlein, das gefressen das Böcklein, das gekauft Väterlein, er gab dafür zwei Suslein; ein Böcklein, ein Böcklein!

Es kam ein Feuerlein und verbrannte das Stöcklein, das geschlagen das Hündlein, das gebissen das Kätzlein, das gefressen das Böcklein, das gekauft Väterlein, er gab dafür zwei Suslein; ein Böcklein, ein Böcklein!

Es kam ein Wässerlein und löschte das Feuerlein, das verbrannt das Stöcklein, das geschlagen das Hündlein, das gebissen das Kätzlein, das gefressen das Böcklein, das gekauft Väterlein, er gab dafür zwei Suslein; ein Böcklein, ein Bocklein!

Es kam ein Öchslein und soff das Wässerlein, das gelöscht das Feuerlein, das verbrannt das Stöcklein, das geschlagen das Hündlein, das gebissen das Kätzlein, das gefressen das Böcklein, das gekauft Väterlein, er gab dafür zwei Suslein; ein Böcklein, ein Böcklein!

Es kam ein Schlächterlein und schlachtete das Öchslein, das gesoffen das Wässerlein, das gelöscht das Feuerlein, das verbrannt das Stöcklein, das geschlagen das Hündlein, das gebissen das Kätzlein, das gefressen das Böcklein, das gekauft Väterlein, er gab dafür zwei Suslein; ein Böcklein, ein Böcklein!

Es kam ein Todesenglein und schlachtete das Schlächterlein, das geschlachtet das Öchslein, das gesoffen das Wässerlein, das gelöscht das Feuerlein, das verbrannt das Stöcklein, das geschlagen das Hündlein, das gebissen das Kätzlein, das gefressen das Böcklein, das gekauft Väterlein, er gab dafür zwei Suslein; ein Böcklein, ein Böcklein!

Ja, schöne Frau" – fügte der Sänger hinzu – „einst kommt der Tag, wo der Engel des Todes den Schlächter schlachten wird, und all unser Blut kommt über Edom; denn Gott ist ein rächender Gott – – – „

Aber plötzlich den Ernst, der ihn unwillkürlich beschlichen, gewaltsam abstreifend, stürzte sich Jäkel der Narr wieder in seine Possenreißerein und fuhr fort mit schnarrendem Lustigmachertone: „Fürchtet Euch nicht, schöne Frau, der Nasenstern tut Euch nichts zu Leid. Nur für die alte Schnapper-Elle ist er gefährlich. Sie hat sich in seine Nase verliebt, aber die verdient es auch. Sie ist schön wie der Turm der gen Damaskus schaut, und erhaben wie die Zeder des Libanons. Auswendig glänzt sie wie Glimmgold und Syrop, und inwendig ist lauter Musik und Lieblichkeit. Im Sommer blüht sie, im Winter ist sie zugefroren, und Sommer und Winter wird sie gehätschelt von Schnapper-Elles weißen Händen. Ja, die Schnapper-Elle ist verliebt in ihn, ganz vernarrt. Sie pflegt ihn, sie füttert ihn, und sobald er fett genug ist, wird sie ihn heuraten, und für ihr Alter ist sie noch jung genug, und wer mal nach dreihundert Jahren hierher nach Frankfurt kömmt, wird den Himmel nicht sehen können vor lauter Nasensternen!"

„Ihr seid Jäkel der Narr" – rief lachend der Rabbi – „ich merk es an Euren Worten. Ich habe oft von Euch sprechen gehört."

„Ja, ja" – erwiderte jener mit drolliger Bescheidenheit – „ja, ja, das macht der Ruhm. Man ist oft weit und breit für einen größern Narren bekannt als man selbst weiß. Doch ich gebe mir viele Mühe, ein Narr zu sein und springe und schüttle mich, damit die Schellen klingeln. Andre habens leichter … Aber sagt mir, Rabbi, warum reiset Ihr am Feiertage?"

„Meine Rechtfertigung" – versetzte der Befragte – „steht im Talmud, und es heißt: Gefahr vertreibt den Sabbat."

„Gefahr!" – schrie plötzlich der lange Nasenstern und gebärdete sich wie in Todesangst – „Gefahr! Gefahr! Trommelhans, trommele, trommle, Gefahr! Gefahr! Trommelhans ..."

Draußen aber rief der Trommelhans mit seiner dicken Bierstimme: „Tausend Donner Sakrament! Der Teufel hole die Juden! Das ist schon das dritte Mal, daß du mich heute aus dem Schlafe weckst, Nasenstern! Mach mich nicht rasend! Wenn ich rase, werde ich wie der leibhaftige Satanas, und dann, so wahr ich ein Christ bin, dann schieße ich mit der Büchse durch die Gitterluke des Tores, und dann hüte jeder seine Nase!"

„Schieß nicht! Schieß nicht! ich bin ein einzelner Mensch" – wimmerte angstvoll der Nasenstern und drückte sein Gesicht fest an die nächste Mauer, und in dieser Stellung verharrte er zitternd und leise betend.

„Sagt, sagt, was ist passiert?" – rief jetzt auch Jäkel der Narr, mit all jener hastigen Neugier, die schon damals den Frankfurten Juden eigentümlich war.

Der Rabbi aber riß sich von ihm los und ging mit seinem Weibe weiter die Judengasse hinauf. „Sieh, schöne Sara" – sprach er seufzend – „wie schlecht geschützt ist Israel! Falsche Freunde hüten seine Tore von außen, und drinnen sind seine Hüter Narrheit und Furcht!"

Langsam wanderten die beiden durch die lange, leere Straße, wo nur hier, und da ein blühender Mädchenkopf zum Fenster hinausguckte, während sich die Sonne in den blanken Scheiben festlich heiter bespiegelte. Damals nämlich waren die Häuser des Judenviertels noch neu und nett, auch niedriger wie jetzt, indem erst späterhin die Juden, als sie in Frankfurt sich sehr vermehrten und doch ihr Quartier nicht erweitern durften, dort immer ein Stockwerk über das andere bauten, sardellenartig zusammenrückten und dadurch an Leib und Seele verkrüppelten. Der Teil des Judenquartiers, der nach dem großen Brande stehen geblieben und den man die alte Judengasse nennt, jene hohen, schwarzen Häuser, wo ein grinsendes, feuchtes Volk umherschachert, ist ein schauderhaftes Denkmal des Mittelalters. Die ältere Synagoge existiert nicht mehr; sie war minder geräumig als die jetzige, die später erbaut wurde, nachdem die Nüremberger Vertriebenen in die Gemeinde aufgenommen worden. Sie lag nördlicher. Der Rabbi brauchte ihre Lage nicht erst zu erfragen. Schon aus der Ferne vernahm er die vielen verworrenen und überaus lauten Stimmen. Im Hofe des Gotteshauses trennte er sich von seinem Weibe. Nachdem er an dem Brunnen, der dort steht, seine Hände gewaschen, trat er in jenen untern Teil der Synagoge, wo die Männer beten; die schöne Sara hingegen erstieg eine Treppe und gelangte oben nach der Abteilung der Weiber.

Diese obere Abteilung war eine Art Galerie mit drei Reihen hölzerner, braunrot angestrichener Sitze, deren Lehne oben mit einem hängenden Brette versehen war, das, um das Gebetbuch darauf zu legen, sehr bequem aufgeklappt werden konnte. Die Frauen saßen hier schwatzend neben einander oder standen aufrecht, inbrünstig betend; manchmal auch traten sie neugierig an das große Gitter, das sich längs der Morgenseite hinzog und durch dessen dünne grüne Latten man hinabschauen konnte in die untere Abteilung der Synagoge. Dort, hinter hohen Betpulten, standen die Männer in ihren schwarzen Mänteln, die spitzen Bärte herabschießend über die weißen Halskrausen, und die plattbedeckten Köpfe mehr oder minder verhüllt von einem viereckigen, mit den gesetzlichen Schaufäden versehenen Tuche, das aus weißer Wolle oder Seide bestand, mitunter auch mit goldnen Tressen geschmückt war. Die Wände der Synagoge waren ganz einförmig geweißt, und man sah dort keine andre Zierat als etwa das vergüldete Eisengütter um die viereckige Bühne, wo die Gesetzabschnitte verlesen werden, und die heilige Lade, ein kostbar gearbeiteter Kasten, scheinbar getragen von marmornen Säulen mit üppigen Kapitälern, deren Blumen- und Laubwerk gar lieblich emporrankte, und bedeckt mit einem Vorhang von kornblumblauem Sammet, worauf mit Goldflittern, Perlen und bunten Steinen eine fromme Inschrift gestickt war. Hier hing die silberne Gedächtnis-Ampel und erhob sich ebenfalls eine vergitterte Bühne, auf deren Geländer sich allerlei heilige Geräte befanden, unter andern der siebenarmige Tempel-Leuchter, und vor demselben, das Antlitz gegen die Lade, stand der Vorsänger, dessen Gesang instrumentenartig begleitet wurde von den Stimmen seiner beiden Gehülfen, des Bassisten und des Diskantsingers. Die Juden haben nämlich alle wirkliche Instrumentalmusik aus ihrer Kirche verbannt, wähnend, daß der Lobgesang Gottes erbaulicher aufsteige aus der warmen Menschenbrust als aus kalten Orgelpfeifen. Recht kindlich freute sich die schöne Sara, als jetzt der Vorsänger, ein trefflicher Tenor, seine Stimme erhob und die uralten, ernsten Melodien, die sie so gut kannte, in noch nie geahndeter junger Lieblichkeit aufblüheten, während der Bassist, zum Gegensatze, die tiefen, dunkeln Töne hineinbrummte, und in den Zwischenpausen der Diskantsänger fein und süß trillerte. Solchen Gesang hatte die schöne Sara in der Synagoge von Bacherach niemals gehört, denn der Gemeindevorsteher, David Levi, machte dort den Vorsänger, und wenn dieser schon bejahrte, zitternde Mann, mit seiner zerbröckelten, mekkernden Stimme wie ein junges Mädchen trillern wollte, und in solch gewaltsamer Anstrengung seinen schlaff herabhängenden Arm fieberhaft schüttelte, so reizte dergleichen wohl mehr zum Lachen als zur Andacht.

Ein frommes Behagen, gemischt mit weiblicher Neugier, zog die schöne Sara ans Gitter, wo sie hinabschauen konnte in die untere Abteilung, die sogenannte Männerschule. Sie hatte noch nie eine so große Anzahl Glaubensgenossen gesehen, wie sie da unten erblickte, und es ward ihr noch heimlich wohler ums Herz in der Mitte so vieler Menschen, die ihr so nahe verwandt durch gemeinschaftliche Abstammung, Denkweise und Leiden. Aber noch viel bewegter wurde die Seele des Weibes, als drei alte Männer ehrfurchtsvoll vor die heilige Lade traten, den glänzenden Vorhang an die Seite schoben, den Kasten aufschlossen und sorgsam jenes Buch herausnahmen, das Gott mit heilig eigner Hand geschrieben und für dessen Erhaltung die Juden so viel erduldet, so viel Elend und Haß, Schmach und Tod, ein tausendjähriges Martyrtum. Dieses Buch, eine große Pergamentrolle, war wie ein fürstliches Kind in einem buntgestickten Mäntelchen von rotem Sammet gehüllt; oben, auf den beiden Rollhölzern, staken zwei silberne Gehäuschen, worin allerlei Granaten und Glöckchen sich zierlich bewegten und klingelten, und vorn, an silbernen Kettchen, hingen goldne Schilde mit bunten Edelsteinen. Der Vorsänger nahm das Buch, und als sei es ein wirkliches Kind, ein Kind, um dessentwillen man große Schmerzen erlitten und das man nur desto mehr liebt, wiegte er es in seinen Armen, tänzelte damit hin und her, drückte es an seine Brust, und durchschauert von solcher Berührung, erhub er seine Stimme zu einem so jauchzend frommen Dankliede, daß es der schönen Sara bedünkte, als ob die Säulen der heiligen Lade zu blühen begönnen, und die wunderbaren Blumen und Blätter der Kapitäler immer höher hinaufwüchsen, und die Töne des Diskanten sich in lauter Nachtigallen verwandelten, und die Wölbung der Synagoge gesprengt würde von den gewaltigen Tönen des Bassisten, und die Freudigkeit Gottes herabströmte aus dem blauen Himmel. Das war ein schöner Psalm. Die Gemeinde wiederholte chorartig die Schlußverse, und nach der erhöhten Bühne in der Mitte der Synagoge schritt langsam der Vorsänger mit dem heiligen Buche, während Männer und Knaben sich hastig hinzudrängten um die Sammethülle desselben zu küssen oder auch nur zu berühren. Auf der erwähnten Bühne zog man von dem heiligen Buche das samtne Mäntelchen, so wie auch die mit bunten Buchstaben beschriebenen Windeln, womit es umwickelt war, und aus der geöffneten Pergamentrolle, in jenem singenden Tone, der am Paschafest noch gar besonders moduliert wird, las der Vorsänger die erbauliche Geschichte von der Versuchung Abrahams.

Die schöne Sara war bescheiden vom Gitter zurückgewichen, und eine breite, putzbeladene Frau von mittlerem Alter und gar gespreizt wohlwollendem Wesen, hatte ihr, mit stummen Nicken, die Miteinsicht in ihrem Gebetbuche vergönnt. Diese Frau mochte wohl keine große Schriftgelehrtin sein; denn als sie die Gebete murmelnd vor sich hinlas, wie die Weiber, da sie nicht laut mitsingen dürfen, zu tun pflegen, so bemerkte die schöne Sara, daß sie viele Worte allzusehr nach Gutdünken aussprach und manche gute Zeile ganz überschlupperte. Nach einer Weile aber hoben sich schmachtend langsam die wasserklaren Augen der guten Frau, ein flaches Lächeln glitt über das porzellanhaft rot und weiße Gesicht, und mit einem Tone, der so vornehm als möglich hinschmelzen wollte, sprach sie zur schönen Sara: „Er singt sehr gut. Aber ich habe doch in Holland noch viel besser singen hören. Sie sind fremd und wissen vielleicht nicht, daß es der Vorsänger aus Worms ist, und daß man ihn hier behalten will wenn er mit jährlichen vierhundert Gulden zufrieden. Es ist ein lieber Mann und seine Hände sind wie Alabaster. Ich halte viel von einer schönen Hand. Eine schöne Hand ziert den ganzen Menschen!" – Dabei legte die gute Frau selbstgefällig ihre Hand, die wirklich noch schön war, auf die Lehne des Betpultes, und mit einer graziösen Beugung des Hauptes andeutend, daß sie sich im Sprechen nicht gern unterbrechen lasse, setzte sie hinzu: „Das Singerchen ist noch ein Kind und sieht sehr abgezehrt aus. Der Baß ist gar zu häßlich und unser Stern hat mal sehr witzig gesagt: ‚Der Baß ist ein größerer Narr, als man von einem Baß zu verlangen braucht!' Alle drei speisen in meiner Garküche, und Sie wissen vielleicht nicht, daß ich Elle Schnapper bin."

Die schöne Sara dankte für diese Mitteilung, wogegen wieder die Schnapper-Elle ihr ausführlich erzählte, wie sie einst in Amsterdam gewesen, dort wegen ihrer Schönheit gar vielen Nachstellungen unterworfen war, und wie sie drei Tage vor Pfingsten nach Frankfurt gekommen und den Schnapper geheuratet, wie dieser am Ende gestorben, wie er auf dem Todbette die rührendsten Dinge gesprochen, und wie es schwer sei als Vorsteherin einer Garküche die Hände zu konservieren. Manchmal sah sie nach der Seite, mit wegwerfendem Blicke, der wahrscheinlich einigen spöttischen jungen Weibern galt, die ihren Anzug musterten. Merkwürdig genug war diese Kleidung: ein weitausgebauschter Rock von weißem Atlas, worin alle Tierarten der Arche Noäh grellfarbig gestickt, ein Wams von Goldstoff wie ein Küraß, die Ärmel von rotem Samt, gelb geschlitzt, auf dem Haupte eine unmenschlich hohe Mütze, um den Hals eine allmächtige Krause von weißem Steiflinnen, so wie auch eine silberne Kette, woran allerlei Schaupfennige, Kameen und Raritäten, unter andern ein großes Bild der Stadt Amsterdam, bis über den Busen herabhingen. Aber die Kleidung der übrigen Frauen war nicht minder merkwürdig und bestand wohl aus einem Gemische von Moden verschiedener Zeiten, und manches Weiblein, bedeckt mit Gold und Diamanten, glich einem wandelnden Juwelierladen. Es war freilich den Frankfurter Juden damals eine bestimmte Kleidung gesetzlich vorgeschrieben, und zur Unterscheidung von den Christen, sollten die Männer an ihren Mänteln gelbe Ringe und die Weiber an ihren Mützen hochaufstehende blaugestreifte Schleier tragen. Jedoch im Judenquartier wurde diese obrigkeitliche Verordnung wenig beachtet, und dort, besonders an Festtagen, und zumal in der Synagoge, suchten die Weiber so viel Kleiderpracht als möglich gegen einander auszukramen, teils um sich beneiden zu lassen, teils auch um den Wohlstand und die Kreditfähigkeit ihrer Eheherrn darzutun.

Während nun unten in der Synagoge die Gesetzabschnitte aus den Büchern Mosis vorgelesen werden, pflegt dort die Andacht etwas nachzulassen. Mancher macht es sich bequem und setzt sich nieder, flüstert auch wohl mit einem Nachbar über weltliche Angelegenheiten, oder geht hinaus auf den Hof, um frische Luft zu schöpfen. Kleine Knaben nehmen sich unterdessen die Freiheit ihre Mütter in der Weiberabteilung zu besuchen, und hier hat alsdann die Andacht wohl noch größere Rückschritte gemacht: hier wird geplaudert, geruddelt, gelacht, und, wie es überall geschieht, die jüngeren Frauen scherzen über die alten, und diese klagen wieder über Leichtfertigkeit der Jugend und Verschlechterung der Zeiten. Gleichwie es aber unten in der Synagoge zu Frankfurt einen Vorsänger gab, so gab es in der obern Abteilung eine Vorklatscherin. Das war Hündchen Reiß, eine platte grünliche Frau, die jedes

Unglück witterte und immer eine skandalose Geschichte auf der Zunge trug. Die gewöhnliche Zielscheibe ihrer Spitzreden war die arme Schnapper-Elle, sie wußte gar drollig die erzwungen vornehmen Gebärden derselben nachzuäffen, so wie auch den schmachtenden Anstand womit sie die schalkhaften Huldigungen der Jugend entgegennimmt.

„Wißt ihr wohl" – rief jetzt Hündchen Reiß – „die Schnapper-Elle hat gestern gesagt: 'Wenn ich nicht schön und klug und geliebt wäre, so möchte ich nicht auf der Welt sein!"

Da wurde etwas laut gekichert, und die nahestehende Schnapper-Elle, merkend, daß es auf ihre Kosten geschah, hob verachtungsvoll ihr Auge empor, und wie ein stolzes Prachtschiff segelte sie nach einem entfernteren Platze. Die Vögele Ochs, eine runde, etwas täppische Frau, bemerkte mitleidig: die Schnapper-Elle sei zwar eitel und beschränkt, aber sehr bravmütig, und sie tue sehr viel Gutes an Leuten die es nötig hätten.

„Besonders an den Nasenstern" – zischte Hündchen Reiß. Und alle die das zarte Verhältnis kannten, lachten um so lauter.

„Wißt ihr wohl" – setzte Hündchen hämisch hinzu – „der Nasenstern schläft jetzt auch im Hause der Schnapper-Elle … Aber seht mal, dort unten die Süschen Flörsheim trägt die Halskette die Daniel Fläsch bei ihrem Manne versetzt hat. Der Fläsch ärgert sich ... Jetzt spricht sie mit der Flörsheim … Wie sie sich so freundlich die Hand drücken! Und hassen sich doch wie Midian und Moab! Wie sie sich so liebevoll anlächeln! Freßt euch nur nicht vor lauter Zärtlichkeit! Ich will mir das Gespräch anhören."

Und nun, gleich einem lauernden Tiere, schlich Hündchen Reiß hinzu und hörte, daß die beiden Frauen teilnehmend einander klagten, wie sehr sie sich verflossene Woche abgearbeitet, um in ihren Häusern aufzuräumen und das Küchengeschirr zu scheuern, was vor dem Paschafeste geschehen muß, damit kein einziges Brosämchen der gesäuerten Bröte daran kleben bleibe. Auch von der Mühseligkeit beim Backen der ungesäuerten Bröte sprachen die beiden Frauen. Die Fläsch hatte noch besondere Beklagnisse: im Backhause der Gemeinde mußte sie viel Ärger erleiden, nach der Entscheidung des Loses konnte sie dort erst in den letzten Tagen, am Vorabend des Festes, und erst spät nachmittags zum Backen gelangen, die alte Hanne hatte den Teig schlecht geknetet, die Mägde rollten mit ihren Wergelhölzern den Teig viel zu dünn, die Hälfte der Bröte verbrannte im Ofen, und außerdem regnete es so stark, daß es durch das bretterne Dach des Backhauses beständig tröpfelte, und sie mußten sich dort, naß und müde, bis tief in die Nacht abarbeiten.

„Und daran, liebe Flörsheim" – setzte die Fläsch hinzu mit einer schonenden Freundlichkeit, die keineswegs echt war – „daran waren Sie auch ein bißchen schuld, weil Sie mir nicht Ihre Leute zur Hülfleistung beim Backen geschickt haben."

„Ach, Verzeihung" – erwiderte die andere – „meine Leute waren zu sehr beschäftigt, die Meßwaren müssen verpackt werden, wir haben jetzt so viel zu tun, mein Mann ..."

„Ich weiß" – fiel ihr die Fläsch mit schneidend hastigem Tone in die Rede – „ich weiß, ihr habt viel zu tun, viel Pfänder und gute Geschäfte, und Halsketten ..."

Eben wollte ein giftiges Wort den Lippen der Sprecherin entgleiten und die Flörsheim war schon rot wie ein Krebs, als plötzlich Hündchen Reiß laut aufkreischte: „Um Gotteswillen, die fremde Frau liegt und stirbt ... Wasser! Wasser!"

Die schöne Sara lag in Ohnmacht, blaß wie der Tod, und um sie herum drängte sich ein Schwarm von Weibern, geschäftig und jammernd. Die eine hielt ihr den Kopf, eine zweite hielt ihr den Arm; einige alte Frauen bespritzten sie mit den Wassergläschen, die hinter ihren Betpulten hängen, zum Behufe des Händewaschens, im Fall sie zufällig ihren eignen Leib berührten; andre hielten unter die Nase der Ohnmächtigen eine alte Zitrone, die, mit Gewürznägelchen durchstochen, noch vom letzten Fasttage herrührte, wo sie zum nervenstärkenden Anriechen diente. Ermattet und tief seufzend schlug endlich die schöne Sara die Augen auf, und mit stummen Blicken dankte sie für die gütige Sorgfalt. Doch jetzt ward unten das Achtzehn-Gebet, welches niemand versäumen darf, feierlich angestimmt, und die geschäftigen Weiber eilten zurück nach ihren Plätzen, und verrichteten jenes Gebet, wie es geschehen muß, stehend und das Gesicht gewendet gegen Morgen, welches die Himmelsgegend wo Jerusalem liegt. Vögele Ochs, Schnapper-Elle und Hündchen Reiß verweilten am längsten bei der schönen Sara; die beiden ersteren indem sie ihr eifrigst ihre Dienste anboten, die letztere, nachdem sie sich nochmals bei ihr erkundigte: weshalb sie so plötzlich ohnmächtig geworden?

Die Ohnmacht der schönen Sara hatte aber eine ganz besondere Ursache. Es ist nämlich Gebrauch in der Synagoge, daß jemand, welcher einer großen Gefahr entronnen, nach der Verlesung der Gesetzabschnitte, öffentlich hervortritt und der göttlichen Vorsicht für seine Rettung dankt. Als nun Rabbi Abraham zu solcher Danksagung unten in der Synagoge sich erhob, und die schöne Sara die Stimme ihres Mannes erkannte, merkte sie wie der Ton derselben allmählig in das trübe Gemurmel des Totengebets überging, sie hörte die Namen ihrer Lieben und Verwandten, und zwar begleitet von jenem segnenden Beiwort, das man den Verstorbenen erteilt: und die letzte Hoffnung schwand aus der Seele der schönen Sara, und ihre Seele ward zerrissen von der Gewißheit, daß ihre Lieben und Verwandte wirklich ermordet worden, daß ihre kleine Nichte tot sei, daß auch ihre Bäschen, Blümchen und Vögelchen, tot seien, auch der kleine Gottschalk tot sei, alle ermordet und tot! Von dem Schmerze dieses Bewußtseins wäre sie schier selber gestorben, hätte sich nicht eine wohltätige Ohnmacht über ihre Sinne ergossen.

Drittes Kapitel

Als die schöne Sara, nach beendigtem Gottesdienste, in den Hof der Synagoge hinabstieg, stand dort der Rabbi, harrend seines Weibes. Er nickte ihr mit heiterem Antlitz und geleitete sie hinaus auf die Straße, wo die frühere Stille ganz verschwunden und ein lärmiges Menschengewimmel zu schauen war. Bärtige Schwarzröcke, wie Ameisenhaufen; Weiber, glanzreich hinflatternd, wie Goldkäfer; neugekleidete Knaben, die den Alten die Gebetbücher nachtrugen; junge Mädchen, die, weil sie nicht in die Synagoge gehen dürfen, jetzt aus den Häusern ihren Eltern entgegen hüpfen, vor ihnen die Lockenköpfchen beugen, um den Segen zu empfangen: alle heiter und freudig, und die Gasse auf und ab spazierend, im seligen Vorgefühl eines guten Mittagmahls, dessen lieblicher Duft schon mundwässernd hervorstieg aus den schwarzen, mit Kreide bezeichneten Töpfen, die eben von den lachenden Mägden aus dem großen Gemeinde-Ofen geholt worden.

In diesem Gewirre war besonders bemerkbar die Gestalt eines spanischen Ritters, auf dessen jugendlichen Gesichtszügen jene reizende Blässe lag, welche die Frauen gewöhnlich einer unglücklichen Liebe, die Männer hingegen einer glücklichen zuschreiben. Sein Gang, obschon gleichgültig hinschlendernd, hatte dennoch eine etwas gesuchte Zierlichkeit; die Federn seines Barettes bewegten sich mehr durch das vornehme Wiegen des Hauptes, als durch das Wehen des Windes; mehr als eben notwendig klirrten seine goldenen Sporen und das Wehrgehänge seines Schwertes, welches er im Arme zu tragen schien, und dessen Griff kostbar hervorblitzte aus dem weißen Reutermantel, der seine schlanken Glieder scheinbar nachlässig umhüllte und dennoch den sorgfältigsten Faltenwurf verriet. Hin und wieder, teils mit Neugier, teils mit Kennermiene nahte er sich den vorüberwandelnden Frauenzimmern, sah ihnen seelenruhig fest ins Antlitz, verweilte bei solchem Anschaun wenn die Gesichter der Mühe lohnten, sagte auch manchem liebenswürdigen Kinde einige rasche Schmeichelworte, und schritt sorglos weiter ohne die Wirkung zu erwarten. Die schöne Sara hatte er schon mehrmals umkreist, jedesmal wieder zurückgescheucht von dem gebietenden Blick derselben oder auch von der rätselhaft lächelnden Miene ihres Mannes, aber endlich, in stolzem Abstreifen aller scheuen Befangenheit, trat er beiden keck in den Weg, und mit stutzerhafter Sicherheit und süßlich galantem Tone hielt er folgende Anrede:

„Sennora, ich schwöre! Hört, Sennora, ich schwöre! Bei den Rosen beider Kastilien, bei den arragonesischen Hyazinthen und andalusischen Granatblüten! Bei der Sonne die ganz Spanien mit all seinen Blumen, Zwiebeln, Erbsensuppen, Wäldern, Bergen, Mauleseln, Ziegenböcken und Alt-Christen beleuchtet! Bei der Himmelsdecke, woran diese Sonne nur ein goldner Quast ist! Und bei dem Gott, der auf der Himmelsdecke sitzt, und Tag und Nacht über neue Bildungen holdseliger Frauengestalten nachsinnt ... Ich schwöre, Sennora, Ihr seid das schönste Weib, das ich in deutschen Landen gesehen habe, und so Ihr gewillet seid meine Dienste anzunehmen, so bitte ich Euch um die Gunst, Huld und Erlaubnis mich Euren Ritter nennen zu dürfen, und in Schimpf und Ernst Eure Farben zu tragen!“

Ein errötender Schmerz glitt über das Antlitz der schönen Sara, und mit einem Blicke, der um so schneidender wirkt, je sanfter die Augen sind die ihn versenden, und mit einem Tone, der um so vernichtender je bebend weicher die Stimme, antwortete die tief gekränkte Frau:

„Edler Herr! Wenn Ihr mein Ritter sein wollt, so müßt Ihr gegen ganze Völker kämpfen, und in diesem Kampfe gibt es wenig Dank und noch weniger Ehre zu gewinnen! Und wenn Ihr gar meine Farben tragen wollt, so müßt Ihr gelbe Ringe auf Euren Mantel nähen oder eine blaugestreifte Schärpe umbinden: denn dieses sind meine Farben, die Farben meines Hauses, des Hauses welches Israel heißt, und sehr elend ist, und auf den Gassen verspottet wird von den Söhnen des Glücks!"

Plötzliche Purpurröte bedeckte die Wangen des Spaniers, eine unendliche Verlegenheit arbeitete in allen seinen Zügen und fast stotternd sprach er:

„Sennora ... Ihr habt mich mißverstanden ... unschuldiger Scherz ... aber, bei Gott, kein Spott, kein Spott über Israel ... Ich stamme selber aus dem Hause Israel ... mein Großvater war ein Jude, vielleicht sogar mein Vater ..."

„Und ganz sicher, Sennor, ist Eur Oheim ein Jude" – fiel ihm der Rabbi, der dieser Szene ruhig zugesehen, plötzlich in die Rede, und mit einem fröhlich neckenden Blicke setzte er hinzu: – „und ich will mich selbst dafür verbürgen, daß Don Isaak Abarbanel, Neffe des großen Rabbi, dem besten Blute Israels entsprossen ist, wo nicht gar dem königlichen Geschlechte Davids!"

Da klirrte das Schwertgehänge unter dem Mantel des Spaniers, seine Wangen erblichen wieder bis zur fahlsten Blässe, auf seiner Oberlippe zuckte es wie Hohn der mit dem Schmerze ringt, aus seinen Augen grinste der zornigste Tod, und in einem ganz verwandelten, eiskalten, scharfgehackten Tone, sprach er:

„Sennor Rabbi! Ihr kennt mich. Nun wohlan, so wißt Ihr auch wer ich bin. Und weiß der Fuchs, daß ich der Brut des Löwen angehöre, so wird er sich hüten, und seinen Fuchsbart nicht in Lebensgefahr bringen und meinen Zorn nicht reizen! Wie will der Fuchs den Löwen richten? Nur wer wie der Löwe fühlt, kann seine Schwächen begreifen ..."

„O, ich begreife es wohl" – antwortete der Rabbi und wehmütiger Ernst zog über seine Stirne – „ich begreife es wohl, wie der stolze Leu aus Stolz seinen fürstlichen Pelz abwirft und sich in den bunten Schuppenpanzer des Krokodils verkappt, weil es Mode ist ein greinendes, schlaues, gefräßiges Krokodil zu sein! Was sollen erst die geringeren Tiere beginnen, wenn sich der Löwe verleugnet? Aber hüte dich, Don Isaak, du bist nicht geschaffen für das Element des Krokodils. Das Wasser – (du weißt wohl wovon ich rede) – ist dein Unglück, und du wirst untergehen. Nicht im Wasser ist dein Reich; die schwächste Forelle kann besser darin gedeihen als der König des Waldes. Weißt du noch, wie dich die Strudel des Tago verschlingen wollten ...“

In ein lautes Gelächter ausbrechend, fiel Don Isaak plötzlich dem Rabbi um den Hals, verschloß seinen Mund mit Küssen, sprang sporenklirrend vor Freude in die Höhe, daß die vorbeigehenden Juden zurückschraken, und in seinem natürlich herzlich heiteren Tone rief er:

„Wahrhaftig, du bist Abraham von Bacherach! Und es war ein guter Witz und obendrein ein Freundschaftsstück, als du zu Toledo von der Alkantara-Brücke ins Wasser sprangest und deinen Freund, der besser trinken als schwimmen konnte, beim Schopf faßtest und aufs Trockene zogest! Ich war nahe dran, recht gründliche Untersuchungen anzustellen: ob auf dem Grunde des Tago wirklich Goldkörner zu finden, und ob ihn mit Recht die Römer den goldenen Fluß genannt haben? Ich sage dir, ich erkälte mich noch heute durch die bloße Erinnerung an jene Wasserpartie.“

Bei diesen Worten gebärdete sich der Spanier, als wollte er anhängende Wassertropfen von sich abschütteln. Das Antlitz des Rabbi aber war gänzlich aufgeheitert. Er drückte seinem Freunde wiederholentlich die Hand und jedesmal sagte er: „Ich freue mich!“

„Und ich freue mich ebenfalls“ – sprach der andre – „wir haben uns seit sieben Jahren nicht gesehen; bei unserem Abschied war ich noch ein ganz junger Gelbschnabel, und du, du warst schon so gesetzt und ernsthaft ... Was ward aber aus der schönen Donna, die dir damals so viele Seufzer kostete, wohlgereimte Seufzer, die du mit Lautenklang begleitet hast ...“

„Still, still! die Donna hört uns, sie ist mein Weib, und du selbst hast ihr heute eine Probe deines Geschmackes und Dichtertalentes dargebracht.“

Nicht ohne Nachwirkung der früheren Verlegenheit, begrüßte der Spanier die schöne Frau, welche mit anmutiger Güte jetzt bedauerte, daß sie durch Äußerungen des Unmuts einen Freund ihres Mannes betrübt habe.

„Ach, Sennora“ – antwortete Don Isaak – „wer mit täppischer Hand nach einer Rose griff, darf sich nicht beklagen, daß ihn die Dornen verletzten! Wenn der Abendstern sich im blauen Strome goldfunkelnd abspiegelt ...“

„Ich bitte dich um Gotteswillen“ – unterbrach ihn der Rabbi – „hör auf ... Wenn wir so lange warten sollen bis der Abendstern sich im blauen Strome goldfunkelnd abspiegelt, so verhungert meine Frau; sie hat seit gestern nichts gegessen und seitdem viel Ungemach und Mühsal erlitten."

„Nun, so will ich Euch nach der besten Garküche Israels führen" – rief Don Isaak – „nach dem Hause meiner Freundin Schnapper-Elle, das hier in der Nähe. Schon rieche ich ihren holden Duft, nämlich der Garküche. O wüßtest du, Abraham, wie dieser Duft mich anspricht! Er ist es, der mich, seit ich in dieser Stadt verweile, so oft hinlockt nach den Zelten Jakobs. Der Verkehr mit dem Volke Gottes ist sonst nicht meine Liebhaberei, und wahrlich nicht um hier zu beten, sondern um zu essen besuche ich die Judengasse ..."

„Du hast uns nie geliebt, Don Isaak ..."

„Ja" – fuhr der Spanier fort – „ich liebe Eure Küche weit mehr als Euren Glauben; es fehlt ihm die rechte Sauce. Euch selber habe ich nie ordentlich verdauen können. Selbst in Euren besten Zeiten, selbst unter der Regierung meines Ahnherrn Davids, welcher König war über Juda und Israel, hätte ich es nicht unter Euch aushalten können, und ich wäre gewiß eines frühen Morgens aus der Burg Sion entsprungen und nach Phönizien emigriert, oder nach Babylon, wo die Lebenslust schäumte im Tempel der Götter ..."

„Du lästerst, Isaak, den einzigen Gott" – murmelte finster der Rabbi – „du bist weit schlimmer als ein Christ, du bist ein Heide, ein Götzendiener ..."

„Ja, ich bin ein Heide, und eben so zuwider wie die dürren, freudlosen Hebräer sind mir die trüben, qualsüchtigen Nazarener. Unsre liebe Frau von Sidon, die heilige Astarte, mag es mir verzeihen, daß ich vor der schmerzenreichen Mutter des Gekreuzigten niederknie und bete ... Nur mein Knie und meine Zunge huldigt dem Tode, mein Herz blieb treu dem Leben! ..."

„Aber schau nicht so sauer" – fuhr der Spanier fort in seiner Rede, als er sah wie wenig dieselbe den Rabbi zu erbauen schien – „schau mich nicht an mit Abscheu. Meine Nase ist nicht abtrünnig geworden. Als mich einst der Zufall um Mittagzeit in diese Straße führte, und aus den Küchen der Juden mir die wohlbekannten Düfte in die Nase stiegen: da erfaßte mich jene Sehnsucht, die unsere Väter empfanden, als sie zurückdachten an die Fleischtöpfe Ägyptens; wohlschmeckende Jugenderinnerungen stiegen in mir auf; ich sah wieder im Geiste die Karpfen mit brauner Rosinensauce, die meine Tante für den Freitagabend so erbaulich zu bereiten wußte; ich sah wieder das gedämpfte Hammelfleisch mit Knoblauch und Mairettig, womit man die Toten erwecken kann, und die Suppe mit schwärmerisch schwimmenden Klößchen ... und meine Seele schmolz, wie die Töne einer verliebten Nachtigall, und seitdem esse ich in der Garküche meiner Freundin Donna Schnapper-Elle!"

Diese Garküche hatte man unterdessen erreicht; Schnapper-Elle selbst stand an der Türe ihres Hauses, die Meßfremden, die sich hungrig hineindrängten, freundlich begrüßend. Hinter ihr, den Kopf über ihre Schulter hinauslehnend, stand der lange Nasenstern und musterte neugierig ängstlich die Ankömmlinge. Mit übertriebener Grandezza nahte sich Don Isaak unserer Gastwirtin, die seine schalkhaft tiefen Verbeugungen mit unendlichen Knicksen erwiderte; drauf zog er den Handschuh ab von seiner rechten Hand, umwickelte sie mit dem Zipfel seines Mantels, ergriff damit die Hand der Schnapper-Elle, strich sie langsam über die Haare seines Stutzbartes und sprach:

„Sennora! Eure Augen wetteifern mit den Gluten der Sonne! Aber obgleich die Eier, je länger sie gekocht werden, sich desto mehr verhärten, so wird dennoch mein Herz nur um so weicher je länger es von den Flammenstrahlen Eurer Augen gekocht wird! Aus der Dotter meines Herzens flattert hervor der geflügelte Gott Amur und sucht ein trauliches Nestchen in Eurem Busen ... Diesen Busen, Sennora, womit soll ich ihn vergleichen? Es gibt in der weiten Schöpfung keine Blume, keine Frucht, die ihm ähnlich wäre! Dieses Gewächs ist einzig in seiner Art. Obgleich der Sturm die zartesten Röslein entblättert, so ist doch Eur Busen eine Winterrose, die allen Winden trotzt! Obgleich die saure Zitrone, je mehr sie altert, nur desto gelber und runzlichter wird, so wetteifert dennoch Eur Busen mit der Farbe und Zartheit der süßesten Ananas! O Sennora, ist auch die Stadt Amsterdam so schön, wie Ihr mir gestern und vorgestern und alle Tage erzählt habt, so ist doch der Boden, worauf sie ruht, noch tausendmal schöner ..."

Der Ritter sprach diese letztern Worte mit erheuchelter Befangenheit und schielte schmachtend nach dem großen Bilde, das an Schnapper-Elles Halse hing; der Nasenstern schaute von oben herab mit suchenden Augen, und der belobte Busen setzte sich in eine so wogende Bewegung, daß die Stadt Amsterdam hin und her wackelte.

„Ach!“ – seufzte die Schnapper-Elle – „Tugend ist mehr wert als Schönheit. Was nützt mir die Schönheit? Meine Jugend geht vorüber, und seit Schnapper tot ist – er hat wenigstens schöne Hände gehabt – was hilft mir da die Schönheit?“

Und dabei seufzte sie wieder, und wie ein Echo, fast unhörbar, seufzte hinter ihr der Nasenstern.

„Was Euch die Schönheit nützt“ – rief Don Isaak – „O, Donna Schnapper-Elle, versündigt Euch nicht an der Güte der schaffenden Natur! Schmäht nicht ihre holdesten Gaben! Sie würde sich furchtbar rächen. Diese beseligenden Augen würden blöde verglasen, diese anmutigen Lippen würden sich bis ins Abgeschmackte verplatten, dieser keusche, liebesuchende Leib würde sich in eine schwerfällige Talgtonne verwandeln, die Stadt Amsterdam würde auf einen muffigen Morast zu ruhen kommen –„

Und so schilderte er Stück vor Stück das jetzige Aussehn der Schnapper-Elle, so daß der armen Frau sonderbar beängstigend zu Mute ward, und sie den unheimlichen Reden des Ritters zu entrinnen suchte. In diesem Augenblicke war sie doppelt froh, als sie der schönen Sara ansichtig ward und sich angelegentlichst erkundigen konnte, ob sie ganz von ihrer Ohnmacht genesen. Sie stürzte sich dabei in ein lebhaftes Gespräch, worin sie alle ihre falsche Vornehmtuerei und echte Herzensgüte entwickelte, und mit mehr Weitläuftigkeit als Klugheit die fatale Geschichte erzählte, wie sie selbst vor Schrecken fast in Ohnmacht gefallen wäre, als sie wildfremd mit der Trekschuite zu Amsterdam ankam, und der spitzbübische Träger ihres Koffers sie nicht in ein ehrbares Wirtshaus, sondern in ein freches Frauenhaus brachte, was sie bald gemerkt an dem vielen Brannteweingesöffe und den unsittlichen Zumutungen ... und sie wäre, wie gesagt, wirklich in Ohnmacht gefallen, wenn sie es, während den sechs Wochen, die sie in jenem verfänglichen Hause zubrachte, nur einen Augenblick wagen durfte die Augen zu schließen ...

„Meiner Tugend wegen“ – setzte sie hinzu – „durfte ich es nicht wagen. Und das alles passierte mir wegen meiner Schönheit! Aber Schönheit vergeht und Tugend besteht.“

Don Isaak war schon im Begriff die Einzelheiten dieser Geschichte kritisch zu beleuchten, als glücklicherweise der scheele Aaron Hirschkuh, von Homburg an der Lahn, mit der weißen Serviette im Maule, aus dem Hause hervorkam, und ärgerlich klagte, daß schon längst die Suppe aufgetragen sei und die Gäste zu Tische säßen und die Wirtin fehle.

(Der Schluß und die folgenden Kapitel sind, ohne Verschulden des Autors, verloren gegangen.)

IV. Die Freiheit im Exil: Paris

„Fragt Sie jemand, wie ich mich hier befinde, so sagen Sie: Wie ein Fisch im Wasser“

Aus: Geständnisse

Den 1. Mai 1831 fuhr ich über den Rhein. Den alten Flußgott, den Vater Rhein, sah ich nicht, und ich begnügte mich, ihm meine Visitenkarte ins Wasser zu werfen. Er saß, wie man mir sagte, in der Tiefe und studierte wieder die französische Grammatik von Meidinger, weil er nämlich während der preußischen Herrschaft große Rückschritte im Französischen gemacht hatte, und sich jetzt eventualiter aufs neue einüben wollte. Ich glaubte, ihn unten konjugieren zu hören: j'aime, tu aimes, il aime, nous aimons – Was liebt er aber? In keinem Fall die Preußen. Den Straßburger Münster sah ich nur von fern; er wackelte mit dem Kopfe, wie der alte getreue Eckart, wenn er einen jungen Fant erblickt, der nach dem Venusberge zieht.

Zu Saint-Denis erwachte ich aus einem süßen Morgenschlafe, und hörte zum ersten Male den Ruf der Coucouführer: Paris! Paris! sowie auch das Schellengeklingel der Coco-Verkäufer. Hier atmet man schon die Luft der Hauptstadt, die am Horizonte bereits sichtbar. Ein alter Schelm von Lohnbedienter wollte mich bereden, die Königsgräber zu besuchen, aber ich war nicht nach Frankreich gekommen, um tote Könige zu sehen; ich begnügte mich damit, mir von jenem Cicerone die Legende des Ortes erzählen zu lassen, wie nämlich der böse Heidenkönig dem Heiligen Denis den Kopf abschlagen ließ, und dieser mit dem Kopf in der Hand von Paris nach Saint-Denis lief, um sich dort begraben und den Ort nach seinem Namen nennen zu lassen. Wenn man die Entfernung bedenke, sagte mein Erzähler, müsse man über das Wunder staunen, daß jemand so weit zu Fuß ohne Kopf gehen konnte – doch setzte er mit einem sonderbaren Lächeln hinzu: dans des cas pareils, il n'y a que le premier pas qui coute. Das war zwei Franken wert, und ich gab sie ihm, pour l'amour de Voltaire. In zwanzig Minuten war ich in Paris, und zog ein durch die Triumphpforte des Boulevard Saint-Denis, die ursprünglich zu Ehren Ludwigs XIV. errichtet worden, jetzt aber zur Verherrlichung meines Einzugs in Paris diente. Wahrhaft überraschte mich die Menge von geputzten Leuten, die sehr geschmackvoll gekleidet waren wie Bilder eines Modejournals. Dann imponierte mir, daß sie alle französisch sprachen, was bei uns ein Kennzeichen der vornehmen Welt; hier ist also das ganze Volk so vornehm wie bei uns der Adel. Die Männer waren alle so höflich, und die schönen Frauen so lächelnd. Gab mir jemand unversehens einen Stoß, ohne gleich um Verzeihung zu bitten, so konnte ich darauf wetten, daß es ein Landsmann war; und wenn irgendeine Schöne etwas allzu säuerlich aussah, so hatte sie entweder Sauerkraut gegessen, oder sie konnte Klopstock im Original lesen. Ich fand alles so amüsant, und der Himmel war so blau und die Luft so liebenswürdig, so generös, und dabei flimmerten noch hie und da die Lichter der Julisonne; die Wangen der schönen Lutetia waren noch rot von den Flammenküssen dieser Sonne, und an ihrer Brust war noch nicht ganz verwelkt der bräutliche Blumenstrauß. An den Straßenecken waren freilich hie und da die liberté, égalité, fraternité schon wieder abgewischt. Ich besuchte sogleich die Restaurants, denen ich empfohlen war; diese Speisewirte versicherten mir, daß sie mich auch ohne Empfehlungsschreiben gut aufgenommen hätten, da ich ein so honettes und distinguiertes Äußere besäße, das sich von selbst empfehle. Nie hat mir ein deutscher Garkoch dergleichen gesagt, wenn er auch ebenso dachte; so ein Flegel meint, er müsse uns das Angenehme verschweigen, und seine deutsche Offenheit verpflichte ihn, nur widerwärtige Dinge uns ins Gesicht zu sagen. In den Sitten und sogar in der Sprache der Franzosen ist so viel köstliche Schmeichelei, die so wenig kostet, und doch so wohltätig und erquickend. Meine Seele, die arme Sensitive, welche die Scheu vor vaterländischer Grobheit so sehr zusammengezogen hatte, erschloß sich wieder jenen schmeichlerischen Lauten der französischen Urbanität. Gott hat uns die Zunge gegeben, damit wir unsern Mitmenschen etwas Angenehmes sagen.

Aus: Ludwig Börne

„Betrachten Sie diese Gasse", sprach er seufzend, „und rühmen Sie mir alsdann das Mittelalter! Die Menschen sind tot, die hier gelebt und geweint haben, und können nicht widersprechen, wenn unsere verrückten Poeten und noch verrücktern Historiker, wenn Narren und Schälke von der alten Herrlichkeit ihre Entzückungen drucken lassen; aber wo die toten Menschen schweigen, da sprechen desto lauter die lebendigen Steine."

In der Tat, die Häuser jener Straße sahen mich an, als wollten sie mir betrübsame Geschichten erzählen, Geschichten, die man wohl weiß, aber nicht wissen will, oder lieber vergäße, als daß man sie ins Gedächtnis zurückriefe. So erinnere ich mich noch eines giebelhohen Hauses, dessen Kohlenschwärze um so greller hervorstach, da unter den Fenstern eine Reihe kreideweißer Talglichter hingen; der Eingang, zur Hälfte mit rostigen Eisenstangen vergittert, führte in eine dunkle Höhle, wo die Feuchtigkeit von den Wänden herabzurieseln schien, und aus dem Innern tönte ein höchst sonderbarer, näselnder Gesang. Die gebrochene Stimme schien die eines alten Mannes, und die Melodie wiegte sich in den sanftesten Klagelauten, die allmählig bis zum entsetzlichsten Zorne anschwollen. Was ist das für ein Lied? frug ich meinen Begleiter. „Es ist ein gutes Lied", antwortete dieser mit einem mürrischen Lachen, „ein lyrisches Meisterstück, das im diesjährigen Musenalmanach schwerlich seines Gleichen findet ... Sie kennen es vielleicht in der deutschen Übersetzung: wir saßen an den Flüssen Babels, unsere Harfen hingen an den Trauerweiden usw. Ein Prachtgedicht! und der alte Rabbi Chayim singt es sehr gut mit seiner zittrigen, abgemergelten Stimme; die Sontag sänge es vielleicht mit größerem Wohllaut, aber nicht mit so viel Ausdruck, mit so viel Gefühl ... Denn der alte Mann haßt noch immer die Babylonier und weint noch täglich über den Untergang Jerusalems durch Nebukadnezar ... Dieses Unglück kann er gar nicht vergessen, obgleich so viel Neues seitdem passiert ist, und noch jüngst der zweite Tempel durch Titus, den Bösewicht, zerstört worden. Ich muß Ihnen nämlich bemerken, der alte Rabbi Chayim betrachtet den Titus keineswegs als ein delicium generis humani, er hält ihn für einen Bösewicht, den auch die Rache Gottes erreicht hat ... Es ist ihm nämlich eine kleine Mücke in die Nase geflogen, die, allmählig wachsend, mit ihren Klauen in seinem Gehirn herumwühlte und ihm so grenzenlose Schmerzen verursachte, daß er nur dann einige Erholung empfand, wenn in seiner Nähe einige hundert Schmiede auf ihre Ambosse loshämmerten. Das ist sehr merkwürdig, daß alle Feinde der Kinder Israel ein so schlechtes Ende nehmen. Wie es dem Nebukadnezar gegangen ist, wissen Sie, er ist in seinen alten Tagen ein Ochs geworden und hat Gras essen müssen. Sehen Sie den persischen Staatsminister Haman, ward er nicht am Ende gehenkt zu Susa, in der Hauptstadt? Und Antiochus, der König von Syrien, ist er nicht bei lebendigem Leibe verfault, durch die Läusesucht? Die spätern Bösewichter, die Judenfeinde, sollten sich in Acht nehmen … Aber was hilfts, es schreckt sie nicht ab, das furchtbare Beispiel, und dieser Tage habe ich wieder eine Broschüre gegen die Juden gelesen, von einem Professor der Philosophie, der sich Magis amica nennt. Er wird einst Gras essen, ein Ochs ist er schon von Natur, vielleicht gar wird er mal gehenkt, wenn er die Sultanin Favorite des Königs von Flachsenfingen beleidigt, und Läuse hat er gewiß auch schon wie der Antiochus. Am liebsten wär mirs, er ginge zur See und machte Schiffbruch an der nordafrikanischen Küste. Ich habe nämlich jüngst gelesen, daß die Mahometaner, die dort wohnen, sich durch ihre Religion berechtigt glauben, alle Christen, die bei ihnen Schiffbruch leiden und in ihre Hände fallen, als Sklaven zu behandeln. Sie verteilen unter sich diese Unglücklichen und benutzen jeden derselben nach seinen Fähigkeiten. So hat nun jüngst ein Engländer, der jene Küsten bereiste, dort einen deutschen Gelehrten gefunden, der Schiffbruch gelitten und Sklave geworden, aber zu gar nichts anderem zu gebrauchen war, als daß man ihm Eier zum Ausbrüten unterlegte; er gehörte nämlich zur theologischen Fakultät. Ich wünsche nun, der Doktor Magis amica käme in eine solche Lage; wenn er auf seinen Eiern drei Wochen unaufstehlich sitzen müßte (sind es Enteneier, sogar vier Wochen), so kämen ihm gewiß allerlei Gedanken in den Sinn, die ihm bisher nie eingefallen, und ich wette, er verwünscht den Glaubensfanatismus, der in Europa die Juden und in Afrika die Christen herabwürdigt und sogar einen Doktor der Theologie bis zur Bruthenne entmenscht … Die Hühner, die er ausgebrütet, werden sehr tolerant schmecken, besonders wenn man sie mit einer Sauce à la Marengo verzehrt."

Als wir denselben Abend wieder durch die Judengasse gingen, und das Gespräch über die Insassen derselben wieder anknüpften, sprudelte die

Quelle des Börneschen Geistes um so heiterer, da auch jene Straße, die am Tage einen düsteren Anblick gewährte, jetzt aufs fröhlichste illuminiert war, und die Kinder Israel an jenem Abend, wie mir mein Cicerone erklärte, ihr lustiges Lampenfest feierten. Dieses ist einst gestiftet worden zum ewigen Andenken an den Sieg, den die Makkabäer über den König von Syrien so heldenmäßig erfochten haben.

„Sehen Sie", sagte Börne, „das ist der 18te Oktober der Juden, nur daß dieser makkabäische 18te Oktober mehr als zwei Jahrtausende alt ist, und noch immer gefeiert wird, statt daß der Leipziger 18te Oktober noch nicht das fünfzehnte Jahr erreicht hat, und bereits in Vergessenheit geraten. Die Deutschen sollten bei der alten Madame Rothschild in die Schule gehen, um Patriotismus zu lernen. Sehen Sie hier, in diesem kleinen Hause wohnt die alte Frau, die Lätizia, die so viele Finanzbonaparten geboren hat, die große Mutter aller Anleihen, die aber trotz der Weltherrschaft ihrer königlichen Söhne noch immer ihr kleines Stammschlößchen in der Judengasse nicht verlassen will, und heute wegen des großen Freudenfestes ihre Fenster mit weißen Vorhängen geziert hat. Wie vergnügt funkeln die Lämpchen, die sie mit eigenen Händen anzündete, um jenen Siegestag zu feiern, wo Judas Makkabäus und seine Brüder eben so tapfer und heldenmütig das Vaterland befreiten, wie in unsern Tagen Friedrich Wilhelm, Alexander und Franz II. Wenn die gute Frau diese Lämpchen betrachtet, treten ihr die Tränen in die alten Augen, und sie erinnert sich mit wehmütiger Wonne jener jüngeren Zeit, wo der selige Meyer Amschel Rothschild, ihr teurer Gatte, das Lampenfest mit ihr feierte, und ihre Söhne noch kleine Bübchen waren und kleine Lichtchen auf den Boden pflanzten, und in kindischer Lust darüber hin- und hersprangen, wie es Brauch und Sitte ist in Israel!"

„Der alte Rothschild", fuhr Börne fort, „der Stammvater der regierenden Dynastie, war ein braver Mann, die Frömmigkeit und Gutherzigkeit selbst. Es war ein mildtätiges Gesicht mit einem spitzigen Bärtchen, auf dem Kopf ein dreieckig gehörnter Hut, und die Kleidung mehr als bescheiden, fast ärmlich. So ging er in Frankfurt herum, und beständig umgab ihn, wie ein Hofstaat, ein Haufen armer Leute, denen er Almosen erteilte oder mit gutem Rat zusprach; wenn man auf der Straße eine Reihe von Bettlern antraf mit getrösteten und vergnügten Mienen, so wußte man, daß hier eben der alte Rothschild seinen Durchzug gehalten. Als ich noch ein kleines Bübchen war, und eines Freitags

Abends mit meinem Vater durch die Judengasse ging, begegneten wir dem alten Rothschild, welcher eben aus der Synagoge kam; ich erinnere mich, daß er, nachdem er mit meinem Vater gesprochen, auch mir einige liebreiche Worte sagte, und daß er endlich die Hand auf meinen Kopf legte, um mich zu segnen. Ich bin fest überzeugt, diesem Rothschildschen Segen verdanke ich es, daß späterhin, obgleich ich ein deutscher Schriftsteller wurde, doch niemals das bare Geld in meiner Tasche ganz ausging."

Ich kann nicht umhin, hier die Zwischenbemerkung einzuschalten, daß Börne immer im behaglichen Wohlstande lebte, und sein späterer Ultraliberalismus keineswegs, wie bei vielen Patrioten, dem verbissenen Ingrimm der eigenen Armut beizumessen war. Obgleich er selber reich war, ich sage reich, nach dem Maßstabe seiner Bedürfnisse, so hegte er doch einen unergründlichen Groll gegen die Reichen. Obgleich der Segen des Vaters auf seinem Haupte ruhte, so haßte er doch die Söhne, Meyer Amsel Rothschilds Söhne.

Wie weit die persönlichen Eigenschaften dieser Männer zu jenem Hasse berechtigen, will ich hier nicht untersuchen; es wird an einem anderen Orte ausführlich geschehen. Hier möchte ich nur der Bemerkung Raum geben, daß unsere deutschen Freiheitsprediger eben so ungerecht wie törigt handeln, wenn sie das Haus Rothschild wegen seiner politischen Bedeutung, wegen seiner Einwirkung auf die Interessen der Revolution, kurz wegen seines öffentlichen Charakters, mit so viel Grimm und Blutgier anfeinden. Es gibt keine stärkere Beförderer der Revolution als eben die Rothschilde … und was noch befremdlicher klingen mag: diese Rothschilde, die Banquiers der Könige, diese fürstlichen Seckelmeister, deren Existenz durch einen Umsturz des europäischen Staatensystems in die ernsthaftesten Gefahren geraten dürfte, sie tragen dennoch im Gemüte das Bewußtsein ihrer revolutionären Sendung. Namentlich ist dieses der Fall bei dem Manne, der unter dem scheinlosen Namen Baron James bekannt ist, und in welchem sich jetzt, nach dem Tode seines erlauchten Bruders von England, die ganze politische Bedeutung des Hauses Rothschild resümiert. Dieser Nero der Finanz, der sich in der Rue Laffitte seinen goldenen Palast erbauet hat, und von dort aus als unumschränkter Imperator die Börsen beherrscht, er ist, wie weiland sein Vorgänger, der römische Nero, am Ende ein gewaltsamer Zerstörer des bevorrechteten Patriziertums und Begründer

der neuen Demokratie. Einst, vor mehren Jahren, als er in guter Laune war und wir Arm in Arm, ganz famillionär, wie Hirsch Hyazinth sagen würde, in den Straßen von Paris umherflanierten, setzte mir Baron James ziemlich klar auseinander: wie eben er selber, durch sein Staatspapierensystem, für den gesellschaftlichen Fortschritt in Europa die ersten Bedingnisse erfüllt, gleichsam Bahn gebrochen habe.

„Zu jeder Begründung einer neuen Ordnung von Dingen" – sagte er mir – „gehört ein Zusammenfluß von bedeutenden Menschen, die sich mit diesen Dingen gemeinsam zu beschäftigen haben. Dergleichen Menschen lebten ehemals vom Ertrag ihrer Güter oder ihres Amtes, und waren deshalb nie ganz frei, sondern immer an einen entfernten Grundbesitz oder an irgend eine örtliche Amtsverwaltung gefesselt; jetzt aber gewährt das Staatspapierensystem diesen Menschen die Freiheit, jeden beliebigen Aufenthalt zu wählen, überall können sie von den Zinsen ihrer Staatspapiere, ihres portativen Vermögens geschäftlos leben, und sie ziehen sich zusammen und bilden die eigentliche Macht der Hauptstädte. Von welcher Wichtigkeit aber eine solche Residenz der verschiedenartigsten Kräfte, eine solche Zentralisation der Intelligenzen und sozialen Autoritäten, das ist hinlänglich bekannt. Ohne Paris hätte Frankreich nie seine Revolution gemacht; hier hatten so viele ausgezeichnete Geister Weg und Mittel gefunden, eine mehr oder minder sorglose Existenz zu führen, miteinander zu verkehren und so weiter. Jahrhunderte haben in Paris einen solchen günstigen Zustand allmählig herbeigeführt. Durch das Rentensystem wäre Paris weit schneller Paris geworden, und die Deutschen, die gern eine ähnliche Hauptstadt hätten, sollten nicht über das Rentensystem klagen: es zentralisiert, es macht vielen Leuten möglich, an einem selbstgewählten Orte zu leben, und von dort aus der Menschheit jeden nützlichen Impuls zu geben …"

Von diesem Standpunkte aus betrachtet Rothschild die Resultate seines Schaffens und Treibens. Ich bin mit dieser Ansicht ganz einverstanden, ja ich gehe noch weiter, und ich sehe in Rothschild einen der größten Revolutionäre, welche die moderne Demokratie begründeten. Richelieu, Robespierre und Rothschild sind für mich drei terroristische Namen, und sie bedeuten die graduelle Vernichtung der alten Aristokratie. Richelieu, Robespierre und Rothschild sind die drei furchtbarsten Nivelleurs Europas. Richelieu zerstörte die Souveränität des Feudaladels und beugte ihn unter jene königliche Willkür, die ihn entweder durch Hofdienst herabwürdigte, oder durch krautjunkerliche Untätigkeit in der Provinz vermodern ließ. Robespierre schlug diesem unterwürfigen und faulen Adel endlich das Haupt ab. Aber der Boden blieb, und der neue Herr desselben, der neue Gutsbesitzer, ward ganz wieder ein Aristokrat, wie seine Vorgänger, deren Prätentionen er unter anderem Namen fortsetzte. Da kam Rothschild, und zerstörte die Oberherrschaft des Bodens, indem er das Staatspapierensystem zur höchsten Macht emporhob, dadurch die großen Besitztümer und Einkünfte mobilisierte, und gleichsam das Geld mit den ehemaligen Vorrechten des Bodens belehnte. Er stiftete freilich dadurch eine neue Aristokratie, aber diese, beruhend auf dem unzuverlässigsten Elemente, auf dem Gelde, kann nimmermehr so nachhaltig mißwirken, wie die ehemalige Aristokratie, die im Boden, in der Erde selber, wurzelte. Geld ist flüssiger als Wasser, windiger als Luft, und dem jetzigen Geldadel verzeiht man gern seine Impertinenzen, wenn man seine Vergänglichkeit bedenkt ... er zerrinnt und verdunstet, ehe man sich dessen versieht.

„Denn sehen Sie“ – sprach er – „die Rothschilde haben so viel Geld, eine solche Unmasse von Geld, daß sie uns einen fast grauenhaften Respekt einflößen; sie identifizieren sich so zu sagen mit dem Begriff des Geldes überhaupt, und Geld kann man nicht verachten. Auch haben diese Leute das sicherste Mittel angewendet, um jenem Ridikül zu entgehen, dem so manche andere baronisierte Millionärenfamilien des alten Testaments verfallen sind: sie enthalten sich des christlichen Weihwassers. Die Taufe ist jetzt bei den reichen Juden an der Tagesordnung, und das Evangelium, das den Armen Judäas vergebens gepredigt worden, ist jetzt in Floribus bei den Reichen. Aber da die Annahme desselben nur Selbstbetrug, wo nicht gar Lüge ist, und das angeheuchelte Christentum mit dem alten Adam bisweilen recht grell kontrastiert, so geben diese Leute dem Witze und dem Spotte die bedenklichsten Blößen. Oder glauben Sie, daß durch die Taufe die innere Natur ganz verändert worden? Glauben Sie, daß man Läuse in Flöhe verwandeln kann, wenn man sie mit Wasser begießt?“

Ich glaube nicht.

„Ich glaubs auch nicht, und ein eben so melancholischer wie lächerlicher Anblick ist es für mich, wenn die alten Läuse, die noch aus Egypten stammen, aus der Zeit der pharaonischen Plage, sich plötzlich einbilden, sie wären Flöhe, und christlich zu hüpfen beginnen. In Berlin habe ich auf der Straße alte Töchter Israels gesehen, die am Halse lange Kreuze trugen, Kreuze, die noch länger als ihre Nasen und bis an den Nabel reichten; in den Händen hielten sie ein evangelisches Gesangbuch, und sie sprachen von der prächtigen Predigt, die sie eben in der Dreifaltigkeitskirche gehört. Die eine frug die andere: bei wem sie das heilige Abendmahl genommen? und beide rochen dabei aus dem Halse. Widerwärtiger war mir noch der Anblick von schmutzigen Bartjuden, die aus ihren polnischen Kloaken kamen, von der Bekehrungsgesellschaft in Berlin für den Himmel angeworben wurden, und in ihrem mundfaulen Dialekte das Christentum predigten und so entsetzlich dabei stanken. Es wäre jedenfalls wünschenswert, wenn man dergleichen polnisches Läusevolk mit nicht gewöhnlichem Wasser, sondern mit Eau-de-Cologne taufen ließe."

Im Hause des Gehängten, unterbrach ich diese Rede, muß man nicht von Stricken sprechen, lieber Doktor, sagen Sie mir vielmehr: wo sind jetzt die großen Ochsen, die, wie mein Vater mir einst erzählte, auf dem jüdischen Kirchhofe hier zu Frankfurt herumliefen und in der Nacht so entsetzlich brüllten, daß die Ruhe der Nachbarn dadurch gestört wurde?

„Ihr Herr Vater", rief Börne lachend, „hat Ihnen in der Tat keine Unwahrheit gesagt. Es existierte früherhin der Gebrauch, daß die jüdischen Viehhändler die männliche Erstgeburt ihrer Kühe nach biblischer Vorschrift dem lieben Gotte widmeten, und in dieser Absicht, aus allen Gegenden Deutschlands, hierher nach Frankfurt brachten, wo man jenen Ochsen Gottes den jüdischen Kirchhof zum Grasen anwies, und wo sie bis an ihr seliges Ende sich herumtrieben und wirklich oft entsetzlich brüllten. Aber die alten Ochsen sind jetzt tot, und das heutige Rindvieh hat nicht mehr den rechten Glauben, und ihre Erstgeburten bleiben ruhig daheim, wenn sie nicht gar zum Christentume übergehen. Die alten Ochsen sind tot." Ich kann nicht umhin, bei dieser Gelegenheit zu erwähnen, daß mich Börne während meines Aufenthalts in Frankfurt einlud, bei einem seiner Freunde zu Mittag zu speisen, und zwar weil derselbe, in getreuer Beharrnis an jüdischen Gebräuchen, mir die berühmte Schaletspeise vorsetzen werde; und in der Tat, ich erfreute mich dort jenes Gerichtes, das vielleicht noch egyptischen Ursprungs und alt wie die Pyramiden ist. Ich wundre mich, daß Börne späterhin, als er scheinbar in humoristischer Laune, in der Tat aber aus plebejischer Absicht, durch mancherlei Erfindungen und Insinuationen, wie gegen Kronenträger überhaupt, so auch gegen ein gekröntes Dichterhaupt den Pöbel verhetzte … ich wundre mich, daß er in seinen Schriften nie erzählt hat, mit welchem Appetit, mit welchem Enthusiasmus, mit welcher Andacht, mit welcher Überzeugung ich einst beim Doktor St. … das altjüdische Schaletessen verzehrt habe! Dieses Gericht ist aber auch ganz vortrefflich, und es ist schmerzlichst zu bedauern, daß die christliche Kirche, die dem alten Judentume so viel Gutes entlehnte, nicht auch den Schalet adoptiert habe. Vielleicht hat sie sich dieses für die Zukunft noch vorbehalten, und wenn es ihr mal ganz schlecht geht, wenn ihre heiligsten Symbole, sogar das Kreuz, seine Kraft verloren, greift die christliche Kirche zum Schaletessen, und die entwischten Völker werden sich wieder mit neuem Appetit in ihren Schoß hineindrängen. Die Juden wenigstens werden sich alsdann auch mit Überzeugung dem Christentume anschließen … denn, wie ich klar einsehe, ist es nur der Schalet, der sie zusammenhält in ihrem alten Bunde. Börne versicherte mir sogar, daß die Abtrünnigen, welche zum neuen Bunde übergegangen, nur den Schalet zu riechen brauchen, um ein gewisses Heimweh nach der Synagoge zu empfinden, daß der Schalet so zu sagen der Kuhreigen der Juden sei.

Auch nach Bornheim sind wir mit einander hinausgefahren, am Sabbath, um dort Kaffee zu trinken und die Töchter Israels zu betrachten ... Es waren schöne Mädchen und rochen nach Schalet, allerliebst. Börne zwinkerte mit den Augen. In diesem geheimnisvollen Zwinkern, in diesem unsicher lüsternen Zwinkern, das sich vor der innern Stimme fürchtet, lag die ganze Verschiedenheit unserer Gefühlsweise. Börne nämlich war, wenn auch nicht in seinen Gedanken, doch desto mehr in seinen Gefühlen, ein Sklave der nazarenischen Abstinenz; und wie es allen Leuten seines Gleichen geht, die zwar die sinnliche Enthaltsamkeit als höchste Tugend anerkennen, aber nicht vollständig ausüben können, so wagte er es nur im Verborgenen, zitternd und errötend, wie ein genäschiger Knabe, von Evas verbotenen Äpfeln zu kosten. Ich weiß nicht, ob bei diesen Leuten der Genuß intensiver ist, als bei uns, die wir dabei den Reiz des geheimen Unterschleifs, der moralischen Contrebande, entbehren; behauptet man doch, daß Mahomet seinen Türken den Wein verboten hat, damit er ihnen desto süßer schmecke.

Die Verdächtigung seines Patriotismus erregte bei Börne, in der angeführten Stelle, eine Mißlaune, die der bloße Vorwurf jüdischer Abstammung niemals in ihm hervorzurufen vermochte. Es amüsierte ihn sogar, wenn die Feinde, bei der Fleckenlosigkeit seines Wandels, ihm nichts Schlimmeres nachzusagen wußten, als daß er der Sprößling eines Stammes, der einst die Welt mit seinem Ruhm erfüllte und trotz aller Herabwürdigung noch immer die uralt heilige Weihe nicht ganz eingebüßt hat. Er rühmte sich sogar oft dieses Ursprungs, freilich in seiner humoristischen Weise, und den Mirabeau parodierend, sagte er einst zu einem Franzosen: „Jésus-Christ – qui en parenthèse était mon cousin – a prêché l'égalité usw.". In der Tat, die Juden sind aus jenem Teige, woraus man Götter knetet; tritt man sie heute mit Füßen, fällt man morgen vor ihnen auf die Kniee; während die Einen sich im schäbbigsten Kote des Schachers herumwühlen, ersteigen die Anderen den höchsten Gipfel der Menschheit, und Golgatha ist nicht der einzige Berg, wo ein jüdischer Gott für das Heil der Welt geblutet. Die Juden sind das Volk des Geistes, und jedesmal, wenn sie zu ihrem Prinzipe zurückkehren, sind sie groß und herrlich, und beschämen und überwinden ihre plumpen Dränger. Der tiefsinnige Rosenkranz vergleicht sie mit dem Riesen Antäus, nur daß dieser jedesmal erstarkte, wenn er die Erde berührte, jene aber, die Juden, neue Kräfte gewinnen, sobald sie wieder mit dem Himmel in Berührung kommen. Merkwürdige Erscheinung der grellsten Extreme! während unter diesen Menschen alle möglichen Fratzenbilder der Gemeinheit gefunden werden, findet man unter ihnen auch die Ideale des reinsten Menschentums, und wie sie einst die Welt in neue Bahnen des Fortschrittes geleitet, so hat die Welt vielleicht noch weitere Initiationen von ihnen zu erwarten …

Die Natur, sagte mir einst Hegel, ist sehr wunderlich; dieselben Werkzeuge, die sie zu den erhabensten Zwecken gebraucht, benutzt sie auch zu den niedrigsten Verrichtungen, z. B. jenes Glied, welchem die höchste Mission, die Fortpflanzung der Menschheit, anvertraut ist, dient auch zum – – –

Diejenigen, welche über die Dunkelheit Hegels klagen, werden ihn hier verstehen, und wenn er auch obige Worte nicht eben in Beziehung auf Israel aussprach, so lassen sie sich doch darauf anwenden.

Wie dem auch sei, es ist leicht möglich, daß die Sendung dieses Stammes noch nicht ganz erfüllt, und namentlich mag dieses in Beziehung auf Deutschland der Fall sein. Auch letzteres erwartet einen Befreier, einen irdischen Messias – mit einem himmlischen haben uns die Juden schon gesegnet – einen König der Erde, einen Retter mit Szepter und Schwert, und dieser deutsche Befreier ist vielleicht derselbe, dessen auch Israel harret …

O teurer, sehnsüchtig erwarteter Messias!

Wo ist er jetzt, wo weilt er? Ist er noch ungeboren oder liegt er schon seit einem Jahrtausend irgendwo versteckt, erwartend die große rechte Stunde der Erlösung? Ist es der alte Barbarossa, der im Kyffhäuser schlummernd sitzt auf dem steinernen Stuhle und schon so lange schläft, daß sein weißer Bart durch den steinernen Tisch durchgewachsen … nur manchmal schlaftrunken schüttelt er das Haupt und blinzelt mit den halbgeschlossenen Augen, greift auch wohl träumend nach dem Schwert … und nickt wieder ein, in den schweren Jahrtausendschlaf!

Nein, es ist nicht der Kaiser Rotbart, welcher Deutschland befreien wird, wie das Volk glaubt, das deutsche Volk, das schlummersüchtige, träumende Volk, welches sich auch seinen Messias nur in der Gestalt eines alten Schläfers denken kann.

Da machen doch die Juden sich eine weit bessere Vorstellung von ihrem Messias, und vor vielen Jahren, als ich in Polen war und mit dem großen Rabbi Manasse ben Naphtali zu Krakau verkehrte, horchte ich immer mit freudig offenem Herzen, wenn er von dem Messias sprach … Ich weiß nicht mehr, in welchem Buche des Talmuds die Details zu lesen sind, die mir der große Rabbi ganz treu mitteilte, und überhaupt nur in den Grundzügen schwebt mir seine Beschreibung des Messias noch im Gedächtnisse. Der Messias, sagte er mir, sei an dem Tage geboren, wo Jerusalem durch den Bösewicht, Titus Vespasian, zerstört worden, und seitdem wohne er im schönsten Palaste des Himmels, umgeben von Glanz und Freude, auch eine Krone auf dem Haupte tragend, ganz wie ein König … aber seine Hände seien gefesselt mit goldenen Ketten!

Was, frug ich verwundert, was bedeuten diese goldenen Ketten?

„Die sind notwendig" – erwiderte der große Rabbi, mit einem schlauen Blick und einem tiefen Seufzer –, „ohne diese Fessel würde der Messias, wenn er manchmal die Geduld verliert, plötzlich herabeilen und zu frühe, zur unrechten Stunde, das Erlösungswerk unternehmen. Er ist eben keine ruhige Schlafmütze. Er ist ein schöner, sehr schlanker, aber doch ungeheuer kräftiger Mann; blühend wie die Jugend. Das

Leben, das er führt, ist übrigens sehr einförmig. Den größten Teil des Morgens verbringt er mit den üblichen Gebeten oder lacht und scherzt mit seinen Dienern, welche verkleidete Engel sind, und hübsch singen und die Flöte blasen. Dann läßt er sein langes Haupthaar kämmen und man salbt ihn mit Narden, und bekleidet ihn mit einem fürstlichen Purpurgewande. Den ganzen Nachmittag studiert er die Cabala. Gegen Abend läßt er seinen alten Kanzler kommen, der ein verkleideter Engel ist, eben so wie die vier starken Staatsräte, die ihn begleiten, verkleidete Engel sind. Aus einem großen Buche muß alsdann der Kanzler seinem Herrn vorlesen, was jeden Tag passierte … Da kommen allerlei Geschichten vor, worüber der Messias vergnügt lächelt, oder auch mißmütig den Kopf schüttelt … Wenn er aber hört, wie man unten sein Volk mißhandelt, dann gerät er in den furchtbarsten Zorn und heult, daß die Himmel erzittern … Die vier starken Staatsräte müssen dann den Ergrimmten zurückhalten, daß er nicht herabeile auf die Erde, und sie würden ihn wahrlich nicht bewältigen, wären seine Hände nicht gefesselt mit den goldenen Ketten ... Man beschwichtigt ihn auch mit sanften Reden, daß jetzt die Zeit noch nicht gekommen sei, die rechte Rettungsstunde, und er sinkt am Ende aufs Lager und verhüllt sein Antlitz und weint …"

So ungefähr berichtete mir Manasse ben Naphtali zu Krakau, seine Glaubwürdigkeit mit Hinweisung auf den Talmud verbürgend. Ich habe oft an seine Erzählungen denken müssen, besonders in den jüngsten Zeiten, nach der Juliusrevolution. Ja, in schlimmen Tagen, glaubt ich manchmal mit eignen Ohren ein Gerassel zu hören, wie von goldenen Ketten, und dann ein verzweifelndes Schluchzen …

O verzage nicht, schöner Messias, der du nicht bloß Israel erlösen willst, wie die abergläubischen Juden sich einbilden, sondern die ganze leidende Menschheit! O, zerreißt nicht, Ihr goldenen Ketten! O, haltet ihn noch einige Zeit gefesselt, daß er nicht zu frühe komme, der rettende König der Welt!

Aus: Lutetia

VI

Paris, 7. Mai 1840.

Die heutigen Pariser Blätter bringen einen Bericht des k. k. österreichischen Konsuls zu Damaskus an den k. k. österreichischen Generalkonsul in Alexandria, in bezug der Damaszener Juden, deren Martyrtum an die dunkelsten Zeiten des Mittelalters erinnert. Während wir in Europa die Märchen desselben als poetischen Stoff bearbeiten und uns an jenen schauerlich naiven Sagen ergötzen, womit unsere Vorfahren sich nicht wenig ängstigten; während bei uns nur noch in Gedichten und Romanen von jenen Hexen, Werwölfen und Juden die Rede ist, die zu ihrem Satansdienst das Blut frommer Christenkinder nötig haben; während wir lachen und vergessen, fängt man an im Morgenlande sich sehr betrübsam des alten Aberglaubens zu erinnern und gar ernsthafte Gesichter zu schneiden, Gesichter des düstersten Grimms und der verzweifelnden Todesqual! Unterdessen foltert der Henker, und auf der Marterbank gesteht der Jude, daß er bei dem herannahenden Paschafeste etwas Christenblut brauchte zum Eintunken für seine trockenen Osterbröde, und daß er zu diesem Behufe einen alten Kapuziner abgeschlachtet habe! Der Türke ist dumm und schnöde, und stellt gern seine Bastonnaden- und Torturapparate zur Verfügung der Christen gegen die angeklagten Juden; denn beide Sekten sind ihm verhaßt, er betrachtet sie beide wie Hunde, er nennt sie auch mit diesem Ehrennamen, und er freut sich gewiß, wenn der christliche Giaur ihm Gelegenheit gibt, mit einigem Anschein von Recht den jüdischen Giaur zu mißhandeln. Wartet nur, wenn es mal des Paschas Vorteil sein wird und er nicht mehr den bewaffneten Einfluß der Europäer zu fürchten braucht, wird er auch dem beschnittenen Hunde Gehör schenken, und dieser wird unsere christlichen Brüder anklagen, Gott weiß wessen! Heute Amboß, morgen Hammer! –

Aber für den Freund der Menschheit wird dergleichen immer ein Herzeleid sein. Erscheinungen dieser Art sind ein Unglück, dessen Folgen unberechenbar. Der Fanatismus ist ein ansteckendes Übel, das sich unter den verschiedensten Formen verbreitet, und am Ende gegen uns alle wütet. Der französische Konsul in Damaskus, der Graf Ratti-Menton, hat sich Dinge zuschulden kommen lassen, die hier einen allgemeinen Schrei des Entsetzens erregten. Er ist es, welcher den okzidentalischen Aberglauben dem Orient einimpfte, und unter dem Pöbel von Damaskus eine Schrift austeilte, worin die Juden des Christenmords bezüchtigt werden. Diese haßschnaufende Schrift, die der Graf Menton von seinen geistlichen Freunden zum Behufe der Verbreitung empfangen hatte, ist ursprünglich der „Bibliotheca prompta a Lucio Ferrario" entlehnt, und es wird darin ganz bestimmt behauptet, daß die Juden zur Feier ihres Paschafestes des Blutes der Christen bedürften. Der edle Graf hütete sich, die damit verbundene Sage des Mittelalters zu wiederholen, daß nämlich die Juden zu demselben Zwecke auch konsakrierte Hostien stehlen und mit Nadeln so lange stechen, bis das Blut herausfließe – eine Untat, die im Mittelalter nicht bloß durch beeidigte Zeugenaussagen, sondern auch dadurch ans Tageslicht gekommen, daß über dem Judenhause, worin eine jener gestohlenen Hostien gekreuzigt worden, sich ein lichter Schein verbreitete. Nein, die Ungläubigen, die Muhammedaner, hätten dergleichen nimmermehr geglaubt, und der Graf Menton mußte, im Interesse seiner Sendung, zu weniger mirakulösen Historien seine Zuflucht nehmen. Ich sage im Interesse seiner Sendung, und überlasse diese Worte dem weitesten Nachdenken. Der Herr Graf ist erst seit kurzer Zeit in Damaskus; vor sechs Monaten sah man ihn hier in Paris, der Werkstätte aller progressiven, aber auch aller retrograden Verbrüderungen. – Der hiesige Minister der auswärtigen Angelegenheiten, Herr Thiers, der sich jüngst nicht bloß als Mann der Humanität, sondern sogar als Sohn der Revolution geltend zu machen suchte, offenbart bei Gelegenheit der Dasmaszener Vorgänge eine befremdliche Lauheit. Nach dem heutigen „Moniteur" soll bereits ein *Vizekonsul* nach Damaskus abgegangen sein, um das Betragen des dortigen franzosischen *Konsuls* zu untersuchen. Ein Vizekonsul! Gewiß eine untergeordnete Person aus einer nachbarlichen Landschaft, ohne Namen und ohne Bürgschaft parteiloser Unabhängigkeit!

IX

Paris, 27. Mai 1840.

Über die Blutfrage von Damaskus haben norddeutsche Blätter mehre Mitteilungen geliefert, welche teils von Paris, teils von Leipzig datiert, aber wohl aus derselben Feder geflossen sind, und, im Interesse einer gewissen Clique, das Urteil des deutschen Publikums irre leiten sollen. Wir lassen die Persönlichkeit und die Motive jenes Berichterstatters unbeleuchtet, enthalten uns auch aller Untersuchung der Damaszener Vorgänge; nur über das, was in Beziehung derselben von den hiesigen Juden und der hiesigen Presse gesagt wurde, erlauben wir uns einige berichtigende Bemerkungen. Aber auch bei dieser Aufgabe leitet uns mehr das Interesse der Wahrheit als der Personen; und was gar die hiesigen Juden betrifft, so ist es möglich, daß unser Zeugnis eher gegen sie als für sie spräche. – Wahrlich, wir würden die Juden von Paris eher loben als tadeln, wenn sie, wie die erwähnten norddeutschen Blätter meldeten, für ihre unglücklichen Glaubensbrüder in Damaskus einen so großen Eifer an den Tag legten und zur Ehrenrettung ihrer verleumdeten Religion keine Geldopfer scheuten. Aber es ist nicht der Fall. Die Juden in Frankreich sind schon zu lange emanzipiert, als daß die Stammesbande nicht sehr gelockert wären, sie sind fast ganz untergegangen, oder, besser gesagt, aufgegangen in der französischen Nationalität; sie sind gerade ebensolche Franzosen wie die andern, und haben also auch Anwandlungen von Enthusiasmus, die vierunzwanzig Stunden, und, wenn die Sonne heiß ist, sogar drei Tage dauern! – und das gilt von den Bessern. Viele unter ihnen üben noch den jüdischen Zeremonialdienst, den äußerlichen Kultus, mechanisch, ohne zu wissen warum, aus alter Gewohnheit; von innerm Glauben keine Spur, denn in der Synagoge ebenso wie in der christlichen Kirche hat die witzige Säure der Voltaireschen Kritik zerstörend gewirkt. Bei den französischen Juden, wie bei den übrigen Franzosen, ist das Gold der Gott des Tages und die Industrie ist die herrschende Religion. In dieser Beziehung dürfte man die hiesigen Juden in zwei Sekten einteilen: in die Sekte der rive droite und die Sekte der rive gauche; diese Namen haben nämlich Bezug auf die beiden Eisenbahnen, welche, die eine längs dem rechten Seine-Ufer, die andere dem linken Ufer entlang, nach Versailles führen, und von zwei berühmten Finanzrabbinen geleitet werden, die miteinander ebenso divergierend hadern, wie einst Rabbi Samai und Rabbi Hillel in der ältern Stadt Babylon.

Wir müssen dem Großrabbi der rive droite, dem Baron Rothschild, die Gerechtigkeit widerfahren lassen, daß er für das Haus Israel eine edlere Sympathie an den Tag legte, als sein schriftgelehrter Antagonist, der Großrabbi der rive gauche, Herr Benoit Fould, der, während in Syrien, auf Anreizung eines französischen Konsuls, seine Glaubensbrüder gefoltert und gewürgt wurden, mit der unerschütterlichen Seelenruhe eines Hillel, in der französischen Deputiertenkammer einige schöne Reden hielt über die Konversion der Renten und den Diskonto der Bank.

Das Interesse, welches die hiesigen Juden an der Tragödie von Damaskus nahmen, reduziert sich auf sehr geringfügige Manifestationen. Das israelitische Konsistorium, in der lauen Weise aller Körperschaften, versammelte sich und deliberierte; das einzige Resultat dieser Deliberationen war die Meinung, daß man die Aktenstücke des Prozesses zur öffentlichen Kunde bringen müsse. Herr Cremieux, der berühmte Advokat, welcher nicht bloß den Juden, sondern den Unterdrückten aller Konfessionen und aller Doktrinen, zu jeder Zeit seine großmütige Beredsamkeit gewidmet, unterzog sich der oben erwähnten Publikation, und, mit Ausnahme einer schönen Frau und einiger jungen Gelehrten, ist wohl Herr Cremieux der einzige in Paris, der sich der Sache Israels tätig annahm. Mit der größten Aufopferung seiner persönlichen Interessen, mit Verachtung jeder lauernden Hinterlist, trat er den gehässigsten Insinuationen rücksichtslos entgegen, und erbot sich sogar nach Ägypten zu reisen, wenn dort der Prozeß der Damaszener Juden vor das Tribunal des Pascha Mehemet Ali gezogen werden sollte. Der ungetreue Berichterstatter in den erwähnten norddeutschen Blättern, der „Leipziger Allg. Ztg.“, insinuiert mit perfider Nebenbemerkung, daß Herr Cremieux die Entgegnung, womit er die falschen Missionsberichte in den hiesigen Zeitungen zu entkräften wußte, als Inserat druckte und die übliche Gebühr dafür entrichtete. Wir wissen aus sicherer Quelle, daß die Journaldirektionen sich bereitwillig erklärten, jene Entgegnung ganz gebührfrei einzurücken, wenn man einige Tage warten wolle, und nur auf Verlangen des schleunigsten Abdrucks berechneten einige Redaktionen die Kosten eines Supplementblattes, die wahrlich nicht von großem Belange, wenn man die Geldkräfte des israelitischen Konsistoriums bedenkt. Die Geldkräfte der Juden sind in der Tat groß, aber die Erfahrung lehrt, daß ihr Geiz noch weit größer ist. Eines der hochgeschätztesten Mitglieder des hiesigen Konsistoriums – man schätzt ihn nämlich auf einige dreißig Millionen Frs. – Herr W. de Romilly, gäbe vielleicht keine hundert Frs., wenn man zu ihm käme mit einer Kollekte für die Rettung seines ganzen Stammes! Es ist eine alte, klägliche, aber noch immer nicht abgenutzte Erfindung, daß man demjenigen, der zur Verteidigung der Juden seine Stimme erhebt, die unlautersten Geldmotive zuschreibt; ich bin überzeugt, nie hat Israel Geld gegeben, wenn man ihm nicht gewaltsam die Zähne ausriß, wie zur Zeit der Valois. Als ich unlängst die „Histoire des Juifs" von Basnage durchblätterte, mußte ich herzlich lachen über die Naivetät, womit der Autor, welchen seine Gegner anklagten, als habe er Geld von den Juden empfangen, sich gegen solche Beschuldigung verteidigte; ich glaube ihm aufs Wort, wenn er wehmütig hinzusetzt: „Le peuple juif est le peuple le plus ingrat qu'il y ait au monde!" Hie und da freilich gibt es Beispiele, daß die Eitelkeit die verstockten Taschen der Juden zu erschließen verstand, aber dann war ihre Liberalität noch widerwärtiger als ihre Knickerei. Ein ehemaliger preußischer Lieferant, welcher, anspielend auf seinen hebräischen Namen Moses (Moses heißt nämlich auf deutsch „aus dem Wasser gezogen", auf italienisch „del mare"), den dem letztern entsprechenden klangvolleren Namen eines Baron Delmar angenommen hat, stiftete hier vor einiger Zeit eine Erziehungsanstalt für verarmte junge Adelige, wozu er über anderthalb Millionen Francs aussetzte, eine noble Tat, die ihm im Faubourg Saint-Germain so hoch angerechnet wurde, daß dort selbst die stolzältesten Douairièren und die schnippisch jüngsten Fräulein nicht mehr laut über ihn spötteln. Hat dieser Edelmann aus dem Stamme David auch nur einen Pfennig beigesteuert bei einer Kollekte für die Interessen der Juden? Ich möchte mich dafür verbürgen, daß ein anderer aus dem Wasser gezogener Baron, der im edlen Faubourg den Gentilhomme catholique und großen Schriftsteller spielt, weder mit seinem Gelde noch mit seiner Feder für die Stammesgenossen tätig war. Hier muß ich eine Bemerkung aussprechen, die vielleicht die bitterste. Unter den getauften Juden sind viele, die aus feiger Hypokrisie über Israel noch ärgere Mißreden führen, als dessen geborne Feinde. In derselben Weise pflegen gewisse Schriftsteller, um nicht an ihren Ursprung zu erinnern, sich über die Juden sehr schlecht oder gar nicht auszusprechen. Das ist eine bekannte, betrübsam lächerliche Erscheinung. Aber es mag nützlich sein, das Publikum jetzt besonders darauf aufmerksam zu machen, da nicht bloß in den erwähnten norddeutschen Blättern, sondern auch in einer weit bedeutenderen Zeitung, die Insinuation zu lesen war, als flösse alles, was zugunsten der Damaszener Juden geschrieben worden, aus jüdischen Quellen, als sei der österreichische Konsul zu Damaskus ein Jude, als seien die übrigen Konsuln dort, mit Ausnahme des französischen, lauter Juden. Wir kennen diese Taktik, wir erlebten sie bereits bei Gelegenheit des jungen Deutschlands. Nein, sämtliche Konsuln von Damaskus sind Christen, und daß der österreichische Konsul dort nicht einmal jüdischen Ursprungs ist, dafür bürgt uns eben die rücksichtslose, offene Weise, womit er die Juden gegen den französischen Konsul in Schutz nahm; – was der letztere ist, wird die Zeit lehren.

XIV

Paris, 25. Juli 1840

Das alte System der Völkervertilgung wird solchermaßen, durch europäischen Einfluß, im Orient allmählich verdrängt. Auch die Existenzrechte des Individuums gelangen dort zu höherer Anerkennung, und namentlich werden die Grausamkeiten der Tortur einem mildern Kriminalverfahren weichen. Es ist die Blutgeschichte von Damaskus, welche dieses letztere Resultat hervorbringen wird, und in dieser Beziehung dürfte die Reise des Herrn Cremieux nach Alexandria als eine wichtige Begebenheit eingezeichnet werden in die Annalen der Humanität. Dieser berühmte Rechtsgelehrte, der zu den gefeiertsten Männern Frankreichs gehört und den ich in diesen Blättern bereits besprach, hat schon seine wahrhaft fromme Wallfahrt angetreten, begleitet von seiner Gattin, die alle Gefahren, womit man ihren Mann bedrohte, teilen wollte. Mögen diese Gefahren, die ihn vielleicht nur abschrecken sollten von seinem edlen Beginnen, ebenso klein sein wie die Leute, die sie bereiten! In der Tat, dieser Advokat der Juden plädiert zugleich für die Sache der ganzen Menschheit. Um nichts Geringeres handelt es sich, als auch im Orient das europäische Verfahren beim Kriminalprozeß einzuführen. Der Prozeß gegen die Damaszener Juden begann mit der Folter; er kam nicht zu Ende, weil ein österreichischer Untertan inkulpiert war und der österreichische Konsul gegen das Torquieren desselben einschritt. Jetzt soll nun der Prozeß aufs neue instruiert werden, und zwar ohne obligate Folter, ohne jene Torturinstrumente, die den Beklagten die unsinnigsten Aussagen abmarterten und die Zeugen einschüchterten. Der französische Oberkonsul in Alexandria setzt Himmel und Erde in Bewegung, um diese erneute Instruktion des Prozesses zu hintertreiben; denn das Betragen des französischen Konsuls von Damaskus könnte bei dieser Gelegenheit sehr stark beleuchtet werden, und die Schande seines Repräsentanten dürfte das Ansehen Frankreichs in Syrien erschüttern. Und Frankreich hat mit diesem Lande weit ausgreifende Plane, die noch von den Kreuzzügen datieren, die nicht einmal von der Revolution aufgegeben worden, die später Napoleon ins Auge faßte, und woran selbst Herr Thiers denkt. Die syrischen Christen erwarten ihre Befreiung von den Franzosen, und diese, so freigeistig sie auch zu Hause sein mögen, gelten dennoch gern als fromme Schützer des katholischen Glaubens im Orient und schmeicheln dort der Zelosis der Mönche. So erklären wir es uns, weshalb nicht bloß Herr Cochelet in Alexandria, sondern sogar unser Konseilpräsident, der Sohn der Revolution in Paris, den Konsul von Damaskus in Schutz nehmen. – Es handelt sich jetzt wahrlich nicht um die hohe Tugend eines Ratti-Menton oder um die Schlechtigkeit der Damaszener Juden – es gibt vielleicht zwischen beiden keinen großen Unterschied, und wie jener für unsern Haß, so dürften letztere für unsre Vorliebe zu gering sein – aber es handelt sich darum: die Abschaffung der Tortur durch ein eklatantes Beispiel im Orient zu sanktionieren. – Die Konsuln der europäischen Großmächte, namentlich Österreichs und Englands, haben daher auf eine erneuerte Instruktion des Prozesses der Damaszener Juden ohne Zulassung der Tortur beim Pascha von Ägypten angetragen, und es mag ihnen vielleicht nebenher einige Schadenfreude gewähren, daß eben Herr Cochelet, der französische Konsul, der Repräsentant der Revolution und ihres Sohnes, sich jener erneuten Instruktion widersetzt und für die Tortur Partei nimmt.

Aus: Ludwig Marcus

Wir haben die Teilnahme des Marcus an dem Verein für Kultur und Wissenschaft des Judentums als einen Umstand bezeichnet, der uns wichtiger und merkwürdiger erschien als all sein stupendes Wissen und seine sämtlichen gelehrten Arbeiten. Ihm selber mag ebenfalls die Zeit, wo er den Bestrebungen und Illusionen jenes Vereins sich hingab, als die sonnigste Blütenstunde seines kümmerlichen Lebens erschienen sein. Deshalb mußte hier jenes Vereins ganz besonders Erwähnung geschehen, und eine nähere Erörterung seines Gedankens wäre wohl nicht überflüssig. Aber der Raum und die Zeit und ihre Hüter gestatten in diesen Blättern keine solche ausgeführte Darstellung, da letztere nicht bloß die religiösen und bürgerlichen Verhältnisse der Juden, sondern auch die aller deistischen Sekten auf diesem Erdball umfassen müßte. Nur soviel will ich hier aussprechen, daß der esoterische Zweck jenes Vereins nichts anderes war als eine Vermittlung des historischen Judentums mit der modernen Wissenschaft, von welcher man annahm, daß sie im Laufe der Zeit zur Weltherrschaft gelangen würde. Unter ähnlichen Umständen, zur Zeit des Philo, als die griechische Philosophie allen alten Dogmen den Krieg erklärte, ward in Alexandrien Ähnliches versucht, mit mehr oder weniger Mißgeschick. Von schismatischer Aufklärung war hier nicht die Rede und noch weniger von jener Emanzipation, die in unsern Tagen manchmal so ekelhaft geistlos durchgeträtscht wird, daß man das Interesse dafür verlieren könnte. Namentlich haben es die israelitischen Freunde dieser Frage verstanden, sie in eine wäßrig graue Wolke von Langweiligkeit zu hüllen, die ihr schädlicher ist als das blödsinnige Gift der Gegner. Da gibt es gemütliche Pharisäer, die noch besonders damit prahlen, daß sie kein Talent zum Schreiben besitzen und dem Apollo zum Trotz für Jehova die Feder ergriffen haben. Mögen die deutschen Regierungen doch recht bald ein ästhetisches Erbarmen mit dem Publikum haben und jenen Salbadereien ein Ende machen durch Beschleunigung der Emanzipation, die doch früh oder spät bewilligt werden muß.

Ja, die Emanzipation wird früh oder spät bewilligt werden müssen, aus Gerechtigkeitsgefühl, aus Klugheit, aus Notwendigkeit. Die Antipathie gegen die Juden hat bei den obern Klassen keine religiöse Wurzel mehr, und bei den untern Klassen transformiert sie sich täglich mehr und mehr in den sozialen Groll gegen die überwuchernde Macht des Kapitals, gegen die Ausbeutung der Armen durch die Reichen. Der Judenhaß hat jetzt einen andern Namen, sogar beim Pöbel. Was aber die Regierungen betrifft, so sind sie endlich zur hochweisen Ansicht gelangt, daß der Staat ein organischer Körper ist und daß derselbe nicht zu einer vollkommenen Gesundheit gelangen kann, solange ein einziges seiner Glieder, und sei es auch nur der kleine Zeh, an einem Gebreste leidet. Ja, der Staat mag noch so keck sein Haupt tragen und mit breiter Brust allen Stürmen trotzen, das Herz in der Brust und sogar das stolze Haupt wird dennoch den Schmerz mitempfinden müssen, wenn der kleine Zeh an den Hühneraugen leidet - die Judenbeschränkungen sind solche Hühneraugen an den deutschen Staatsfüßen.

Und bedächten gar die Regierungen, wie entsetzlich der Grundpfeiler aller positiven Religionen, die Idee des Deismus selbst, von neuen Doktrinen bedroht ist, wie die Fehde zwischen dem Wissen und dem Glauben überhaupt nicht mehr ein zahmes Scharmützel, sondern bald eine wilde Todesschlacht sein wird - bedächten die Regierungen diese verhüllten Nöten, sie müßten froh sein, daß es noch Juden auf der Welt gibt, daß die Schweizergarde des Deismus, wie der Dichter sie genannt hat, noch auf den Beinen steht, daß es noch ein Volk Gottes gibt. Statt sie von ihrem Glauben durch gesetzliche Beschränkungen abtrünnig zu machen, sollte man sie noch durch Prämien darin zu stärken suchen, man sollte ihnen auf Staatskosten ihre Synagogen bauen, damit sie nur hineingehen und das Volk draußen sich einbilden mag, es werde in der Welt noch etwas geglaubt. Hütet euch, die Taufe unter den Juden zu befördern. Das ist eitel Wasser und trocknet leicht. Befördert vielmehr die Beschneidung, das ist der Glauben, eingeschnitten ins Fleisch; in den Geist läßt er sich nicht mehr einschneiden. Befördert die Zeremonie der Denkriemen, womit der Glaube festgebunden wird auf den Arm; der Staat sollte den Juden gratis das Leder dazu liefern sowie auch das Mehl zu Matzekuchen, woran das gläubige Israel schon drei Jahrtausende knuspert. Fördert, beschleunigt die Emanzipation, damit sie nicht zu spät komme und überhaupt noch Juden in der Welt antrifft, die den Glauben ihrer Väter dem Heil ihrer Kinder vorziehen. Es gibt ein Sprichwort: „Während der Weise sich besinnt, besinnt sich auch der Narr."

Aber die deutsche Nationalität, wird sie nicht Schaden leiden durch die gänzliche Verschmelzung mit den Juden? Unsere Nationalisten, sogenannte Patrioten, die nur Rasse und Vollblut und dergleichen Roßkammgedanken im Kopfe tragen, diese Nachzügler des Mittelalters werden bald mit Gegnern zusammentreffen, die allen ihren Träumen von germanischer, romanischer und slawischer Volkstümlichkeit ein schreckliches Ende machen dürften, so daß es ihnen nicht mehr in den Sinn kommen wird, an der Deutschheit der Juden zu mäkeln. Ich spreche hier namentlich von jener Verbrüderung der Arbeiter in allen Ländern, von dem wilden Heer des Proletariats, das alles Nationalitätenwesen vertilgen will, um einen gemeinschaftlichen Zweck in ganz Europa zu verfolgen, die Verwirklichung der wahren Demokratie. Aber gibt es in der Tat eine so große Nationalverschiedenheit zwischen den deutschen Juden, die seit anderthalb Jahrtausenden in Deutschland angesiedelt, und ihren christlichen Landsleuten. Wahrlich, nein. Merkwürdigerweise herrschte schon in den ältesten Zeiten die größte Wahlverwandtschaft zwischen Juden und Germanen, und in Vergleichung mit den Nachbarländern erschien mir Judäa immer als eine Art Deutschland, ich möchte fast sagen als die Mark Brandenburg des Orients. Wunderbare Übereinstimmung in der Sinnesart bei beiden Völkern: der tapferste Haß gegen Rom, persönliches Freiheitsgefühl, Sittlichkeit. Auch haben die Germanen den jüdischen Spiritualismus am gründlichsten in sich aufgenommen; sogar die Geschichtsurkunden der Juden, die Bibel, wurde das Nationalbuch im germanischen Norden, ging über in Fleisch und Blut, gab dort dem innern und äußern Leben sein eigentümliches Gepräge – und die Leute, die von den Spuren des Morgenländischen bei den Juden sprechen, bemerken gar nicht die alttestamentalische, echtjüdische Physiognomie des germanischen Nordens in Europa und Amerika.

Die bevorstehenden Betrachtungen knüpfen sich natürlich an die Person, die ich hier zu besprechen hatte und die, wie ich schon bemerkt, weniger durch individuelle Bedeutung als vielmehr durch historische und moralische Bezüge unser Interesse in Anspruch nimmt. Ich kann auch aus eigener Anschauung nur Geringfügiges berichten über das äußere Leben unseres Marcus, den ich zu Berlin bald aus dem Auge verlor. Wie ich hörte, war er nach Frankreich gewandert, da er trotz seines außerordentlichen Wissens und seiner hohen Sittlichkeit dennoch in den Überbleibseln mittelalterlicher Gesetze ein Hindernis der Beförderung im Vaterlande fand. Seine Eltern waren gestorben, und aus Großmut hatte er zum Besten seiner hilfsbedürftigen Geschwister auf die Verlassenschaft verzichtet. Etwa fünfzehn Jahre vergingen, und ich hatte lange nichts mehr gehört, weder von Ludwig Marcus noch von der Königin von Saba, weder von Hasseiquist noch von den beschnittenen Abyssierinnen, da trat mir eines Tages der kleine Mann hier zu Paris wieder entgegen und erzählte mir, daß er unterdessen Professor in Dijon gewesen, jetzt aber einer ministeriellen Unbill wegen die Professur aufgegeben habe und hier schreiben wolle, um die Hilfsquellen der Bibliothek für sein großes Werk zu benützen. Wie ich von andern hörte, war ein bißchen Eigensinn im Spiel, und das Ministerium hatte ihm sogar vorgeschlagen, wie in Frankreich gebräuchlich, seine Stelle durch einen wohlfeiler besoldeten Suppleanten zu besetzen und ihm selber den größten Teil seines Gehalts zu lassen. Dagegen sträubte sich die große Seele des Kleinen, er wollte nicht fremde Arbeit ausbeuten, und er ließ seinem Nachfolger die ganze Besoldung. Seine Uneigennützigkeit ist hier um so merkwürdiger, da er damals blutarm in rührender Dürftigkeit sein Leben fristete. Es ging ihm sogar sehr schlecht, und ohne die Engelhilfe einer schönen Frau wäre er gewiß im darbenden Elend verkommen. Ja, es war eine sehr schöne und große Dame von Paris, eine der glänzendsten Erscheinungen des hiesigen Weltlebens, die, als sie von dem wunderlichen Kauz hörte, in die Dunkelheit seines kümmerlichen Lebens hinabstieg und mit anmutiger Zartsinnigkeit ihn dahin zu bringen wußte, einen bedeutenden Jahrgehalt von ihr anzunehmen. Ich glaube, seinen Stolz zähmte hier ganz besonders die Aussicht, daß seine Gönnern, die Gattin des reichsten Bankiers dieses Erdballs, späterhin sein großes Werk auf ihre Kosten drucken lassen werde. Einer Dame, dachte er, die wegen ihres Geistes und ihrer Bildung soviel gerühmt wird, müsse doch sehr viel daran gelegen sein, daß endlich eine gründliche Geschichte von Abyssinien geschrieben werde, und er fand es ganz natürlich, daß sie dem Autor durch einen Jahrgehalt seine große Mühe und Arbeit zu vergüten suchte.

Die Zeit, während welcher ich den guten Marcus nicht gesehen, etwa fünfzehn Jahre, hatte auf sein Äußeres eben nicht verschönernd gewirkt. Seine Erscheinung, die früher ans Possierliche streifte, war jetzt eine entschiedene Karikatur geworden, aber eine angenehme, liebliche, ich möchte fast sagen erquickende Karikatur. Ein spaßhaft wehmütiges

Ansehen gab ihm sein von Leiden durchfurchtes Greisengesicht, worin die kleinen, pechschwarzen Äuglein vergnügt lebhaft glänzten, und gar sein abenteuerlicher, fabelhafter Haarwuchs! Die Haare nämlich, welche früher pechschwarz und anliegend gewesen, waren jetzt ergraut und umgaben in krauser, aufgesträubter Fülle das schon außerdem unverhältnismäßig große Haupt. Er glich so ziemlich jenen breitköpfigen Figuren mit dünnem Leibchen und kurzen Beinchen, die wir auf den Glasscheiben eines chinesischen Schattenspiels sehen. Besonders wenn mir die zwerghafte Gestalt in Gesellschaft seines Kollaborators, des ungeheuer großen und stattlichen Professors Duisberg, auf den Boulevards begegnete, jauchzte mir der Humor in der Brust. Einem meiner Bekannten, der mich frug, wer der Kleine wäre, sagte ich, es sei der König von Abyssinien, und dieser Name ist ihm bis an sein Ende geblieben. Hast du mir deshalb gezürnt, teurer, guter Marcus? Für deine schöne Seele hätte der Schöpfer wirklich eine bessere Enveloppe erschaffen können. Der liebe Gott ist aber zu sehr beschäftigt; manchmal, wenn er eben im Begriff ist, der edlen Perle eine prächtig ziselierte Goldfassung zu verleihen, wird er plötzlich gestört, und er wickelt das Juwel geschwind in das erste beste Stück Fließpapier oder Läppchen - anders kann ich mir die Sache nicht erklären.

Ungefähr fünf Jahre lebte Marcus im weisesten Seelenfrieden zu Paris; es ging ihm gut, ja sogar einer seiner Lieblingswünsche war in Erfüllung gegangen: er besaß eine kleine Wohnung mit eigenen Möbeln, und zwar in der Nähe der Bibliothek! Ein Verwandter, ein Schwestersohn, besuchte ihn hier eines Abends und kann sich nicht genug darüber wundern, daß der Oheim sich plötzlich auf die Erde setzt und mit wilder, trotziger Stimme die scheußlichsten Gassenlieder zu singen beginnt. Er, der nie gesungen und in Wort und Ton immer die Keuschheit selbst war! Aber die Sache ward noch grauenhaft befremdlicher, als der Oheim zornig emporsprang, das Fenster aufstieß und erst seine Uhr zur Straße hinabschmiß, dann seine Manuskripte, Tintenfaß, Federn, seine Geldbörse. Als der Neffe sah, daß der Oheim das Geld zum Fenster hinauswarf, konnte er nicht länger an seinem Wahnsinn zweifeln. Der Unglückliche ward in die Heilanstalt des Dr. Pinel zu Chaillot gebracht, wo er nach vierzehn Tagen unter schauerhaften Leiden den Geist aufgab. Er starb am ic. Julius und ward am 57. auf dem Kirchhof Montmartre begraben. Ich habe leider seinen Tod zu spät erfahren, als daß ich ihm die letzte Ehre erweisen konnte. Indem ich heute diese Blätter seinem Andenken widme, wollte ich das Versäumte nachholen und gleichsam im Geiste an seinem Leichenbegräbnis teilnehmen.

Jetzt aber öffnet mir noch einmal den Sarg, damit ich nach altem Brauch den Toten um Verzeihung bitte für den Fall, daß ich ihn etwa im Leben beleidigt. - Wie ruhig der kleine Marcus jetzt aussieht! Er scheint darüber zu lächeln, daß ich seine gelehrten Arbeiten nicht besser gewürdigt habe. Daran mag ihm wenig gelegen sein, denn hier bin ich ja doch kein so kompetenter Richter wie etwa sein Freund S. Munk, der Orientalist, der nut einer umfassenden Biographie des Verstorbenen und mit der Herausgabe seiner hinterlassenen Werke beschäftigt sein soll.

Spätere Note

Im März 1854

Da ich mich immer einer guten Gesinnung und eines ebenso guten Stiles beflissen, so genieße ich die Genugtuung, daß ich es wagen darf, unter dem anspruchsvollen Namen »Denkworte« die vorstehenden Blätter hier mitzuteilen, obgleich sie anonym für das Tagesbedürfiuis der Augsburger »Allgemeinen Zeitung« bereits vor zehn Jahren geschrieben worden. Seit jener Zeit hat sich vieles in Deutschland verändert, und auch die Frage von der bürgerlichen Gleichstellung der Bekenner des mosaischen Glaubens, die gelegentlich in obigen Blättern besprochen ward, hat seitdem sonderbare Schicksale erlitten. Im Frühling des Jahres 1848 schien sie auf immer erledigt, aber wie mit so vielen andern Errungenschaften aus jener Blütezeit deutscher Hoffliung mag es jetzt in unsrer Heimat auch mit besagter Frage sehr rückgängig aussehen, und an manchen Orten soll sie sich wieder, wie man mir sagt, im schmachvollsten statu quo befinden. Die Juden dürften endlich zur Einsicht gelangen, daß sie erst dann wahrhaft emanzipiert werden können, wenn auch die Emanzipation der Christen vollständig erkämpft und sichergestellt worden. Ihre Sache ist identisch mit der des deutschen Volks, und sie dürfen nicht als Juden begehren, was ihnen als Deutschen längst gebührte.

Ich habe in obigen Blättern angedeutet, daß sich der Gelehrte S. Munk mit einer Herausgabe der hinterlassenen Schriften des seligen

Marcus beschäftigen werde. Leider ist dieses jetzt unmöglich, da jener große Orientalist an einem Übel leidet, das ihm nicht erlaubt, sich einer solchen Arbeit zu unterziehen; er ist nämlich seit zwei Jahren gänzlich erblindet. Ich vernahm erst kürzlich dieses betrübsame Ereignis und erinnere mich jetzt, daß der vortreffliche Mann trotz bedenklicher Symptome sein leidendes Gesicht nie schonen wollte. Als ich das letzte Mal die Ehre hatte, ihn auf der Königlichen Bibliothek zu sehen, saß er vergraben in einem Wust von arabischen Manuskripten, und es war schmerzlich anzusehen, wie er seine kranken, blassen Augen mit der Entzifferung des phantastisch geschnörkelten Abrakadabra anstrengte. Er war Kustos in besagter Bibliothek, und er ist jetzt nicht mehr imstande, dieses kleine Amt zu verwalten. Hauptsächlich mit dem Ertrag seiner literarischen Arbeiten bestritt er den Unterhalt einer zahlreichen Familie. Blindheit ist wohl die härteste Heimsuchung, die einen deutschen Gelehrten treffen kann. Sie trifft diesmal die bravste Seele, die gefunden werden mag; Musik ist uneigennützig bis zum Hochmut und bei all seinem reichen Wissen von einer rührenden Bescheidenheit. Er trägt gewiß sein Schicksal mit stoischer Fassung und religiöser Ergebung in den Willen des Herrn.

Aber warum muß der Gerechte soviel leiden auf Erden? Warum muß Talent und Ehrlichkeit zugrunde gehen, während der schwadronierende Hanswurst, der gewiß seine Augen niemals durch arabische Manuskripte trüben mochte, sich räkelt auf den Pfählen des Glücks und fast stinkt vor Wohlbehagen? Das Buch Hiob löst nicht diese böse Frage. Im Gegenteil, dieses Buch ist das Hohelied der Skepsis, und es zischen und pfeifen darin die entsetzlichen Schlangen ihr ewiges: Warum? Wie kommt es, daß bei der Rückkehr aus Babylon die fromme Tempelarchivkommission, deren Präsident Esra war, jenes Buch in den Kanon der heiligen Schrift aufgenommen? Ich habe mir oft diese Frage gestellt. Nach meinem Vermuten taten solches jene gotterleuchteten Männer nicht aus Unverstand, sondern weil sie in ihrer hohen Weisheit wohl wußten, daß der Zweifel in der menschlichen Natur tief begründet und berechtigt ist und daß man ihn also nicht täppisch ganz unterdrücken, sondern nur heilen muß. Sie verfuhren bei dieser Kur ganz homöopathisch, durch das Gleiche auf das Gleiche wirkend, aber sie gaben keine homöopathisch kleine Dosis, sie steigerten vielmehr dieselbe aufs ungeheuerste, und eine solche überstarke Dosis von Zweifel ist das Buch

Hiob; dieses Gift durfte nicht fehlen in der Bibel, in der großen Hausapotheke der Menschheit. Ja, wie der Mensch, wenn er leidet, sich ausweinen muß, so muß er sich auch auszweifeln, wenn er sich grausam gekränkt fühlt in seinen Ansprüchen auf Lebensglück; und wie durch das heftigste Weinen, so entsteht auch durch den höchsten Grad des Zweifels, den die Deutschen so richtig die Verzweiflung nennen, die Krisis der moralischen Heilung. - Aber wohl demjenigen, der gesund ist und keiner Medizin bedarf!

V. Aus der „Matratzengruft“: Die Rückkehr zum „Gott unserer Väter“

„Wie sträubt sich unsere Seele gegen den Gedanken des Aufhörens unserer Persönlichkeit, der ewigen Vernichtung!“

Der Apollogott

I

Das Kloster ist hoch auf Felsen gebaut,
Der Rhein vorüberrauschet;
Wohl durch das Gitterfenster schaut
Die junge Nonne und lauschet.

Da fährt ein Schifflein, märchenhaft
Vom Abendrot beglänzet;
Es ist bewimpelt von buntem Taft,
Von Lorbeern und Blumen bekränzet.

Ein schöner blondgelockter Fant
Steht in des Schiffes Mitte;
Sein goldgesticktes Purpurgewand
Ist von antikem Schnitte.

Zu seinen Füßen liegen da
Neun marmorschöne Weiber;
Die hochgeschürzte Tunika
Umschließt die schlanken Leiber.

Der Goldgelockte lieblich singt
Und spielt dazu die Leier;
Ins Herz der armen Nonne dringt
Das Lied und brennt wie Feuer.

Sie schlägt ein Kreuz, und noch einmal
Schlägt sie ein Kreuz, die Nonne;
Nicht scheucht das Kreuz die süße Qual,
Nicht bannt es die bittre Wonne.

II

Ich bin der Gott der Musika,
Verehrt in allen Landen;
Mein Tempel hat in Grächia,
Auf Mont-Parnaß gestanden.

Auf Mont-Parnaß in Grächia,
Da hab ich oft gesessen
Am holden Quell Kastalia,
Im Schatten der Zypressen.

Vokalisierend saßen da
Um mich herum die Töchter,
Das sang und klang la-la, la-la!
Geplauder und Gelächter.

Mitunter rief tra-ra, tra-ra!
Ein Waldhorn aus dem Holze;
Dort jagte Artemisia,
Mein Schwesterlein, die Stolze.

Ich weiß es nicht, wie mir geschah:
Ich brauchte nur zu nippen
Vom Wasser der Kastalia,
Da tönten meine Lippen.

Ich sang – und wie von selbst beinah
Die Leier klang, berauschend;
Mir war, als ob ich Daphne sah,
Aus Lorbeerbüschen lauschend.

Ich sang – und wie Ambrosia
Wohlrüche sich ergossen,
Es war von einer Gloria
Die ganze Welt umflossen.

Wohl tausend Jahr aus Grācia
Bin ich verbannt, vertrieben –
Doch ist mein Herz in Grācia,
In Grācia geblieben.

III

In der Tracht der Beguinen,
In dem Mantel mit der Kappe
Von der gröbsten schwarzen Sersche,
Ist vermummt die junge Nonne.

Hastig längs des Rheines Ufern
Schreitet sie hinab die Landstraß,
Die nach Holland führt, und hastig
Fragt sie jeden, der vorbeikommt:

„Habt ihr nicht gesehn Apollo?
Einen roten Mantel trägt er,
Lieblich singt er, spielt die Leier,
Und er ist mein holder Abgott.“

Keiner will ihr Rede stehen,
Mancher dreht ihr stumm den Rücken,
Mancher glotzt sie an und lächelt,
Mancher seufzet: Armes Kind!

Doch des Wegs herangetrottelt
Kommt ein schlottrig alter Mensch,
Fingert in der Luft, wie rechnend,
Näselnd singt er vor sich hin.

Einen schlappen Quersack trägt er,
Auch ein klein dreieckig Hütchen;
Und mit schmunzelnd klugen Äuglein
Hört er an den Spruch der Nonne:

„Habt ihr nicht gesehn Apollo?
Einen roten Mantel trägt er,
Lieblich singt er, spielt die Leier,
Und er ist mein holder Abgott."

Jener aber gab zur Antwort,
Während er sein Köpfchen wiegte
Hin und her, und gar possierlich
Zupfte an dem spitzen Bärtchen:

Ob ich ihn gesehen habe?
Ja, ich habe ihn gesehen
Oft genug zu Amsterdam,
In der deutschen Synagoge.

Denn er war Vorsänger dorten,
Und da hieß er Rabbi Faibisch,
Was auf Hochdeutsch heißt Apollo –
Doch mein Abgott ist er nicht.

Roter Mantel? Auch den roten
Mantel kenn ich. Echter Scharlach,
Kostet acht Florin die Elle,
Und ist noch nicht ganz bezahlt.

Seinen Vater Moses Jitscher
Kenn ich gut. Vorhautabschneider
Ist er bei den Portugiesen.
Er beschnitt auch Souveräne.

Seine Mutter ist Cousine
Meines Schwagers, und sie handelt
Auf der Gracht mit sauern Gurken
Und mit abgelebten Hosen.

Haben kein Pläsier am Sohne.
Dieser spielt sehr gut die Leier,

Aber leider noch viel besser
Spielt er oft Tarock und L'hombre.

Auch ein Freigeist ist er, aß
Schweinefleisch, verlor sein Amt,
Und er zog herum im Lande
Mit geschminkten Komödianten.

In den Buden, auf den Märkten,
Spielte er den Pickelhering,
Holofernes, König David,
Diesen mit dem besten Beifall.

Denn des Königs eigne Lieder
Sang er in des Königs eigner
Muttersprache, tremulierend
In des Nigens alter Weise.

Aus dem Amsterdamer Spielhuis
Zog er jüngst etwelche Dirnen,
Und mit diesen Musen zieht er
Jetzt herum als ein Apollo.

Eine dicke ist darunter,
Die vorzüglich quiekt und grünzelt;
Ob dem großen Lorbeerkopfputz
Nennt man sie die grüne Sau.

Das goldne Kalb

Doppelflöten, Hörner, Geigen
Spielen auf zum Götzenreigen,
Und es tanzen Jakobs Töchter
Um das goldne Kalb herum –
Brum – brum – brum –
Paukenschläge und Gelächter!

Hochgeschürzt bis zu den Lenden
Und sich fassend an den Händen,
Jungfraun edelster Geschlechter
Kreisen wie ein Wirbelwind
Um das Rind –
Paukenschläge und Gelächter!

Aaron selbst wird fortgezogen
Von des Tanzes Wahnsinnwogen,
Und er selbst, der Glaubenswächter,
Tanzt im Hohenpriesterrock,
Wie ein Bock –
Paukenschläge und Gelächter!

König David

Lächelnd scheidet der Despot,
Denn er weiß, nach seinem Tod
Wechselt Willkür nur die Hände,
Und die Knechtschaft hat kein Ende.

Armes Volk! wie Pferd' und Farrn
Bleibt es angeschirrt am Karrn,
Und der Nacken wird gebrochen,
Der sich nicht bequemt den Jochen.

Sterbend spricht zu Salomo
König David: Apropos,
Daß ich Joab dir empfehle,
Einen meiner Generäle.

Dieser tapfre General
Ist seit Jahren mir fatal,
Doch ich wagte den Verhaßten
Niemals ernstlich anzutasten.

Du, mein Sohn, bist fromm und klug,
Gottesfürchtig, stark genug,
Und es wird dir leicht gelingen,
Jenen Joab umzubringen.

Nächtliche Fahrt

Es wogte das Meer, aus dem dunklen Gewölk
Der Halbmond lugte scheu;
Und als wir stiegen in den Kahn,
Wir waren unsrer drei.

Es plätschert' im Wasser des Ruderschlags
Verdrossenes Einerlei;
Weißschäumende Wellen rauschten heran,
Bespritzten uns alle drei.

Sie stand im Kahn so blaß, so schlank,
Und unbeweglich dabei,
Als wär sie ein welsches Marmorbild,
Dianens Konterfei.

Der Mond verbirgt sich ganz. Es pfeift
Der Nachtwind kalt vorbei;

Hoch über unsern Häuptern ertönt
Plötzlich ein gellender Schrei.

Die weiße, gespenstische Möwe wars,
Und ob dem bösen Schrei,
Der schauerlich klang wie Warnungsruf,
Erschraken wir alle drei.
Bin ich im Fieber? Ist das ein Spuk
Der nächtlichen Phantasei?
Äfft mich ein Traum? Es träumet mir
Grausame Narretei.

Grausame Narretei! Mir träumt,
Daß ich ein Heiland sei,
Und daß ich trüge das große Kreuz
Geduldig und getreu.

Die arme Schönheit ist schwer bedrängt,
Ich aber mache sie frei
Von Schmach und Sünde, von Qual und Not,
Von der Welt Unflätterei.

Du arme Schönheit, schaudre nicht
Wohl ob der bittern Arznei;
Ich selber kredenze dir den Tod,
Bricht auch mein Herz entzwei.

O Narretei, grausamer Traum,
Wahnsinn und Raserei!
Es gähnt die Nacht, es kreischt das Meer,
O Gott! o steh mir bei!

O steh mir bei, barmherziger Gott!
Barmherziger Gott Schadday!
Da schollerts hinab ins Meer – O Weh –
Schadday! Schadday! Adonay! –

Die Sonne ging auf, wir fuhren ans Land,
Da blühte und glühte der Mai!
Und als wir stiegen aus dem Kahn,
Da waren wir unsrer *zwei*.

Salomo

Verstummt sind Pauken, Posaunen und Zinken.
An Salomos Lager Wache halten
Die schwertgegürteten Engelgestalten,
Sechstausend zur Rechten, sechstausend zur Linken.

Sie schützen den König vor träumendem Leide,
Und zieht er finster die Brauen zusammen,
Da fahren sogleich die stählernen Flammen,
Zwölftausend Schwerter, hervor aus der Scheide.

Doch wieder zurück in die Scheide fallen
Die Schwerter der Engel. Das nächtliche Grauen
Verschwindet, es glätten sich wieder die Brauen
Des Schläfers, und seine Lippen lallen:

O Sulamith! das Reich ist mein Erbe,
Die Lande sind mir untertänig,
Bin über Juda und Israel König –
Doch liebst du mich nicht, so welk ich und sterbe.

Verlorene Wünsche

Von der Gleichheit der Gemütsart
Wechselseitig angezogen
Waren wir einander immer
Mehr als uns bewußt gewogen.

Beide ehrlich und bescheiden,
Konnten wir uns leicht verstehen;
Worte waren überflüssig,
Brauchten uns nur anzusehen.

O wie sehnlich wünscht ich immer,
Daß ich bei dir bleiben könnte
Als der tapfre Waffenbruder
Eines dolce far niente.

Ja, mein liebster Wunsch war immer,
Daß ich immer bei dir bliebe!
Alles was dir wohlgefiele,
Alles tät ich dir zuliebe.

Würde essen was dir schmeckte
Und die Schüssel gleich entfernen,
Die dir nicht behagt. Ich würde
Auch Zigarren rauchen lernen.

Manche polnische Geschichte,
Die dein Lachen immer weckte,
Wollt ich wieder dir erzählen
In Judäas Dialekte.

Ja, ich wollte zu dir kommen,
Nicht mehr in der Fremde schwärmen –
An dem Herde deines Glückes
Wollt ich meine Knie wärmen. – –

Goldne Wünsche! Seifenblasen!
Sie zerrinnen wie mein Leben –
Ach, ich liege jetzt am Boden,
Kann mich nimmermehr erheben.

Und Ade! sie sind zerronnen,
Goldne Wünsche, süßes Hoffen!
Ach, zu tödlich war der Faustschlag,
Der mich just ins Herz getroffen.

Gedächtnisfeier

Keine Messe wird man singen,
Keinen Kadosch wird man sagen,
Nichts gesagt und nichts gesungen
Wird an meinen Sterbetagen.

Doch vielleicht an solchem Tage,
Wenn das Wetter schön und milde,
Geht spazieren auf Montmartre
Mit Paulinen Frau Mathilde.

Mit dem Kranz von Immortellen
Kommt sie mir das Grab zu schmücken,
Und sie seufzet: Pauvre homme!
Feuchte Wehmut in den Blicken.

Leider wohn ich viel zu hoch,
Und ich habe meiner Süßen
Keinen Stuhl hier anzubieten;
Ach! sie schwankt mit müden Füßen.

Süßes, dickes Kind, du darfst
Nicht zu Fuß nach Hause gehen;
An dem Barrieregitter
Siehst du die Fiaker stehen.

Hebräische Melodien

Prinzessin Sabbat

In Arabiens Märchenbuche
Sehen wir verwünschte Prinzen,
Die zuzeiten ihre schöne
Urgestalt zurückgewinnen:

Das behaarte Ungeheuer
Ist ein Königsohn geworden;
Schmuckreich glänzend angekleidet,
Auch verliebt die Flöte blasend.

Doch die Zauberfrist zerrinnt,
Und wir schauen plötzlich wieder
Seine königliche Hoheit
In ein Ungetüm verzottelt.

Einen Prinzen solchen Schicksals
Singt mein Lied. Er ist geheißen
Israel. Ihn hat verwandelt
Hexenspruch in einen Hund.

Hund mit hündischen Gedanken,
Kötert er die ganze Woche
Durch des Lebens Kot und Kehricht,
Gassenbuben zum Gespötte.

Aber jeden Freitag abend,
In der Dämmrungstunde, plötzlich
Weicht der Zauber, und der Hund
Wird aufs neu ein menschlich Wesen

Mensch mit menschlichen Gefühlen,
Mit erhobnem Haupt und Herzen,

Festlich, reinlich schier gekleidet,
Tritt er in des Vaters Halle.

„Sei gegrüßt, geliebte Halle
Meines königlichen Vaters!
Zelte Jakobs, eure heilgen
Eingangspfosten küßt mein Mund!“

Durch das Haus geheimnisvoll
Zieht ein Wispern und ein Weben,
Und der unsichtbare Hausherr
Atmet schaurig in der Stille.

Stille! Nur der Seneschall
(Vulgo Synagogendiener)
Springt geschäftig auf und nieder,
Um die Lampen anzuzünden.

Trostverheißend goldne Lichter,
Wie sie glänzen, wie sie glimmern!
Stolz aufflackern auch die Kerzen
Auf der Brüstung des Almemors.

Vor dem Schreine, der die Thora
Aufbewahret und verhängt ist
Mit der kostbar seidnen Decke,
Die von Edelsteinen funkelt –

Dort an seinem Betpultständer
Steht schon der Gemeindesänger;
Schmuckes Männchen, das sein schwarzes
Mäntelchen kokett geachselt.

Um die weiße Hand zu zeigen,
Haspelt er am Halse, seltsam
An die Schläf den Zeigefinger,
An die Kehl den Daumen drückend.

Trällert vor sich hin ganz leise,
Bis er endlich lautaufjubelnd
Seine Stimm erhebt und singt:
Lecho Daudi Likras Kalle!

Lecho Daudi Likras Kalle –
Komm, Geliebter, deiner harret
Schon die Braut, die dir entschleiert
Ihr verschämtes Angesicht!

Dieses hübsche Hochzeitcarmen
Ist gedichtet von dem großen,
Hochberühmten Minnesinger
Don Jehuda ben Halevy.

In dem Liede wird gefeiert
Die Vermählung Israels
Mit der Frau Prinzessin Sabbat,
Die man nennt die stille Fürstin.

Perl und Blume aller Schönheit
Ist die Fürstin. Schöner war
Nicht die Königin von Saba,
Salomonis Busenfreundin,

Die, ein Blaustrumpf Äthiopiens,
Durch Esprit brillieren wollte,
Und mit ihren klugen Rätseln
Auf die Länge fatigant ward.

Die Prinzessin Sabbat, welche
Ja die personifizierte
Ruhe ist, verabscheut alle
Geisteskämpfe und Debatten.

Gleich fatal ist ihr die trampelnd
Deklamierende Passion,

Jenes Pathos, das mit flatternd
Aufgelöstem Haar einherstürmt.

Sittsam birgt die stille Fürstin
In der Haube ihre Zöpfe;
Blickt so sanft wie die Gazelle,
Blüht so schlank wie eine Addas.

Sie erlaubt dem Liebsten alles,
Ausgenommen Tabakrauchen –
„Liebster! Rauchen ist verboten,
Weil es heute Sabbat ist.

Dafür aber heute mittag
Soll dir dampfen, zum Ersatz,
Ein Gericht, das wahrhaft göttlich –
Heute sollst du Schalet essen!"

Schalet, schöner Götterfunken,
Tochter aus Elysium!
Also klänge Schillers Hochlied,
Hätt er Schalet je gekostet.

Schalet ist die Himmelspeise,
Die der liebe Herrgott selber
Einst den Moses kochen lehrte
Auf dem Berge Sinai,

Wo der Allerhöchste gleichfalls
All die guten Glaubenslehren
Und die heilgen zehn Gebote
Wetterleuchtend offenbarte.

Schalet ist des wahren Gottes
Koscheres Ambrosia,
Wonnebrot des Paradieses,
Und mit solcher Kost verglichen

Ist nur eitel Teufelsdreck
Das Ambrosia der falschen
Heidengötter Griechenlands,
Die verkappte Teufel waren.

Speist der Prinz von solcher Speise,
Glänzt sein Auge wie verkläret,
Und er knöpfet auf die Weste,
Und er spricht mit selgem Lächeln:

„Hör ich nicht den Jordan rauschen;?
Sind das nicht die Brüßelbrunnen
In dem Palmental von Beth-El,
Wo gelagert die Kamele?

Hör ich nicht die Herdenglöckchen?
Sind das nicht die fetten Hämmel,
Die vom Gileathgebirge
Abendlich der Hirt herabtreibt?"

Doch der schöne Tag verflittert;
Wie mit langen Schattenbeinen
Kommt geschritten der Verwünschung
Böse Stund – Es seufzt der Prinz.

Ist ihm doch als griffen eiskalt
Hexenfinger in sein Herze.
Schon durchrieseln ihn die Schauer
Hündischer Metamorphose.

Die Prinzessin reicht dem Prinzen
Ihre güldne Nardenbüchse.
Langsam riecht er – Will sich laben
Noch einmal an Wohlgerüchen.

Es kredenzet die Prinzessin
Auch den Abschiedstrunk dem Prinzen –

Hastig trinkt er, und im Becher
Bleiben wen'ge Tropfen nur.

Er besprengt damit den Tisch,
Nimmt alsdann ein kleines Wachslicht,
Und er tunkt es in die Nässe,
Daß es knistert und erlischt.

Jehuda ben Halevy

I

„Lechzend klebe mir die Zunge
An dem Gaumen, und es welke
Meine rechte Hand, vergäß ich
Jemals dein, Jerusalem –„

Wort und Weise, unaufhörlich
Schwirren sie mir heut im Kopfe,
Und mir ist als hört ich Stimmen,
Psalmodierend, Männerstimmen –

Manchmal kommen auch zum Vorschein
Bärte, schattig lange Bärte –
Traumgestalten, wer von euch
Ist Jehuda ben Halevy?

Doch sie huschen rasch vorüber;
Die Gespenster scheuen furchtsam
Der Lebendgen plumpen Zuspruch –
Aber ihn hab ich erkannt –

Ich erkannt ihn an der bleichen
Und gedankenstolzen Stirne,
An der Augen süßer Starrheit –
Sahn mich an so schmerzlich forschend –

Doch zumeist erkannt ich ihn
An dem rätselhaften Lächeln
Jener schön gereimten Lippen,
Die man nur bei Dichtern findet.

Jahre kommen und verfließen.
Seit Jehuda ben Halevy
Ward geboren, sind verflossen
Siebenhundertfunfzig Jahre –

Hat zuerst das Licht erblickt
Zu Toledo in Kastilien,
Und es hat der goldne Tajo
Ihm sein Wiegenlied gelullet.

Für Entwicklung seines Geistes
Sorgte früh der strenge Vater,
Der den Unterricht begann
Mit dem Gottesbuch, der Thora.

Diese las er mit dem Sohne
In dem Urtext, dessen schöne,
Hieroglyphisch pittoreske,
Altchaldäische Quadratschrift

Herstammt aus dem Kindesalter
Unsrer Welt, und auch deswegen
Jedem kindlichen Gemüte
So vertraut entgegenlacht.

Diesen echten alten Text
Rezitierte auch der Knabe
In der uralt hergebrachten
Singsangweise, Tropp geheißen –

Und er gurgelte gar lieblich
Jene fetten Gutturalen,

Und er schlug dabei den Triller,
Den Schalscheleth, wie ein Vogel.

Auch den Targum Onkelos,
Der geschrieben ist in jenem
Plattjudäischen Idiom,
Das wir Aramäisch nennen

Und zur Sprache der Propheten
Sich verhalten mag etwa
Wie das Schwäbische zum Deutschen –
Dieses Gelbveiglein-Hebräisch

Lernte gleichfalls früh der Knabe,
Und es kam ihm solche Kenntnis
Bald darauf sehr gut zu statten
Bei dem Studium des Talmuds.

Ja, frühzeitig hat der Vater
Ihn geleitet zu dem Talmud,
Und da hat er ihm erschlossen
Die Halacha, diese große

Fechterschule, wo die besten
Dialektischen Athleten
Babylons und Pumpedithas
Ihre Kämpferspiele trieben.

Lernen konnte hier der Knabe
Alle Künste der Polemik;
Seine Meisterschaft bezeugte
Späterhin das Buch Cosari.

Doch der Himmel gießt herunter
Zwei verschiedne Sorten Lichtes:
Grelles Tageslicht der Sonne
Und das mildre Mondlicht – Also,

Also leuchtet auch der Talmud
Zwiefach, und man teilt ihn ein
In Halacha und Hagada.
Erstre nannt ich eine Fechtschul –

Letztre aber, die Hagada,
Will ich einen Garten nennen,
Einen Garten, hochphantastisch
Und vergleichbar jenem andern,

Welcher ebenfalls dem Boden
Babylons entsprossen weiland –
Garten der Semiramis,
Achtes Wunderwerk der Welt.

Königin Semiramis,
Die als Kind erzogen worden
Von den Vögeln, und gar manche
Vögeltümlichkeit bewahrte,

Wollte nicht auf platter Erde
Promenieren wie wir andern
Säugetiere, und sie pflanzte
Einen Garten in die Luft –

Hoch auf kolossalen Säulen
Prangten Palmen und Zypressen,
Goldorangen, Blumenbeete,
Marmorbilder, auch Springbrunnen,

Alles klug und fest verbunden
Durch unzählge Hängebrücken,
Die wie Schlingepflanzen aussahn
Und worauf sich Vögel wiegten –

Große, bunte, ernste Vögel,
Tiefe Denker, die nicht singen,

Während sie umflattert kleines
Zeisigvolk, das lustig trillert –

Alle atmen ein, beseligt,
Einen reinen Balsamduft,
Welcher unvermischt mit schnödem
Erdendunst und Mißgeruche.

Die Hagada ist ein Garten
Solcher Luftkindgrillenart,
Und der junge Talmudschüler,
Wenn sein Herze war bestäubet

Und betäubet vom Gezänke
Der Halacha, vom Dispute
Über das fatale Ei,
Das ein Huhn gelegt am Festtag,

Oder über eine Frage
Gleicher Importanz – der Knabe
Floh alsdann sich zu erfrischen
In die blühende Hagada,

Wo die schönen alten Sagen,
Engelmärchen und Legenden,
Stille Märtyrerhistorien,
Festgesänge, Weisheitsprüche,

Auch Hyperbeln, gar possierlich,
Alles aber glaubenskräftig,
Glaubensglühend – O, das glänzte,
Quoll und sproß so überschwenglich –

Und des Knaben edles Herze
Ward ergriffen von der wilden,
Abenteuerlichen Süße,
Von der wundersamen Schmerzlust

Und den fabelhaften Schauern
Jener seligen Geheimwelt,
Jener großen Offenbarung,
Die wir nennen Poesie.

Auch die Kunst der Poesie,
Heitres Wissen, holdes Können,
Welches wir die Dichtkunst heißen,
Tat sich auf dem Sinn des Knaben.

Und Jehuda ben Halevy
Ward nicht bloß ein Schriftgelehrter,
Sondern auch der Dichtkunst Meister,
Sondern auch ein großer Dichter.

Ja, er ward ein großer Dichter,
Stern und Fackel seiner Zeit,
Seines Volkes Licht und Leuchte,
Eine wunderbare, große

Feuersäule des Gesanges,
Die der Schmerzenskarawane
Israels vorangezogen
In der Wüste des Exils.

Rein und wahrhaft, sonder Makel
War sein Lied, wie seine Seele –
Als der Schöpfer sie erschaffen,
Diese Seele, selbstzufrieden

Küßte er die schöne Seele,
Und des Kusses holder Nachklang
Bebt in jedem Lied des Dichters,
Das geweiht durch diese Gnade.

Wie im Leben, so im Dichten
Ist das höchste Gut die Gnade –

Wer sie hat, der kann nicht sündgen
Nicht in Versen, noch in Prosa.

Solchen Dichter von der Gnade
Gottes nennen wir Genie:
Unverantwortlicher König
Des Gedankenreiches ist er.

Nur dem Gotte steht er Rede,
Nicht dem Volke – In der Kunst,
Wie im Leben kann das Volk
Töten uns, doch niemals richten. –

II

Bei den Wassern Babels saßen
Wir und weinten, unsre Harfen
Lehnten an den Trauerweiden –
Kennst du noch das alte Lied?

Kennst du noch die alte Weise,
Die im Anfang so elegisch
Greint und sumset, wie ein Kessel,
Welcher auf dem Herde kocht?

Lange schon, jahrtausendlange
Kochts in mir. Ein dunkles Wehe!
Und die Zeit leckt meine Wunde,
Wie der Hund die Schwären Hiobs.

Dank dir, Hund, für deinen Speichel –
Doch das kann nur kühlend lindern –
Heilen kann mich nur der Tod,
Aber, ach, ich bin unsterblich!

Jahre kommen und vergehen –
In dem Webstuhl läuft geschäftig

Schnurrend hin und her die Spule –
Was er webt, das weiß kein Weber.

Jahre kommen und vergehen,
Menschentränen träufeln, rinnen
Auf die Erde, und die Erde
Saugt sie ein mit stiller Gier –

Tolle Sud! Der Deckel springt –
Heil dem Manne, dessen Hand
Deine junge Brut ergreifet
Und zerschmettert an der Felswand.

Gott sei Dank! die Sud verdampfet
In dem Kessel, der allmählich
Ganz verstummt. Es weicht mein Spleen,
Mein westöstlich dunkler Spleen –

Auch mein Flügelrößlein wiehert
Wieder heiter, scheint den bösen
Nachtalb von sich abzuschütteln,
Und die klugen Augen fragen:

Reiten wir zurück nach Spanien
Zu dem kleinen Talmudisten,
Der ein großer Dichter worden,
Zu Jehuda ben Halevy?

Ja, er ward ein großer Dichter,
Absoluter Traumweltsherrscher
Mit der Geisterkönigskrone,
Ein Poet von Gottes Gnade,

Der in heiligen Sirventen,
Madrigalen und Terzinen,
Kanzonetten und Ghaselen
Ausgegossen alle Flammen

Seiner gottgeküßten Seele!
Wahrlich ebenbürtig war
Dieser Troubadour den besten
Lautenschlägern der Provence,

Poitous und der Guienne,
Roussillons und aller andern
Süßen Pomeranzenlande
Der galanten Christenheit.

Der galanten Christenheit
Süße Pomeranzenlande!
Wie sie duften, glänzen, klingen
In dem Zwielicht der Erinnrung!

Schöne Nachtigallenwelt!
Wo man statt des wahren Gottes
Nur den falschen Gott der Liebe
Und der Musen angebeten.

Clerici mit Rosenkränzen
Auf der Glatze sangen Psalmen
In der heitern Sprache d'oc;
Und die Laien, edle Ritter,

Stolz auf hohen Rossen trabend,
Spintisierten Vers und Reime
Zur Verherrlichung der Dame,
Der ihr Herze fröhlich diente.

Ohne Dame keine Minne,
Und es war dem Minnesänger
Unentbehrlich eine Dame,
Wie dem Butterbrot die Butter.

Auch der Held, den wir besingen,
Auch Jehuda ben Halevy

Hatte seine Herzensdame;
Doch sie war besondrer Art.

Sie war keine Laura, deren
Augen, sterbliche Gestirne,
In dem Dome am Karfreitag
Den berühmten Brand gestiftet –

Sie war keine Chatelaine,
Die im Blütenschmuck der Jugend
Bei Turnieren präsidierte
Und den Lorbeerkranz erteilte –

Keine Kußrechtskasuistin
War sie, keine Doktrinärrin,
Die im Spruchkollegium
Eines Minnehofs dozierte –

Jene, die der Rabbi liebte,
War ein traurig armes Liebchen,
Der Zerstörung Jammerbildnis,
Und sie hieß Jerusalem.

Schon in frühen Kindestagen
War sie seine ganze Liebe;
Sein Gemüte machte beben
Schon das Wort Jerusalem.

Purpurflamme auf der Wange,
Stand der Knabe, und er horchte,
Wenn ein Pilger nach Toledo
Kam aus fernem Morgenlande

Und erzählte: wie verödet
Und verunreint jetzt die Stätte,
Wo am Boden noch die Lichtspur
Von dem Fuße der Propheten –

Wo die Luft noch balsamieret
Von dem ewgen Odem Gottes –
O des Jammeranblicks! rief
Einst ein Pilger, dessen Bart

Silberweiß hinabfloß, während
Sich das Barthaar an der Spitze
Wieder schwärzte und es aussah,
Als ob sich der Bart verjünge –

Ein gar wunderlicher Pilger
Mocht es sein, die Augen lugten
Wie aus tausendjährgem Trübsinn,
Und er seufzt': „Jerusalem!

Sie, die volkreich heilge Stadt
Ist zur Wüstenei geworden,
Wo Waldteufel, Werwolf, Schakal
Ihr verruchtes Wesen treiben –

Schlangen, Nachtgevögel nisten
Im verwitterten Gemäuer;
Aus des Fensters luftgem Bogen
Schaut der Fuchs mit Wohlbehagen.

Hier und da taucht auf zuweilen
Ein zerlumpter Knecht der Wüste,
Der sein höckriges Kamel
In dem hohen Grase weidet.

Auf der edlen Höhe Zions,
Wo die goldne Feste ragte,
Deren Herrlichkeiten zeugten
Von der Pracht des großen Königs:

Dort, von Unkraut überwuchert,
Liegen nur noch graue Trümmer,

Die uns ansehn schmerzhaft traurig,
Daß man glauben muß, sie weinten.

Und es heißt, sie weinten wirklich
Einmal in dem Jahr, an jenem
Neunten Tag des Monats Ab –
Und mit tränend eignen Augen

Schaute ich die dicken Tropfen
Aus den großen Steinen sickern,
Und ich hörte weheklagen
Die gebrochnen Tempelsäulen.“ – –

Solche fromme Pilgersagen
Weckten in der jungen Brust
Des Jehuda ben Halevy
Sehnsucht nach Jerusalem.

Dichtersehnsucht! ahnend, träumend
Und fatal war sie, wie jene,
Die auf seinem Schloß zu Blaye
Einst empfand der edle Vidam,

Messer Geoffroi Rudello,
Als die Ritter, die zurück
Aus dem Morgenlande kehrten,
Laut beim Becherklang beteuert:

Ausbund aller Huld und Züchten,
Perl und Blume aller Frauen,
Sei die schöne Melisande,
Markgräfin von Tripolis.

Jeder weiß, für diese Dame
Schwärmte jetzt der Troubadour;
Er besang sie, und es wurde
Ihm zu eng im Schlosse Blaye.

Und es trieb ihn fort. Zu Cette
Schiffte er sich ein, erkrankte
Aber auf dem Meer, und sterbend
Kam er an zu Tripolis.

Hier erblickt' er Melisanden
Endlich auch mit Leibesaugen,
Die jedoch des Todes Schatten
In derselben Stunde deckten.

Seinen letzten Liebessang
Singend, starb er zu den Füßen
Seiner Dame Melisande,
Markgräfin von Tripolis.

Wunderbare Ähnlichkeit
In dem Schicksal beider Dichter!
Nur daß jener erst im Alter
Seine große Wallfahrt antrat.

Auch Jehuda ben Halevy
Starb zu Füßen seiner Liebsten,
Und sein sterbend Haupt, es ruhte
Auf den Knien Jerusalems.

III

Nach der Schlacht bei Arabella
Hat der große Alexander
Land und Leute des Darius,
Hof und Harem, Pferde, Weiber,

Elefanten und Dariken,
Kron und Szepter, goldnen Plunder,
Eingesteckt in seine weiten
Macedonschen Pluderhosen.

In dem Zelt des großen Königs,
Der entflohn, um nicht höchstselbst
Gleichfalls eingesteckt zu werden,
Fand der junge Held ein Kästchen,

Eine kleine güldne Truhe,
Mit Miniaturbildwerken
Und mit inkrustierten Steinen
Und Kameen reich geschmückt –

Dieses Kästchen, selbst ein Kleinod
Unschätzbaren Wertes, diente
Zur Bewahrung von Kleinodien,
Des Monarchen Leibjuwelen.

Letztre schenkte Alexander
An die Tapfern seines Heeres,
Darob lächelnd, daß sich Männer
Kindisch freun an bunten Steinchen.

Eine kostbar schönste Gemme
Schickte er der lieben Mutter;
War der Siegelring des Cyrus,
Wurde jetzt zu einer Brosche.

Seinem alten Weltarschpauker
Aristoteles, dem sandt er
Einen Onyx für sein großes
Naturalienkabinett.

In dem Kästchen waren Perlen,
Eine wunderbare Schnur,
Die der Königin Atossa
Einst geschenkt der falsche Smerdis –

Doch die Perlen waren echt –
Und der heitre Sieger gab sie
Einer schönen Tänzerin
Aus Korinth, mit Namen Thais.

Diese trug sie in den Haaren,
Die bacchantisch aufgelöst,
In der Brandnacht, als sie tanzte
Zu Persepolis und frech

In die Königsburg geschleudert
Ihre Fackel, daß laut prasselnd
Bald die Flammenlohe aufschlug,
Wie ein Feuerwerk zum Feste.

Nach dem Tod der schönen Thais,
Die an einer babylonschen
Krankheit starb zu Babylon,
Wurden ihre Perlen dort

Auf dem Börsensaal vergantert.
Sie erstand ein Pfaff aus Memphis,
Der sie nach Ägypten brachte,
Wo sie später auf dem Putztisch

Der Kleopatra erschienen,
Die die schönste Perl zerstampft

Und mit Wein vermischt verschluckte,
Um Antonius zu foppen.

Mit dem letzten Omayaden
Kam die Perlenschnur nach Spanien,
Und sie schlängelte am Turban
Des Kalifen zu Corduba.

Abderam der Dritte trug sie
Als Brustschleife beim Turnier,
Wo er dreißig goldne Ringe
Und das Herz Zuleimas stach.

Nach dem Fall der Mohrenherrschaft
Gingen zu den Christen über
Auch die Perlen, und gerieten
In den Kronschatz von Kastilien.

Die katholschen Majestäten
Spanscher Königinnen schmückten
Sich damit bei Hoffestspielen,
Stiergefechten, Prozessionen,

So wie auch Autodafés,
Wo sie auf Balkonen sitzend,
Sich erquickten am Geruche
Von gebratnen alten Juden.

Späterhin gab Mendizabel,
Satansenkel, diese Perlen
In Versatz, um der Finanzen
Defizit damit zu decken.

An dem Hof der Tuilerien
Kam die Schnur zuletzt zum Vorschein,
Und sie schimmerte am Halse
Der Baronin Salomon.

So ergings den schönen Perlen.
Minder abenteuerlich
Gings dem Kästchen, dies behielt
Alexander für sich selber.

Er verschloß darin die Lieder
Des ambrosischen Homeros,
Seines Lieblings, und zu Häupten
Seines Bettes in der Nacht

Stand das Kästchen – Schlief der König,
Stiegen draus hervor der Helden
Lichte Bilder, und sie schlichen
Gaukelnd sich in seine Träume.

Andre Zeiten, andre Vögel –
Ich, ich liebte weiland gleichfalls
Die Gesänge von den Taten
Des Peliden, des Odysseus.

Damals war so sonnengoldig
Und so purpurn mir zumute,
Meine Stirn umkränzte Weinlaub,
Und es tönten die Fanfaren –

Still davon – gebrochen liegt
Jetzt mein stolzer Siegeswagen,
Und die Panther, die ihn zogen,
Sind verreckt, so wie die Weiber,

Die mit Pauk und Zimbelklängen
Mich umtanzten, und ich selbst
Wälze mich am Boden elend,
Krüppelelend – still davon –

Still davon – es ist die Rede
Von dem Kästchen des Darius,

Und ich dacht in meinem Sinne:
Käm ich in Besitz des Kästchens,

Und mich zwänge nicht Finanznot,
Gleich dasselbe zu versilbern,
So verschlösse ich darin
Die Gedichte unsres Rabbi –

Des Jehuda ben Halevy
Festgesänge, Klagelieder,
Die Ghaselen, Reisebilder
Seiner Wallfahrt – alles ließ' ich

Von dem besten Zophar schreiben
Auf der reinsten Pergamenthaut,
Und ich legte diese Handschrift
In das kleine goldne Kästchen.

Dieses stellt' ich auf den Tisch
Neben meinem Bett, und kämen
Dann die Freunde und erstaunten
Ob der Pracht der kleinen Truhe,

Ob den seltnen Basreliefen,
Die so winzig, doch vollendet
Sind zugleich, und ob den großen
Inkrustierten Edelsteinen –

Lächelnd würd ich ihnen sagen:
Das ist nur die rohe Schale,
Die den bessern Schatz verschließet –
Hier in diesem Kästchen liegen

Diamanten, deren Lichter
Abglanz, Widerschein des Himmels,
Herzblutglühende Rubinen,
Fleckenlose Turkoasen,

Auch Smaragde der Verheißung,
Perlen, reiner noch als jene,
Die der Königin Atossa
Einst geschenkt der falsche Smerdis,

Und die späterhin geschmücket
Alle Notabilitäten
Dieser mondumkreisten Erde,
Thais und Kleopatra,

Isispriester, Mohrenfürsten,
Auch Hispaniens Königinnen,
Und zuletzt die hochverehrte
Frau Baronin Salomon –

Diese weltberühmten Perlen,
Sie sind nur der bleiche Schleim
Eines armen Austertiers,
Das im Meergrund blöde kränkelt:

Doch die Perlen hier im Kästchen
Sind entquollen einer schönen
Menschenseele, die noch tiefer,
Abgrundtiefer als das Weltmeer –

Denn es sind die Tränenperlen
Des Jehuda ben Halevy,
Die er ob dem Untergang
Von Jerusalem geweinet –

Perlentränen, die verbunden
Durch des Reimes goldnen Faden,
Aus der Dichtkunst güldnen Schmiede
Als ein Lied hervorgegangen.

Dieses Perlentränenlied
Ist die vielberühmte Klage,

Die gesungen wird in allen
Weltzerstreuten Zelten Jakobs

An dem neunten Tag des Monats,
Der geheißen Ab, dem Jahrstag
Von Jerusalems Zerstörung
Durch den Titus Vespasianus.

Ja, das ist das Zionslied,
Das Jehuda ben Halevy
Sterbend auf den heilgen Trümmern
Von Jerusalem gesungen –

Barfuß und im Büßerkittel
Saß er dorten auf dem Bruchstück
Einer umgestürzten Säule; –
Bis zur Brust herunterfiel

Wie ein greiser Wald sein Haupthaar,
Abenteuerlich beschattend
Das bekümmert bleiche Antlitz
Mit den geisterhaften Augen –

Also saß er und er sang,
Wie ein Seher aus der Vorzeit
Anzuschaun – dem Grab entstiegen
Schien Jeremias, der Alte –

Das Gevögel der Ruinen
Zähmte schier der wilde Schmerzlaut
Des Gesanges, und die Geier
Nahten horchend, fast mitleidig –

Doch ein frecher Sarazene
Kam desselben Wegs geritten,
Hoch zu Roß, im Bug sich wiegend
Und die blanke Lanze schwingend –

In die Brust des armen Sängers
Stieß er diesen Todesspeer,
Und er jagte rasch von dannen,
Wie ein Schattenbild beflügelt.

Ruhig floß das Blut des Rabbi,
Ruhig seinen Sang zu Ende
Sang er, und sein sterbeletzter
Seufzer war Jerusalem! – –

Eine alte Sage meldet,
Jener Sarazene sei
Gar kein böser Mensch gewesen,
Sondern ein verkappter Engel,

Der vom Himmel ward gesendet,
Gottes Liebling zu entrücken
Dieser Erde und zu fördern
Ohne Qual ins Reich der Selgen.

Droben, heißt es, harrte seiner
Ein Empfang, der schmeichelhaft
Ganz besonders für den Dichter,
Eine himmlische Sürprise.

Festlich kam das Chor der Engel
Ihm entgegen mit Musik,
Und als Hymne grüßten ihn
Seine eignen Verse, jenes

Synagogen-Hochzeitcarmen,
Jene Sabbat-Hymenäen,
Mit den jauchzend wohlbekannten
Melodien – welche Töne!

Englein bliesen auf Hoboen,
Englein spielten Violine,

Andre strichen auch die Bratsche
Oder schlugen Pauk und Zimbel.

Und das sang und klang so lieblich,
Und so lieblich in den weiten
Himmelsräumen widerhallt es:
Lecho Daudi Likras Kalle.

IV

Meine Frau ist nicht zufrieden
Mit dem vorigen Kapitel,
Ganz besonders in bezug
Auf das Kästchen des Darius.

Fast mit Bitterkeit bemerkt sie:
Daß ein Ehemann, der wahrhaft
Religiöse sei, das Kästchen
Gleich zu Gelde machen würde,

Um damit für seine arme
Legitime Ehegattin
Einen Kaschemir zu kaufen,
Dessen sie so sehr bedürfe.

Der Jehuda ben Halevy,
Meinte sie, der sei hinlänglich
Ehrenvoll bewahrt in einem
Schönen Futteral von Pappe

Mit chinesisch eleganten
Arabesken, wie die hübschen
Bonbonnieren von Marquis
Im Passage Panorama.

Sonderbar! – setzt sie hinzu –
Daß ich niemals nennen hörte
Diesen großen Dichternamen,
Den Jehuda ben Halevy.

Liebstes Kind, gab ich zur Antwort,
Solche holde Ignoranz,
Sie bekundet die Lakunen
Der französischen Erziehung,

Der Pariser Pensionate,
Wo die Mädchen, diese künftgen
Mütter eines freien Volkes,
Ihren Unterricht genießen –

Alte Mumien, ausgestopfte
Pharaonen von Ägypten,
Merowinger Schattenkönge,
Ungepuderte Perücken,

Auch die Zopfmonarchen Chinas,
Porzellanpagodenkaiser –
Alle lernen sie auswendig,
Kluge Mädchen, aber Himmel –

Fragt man sie nach großen Namen
Aus dem großen Goldzeitalter
Der arabisch-althispanisch
Jüdischen Poetenschule,

Fragt man nach dem Dreigestirn,
Nach Jehuda ben Halevy,
Nach dem Salomon Gabirol
Und dem Moses Iben Esra –

Fragt man nach dergleichen Namen,
Dann mit großen Augen schaun

Uns die Kleinen an – alsdann
Stehn am Berge die Ochsinnen.

Raten möcht ich dir, Geliebte,
Nachzuholen das Versäumte
Und Hebräisch zu erlernen –
Laß Theater und Konzerte,

Widme einge Jahre solchem
Studium, du kannst alsdann
Im Originale lesen
Iben Esra und Gabirol

Und versteht sich den Halevy,
Das Triumvirat der Dichtkunst,
Das dem Saitenspiel Davidis
Einst entlockt die schönsten Laute.

Alcharisi – der, ich wette,
Dir nicht minder unbekannt ist,
Ob er gleich, französ'scher Witzbold,
Den Hariri überwitzelt

Im Gebiete der Makame,
Und ein Voltairianer war
Schon sechshundert Jahr vor Voltair' –
Jener Alcharisi sagte:

„Durch Gedanken glänzt Gabirol
Und gefällt zumeist dem Denker,
Iben Esra glänzt durch Kunst
Und behagt weit mehr dem Künstler –

Aber beider Eigenschaften
Hat Jehuda ben Halevy,
Und er ist ein großer Dichter
Und ein Liebling aller Menschen."

Iben Esra war ein Freund
Und, ich glaube, auch ein Vetter
Des Jehuda ben Halevy,
Der in seinem Wanderbuche

Schmerzlich klagt, wie er vergebens
In Granada aufgesucht hat
Seinen Freund, und nur den Bruder
Dorten fand, den Medikus,

Rabbi Meyer, auch ein Dichter
Und der Vater jener Schönen,
Die mit hoffnungsloser Flamme
Iben Esras Herz entzunden –

Um das Mühmchen zu vergessen,
Griff er nach dem Wanderstabe,
Wie so mancher der Kollegen;
Lebte unstet, heimatlos.

Pilgernd nach Jerusalem,
Überfielen ihn Tataren,
Die an einen Gaul gebunden
Ihn nach ihren Steppen schleppten.

Mußte Dienste dort verrichten,
Die nicht würdig eines Rabbi
Und noch wen'ger eines Dichters,
Mußte nämlich Kühe melken.

Einstens, als er unterm Bauche
Einer Kuh gekauert saß,
Ihre Euter hastig fingernd,
Daß die Milch floß in den Zuber –

Eine Position, unwürdig
Eines Rabbis, eines Dichters –

Da befiel ihn tiefe Wehmut,
Und er fing zu singen an,

Und er sang so schön und lieblich,
Daß der Chan, der Fürst der Horde,
Der vorbeiging, ward gerühret
Und die Freiheit gab dem Sklaven.

Auch Geschenke gab er ihm,
Einen Fuchspelz, eine lange
Sarazenenmandoline
Und das Zehrgeld für die Heimkehr.

Dichterschicksal! böser Unstern,
Der die Söhne des Apollo
Tödlich nergelt, und sogar
Ihren Vater nicht verschont hat,

Als er, hinter Daphnen laufend,
Statt des weißen Nymphenleibes
Nur den Lorbeerbaum erfaßte,
Er, der göttliche Schlemihl!

Ja, der hohe Delphier ist
Ein Schlemihl, und gar der Lorbeer,
Der so stolz die Stirne krönet,
Ist ein Zeichen des Schlemihltums.

Was das Wort Schlemihl bedeutet,
Wissen wir. Hat doch Chamisso
Ihm das Bürgerrecht in Deutschland
Längst verschafft, dem Worte nämlich.

Aber unbekannt geblieben,
Wie des heilgen Niles Quellen,
Ist sein Ursprung; hab darüber
Nachgegrübelt manche Nacht.

Zu Berlin vor vielen Jahren
Wandt ich mich deshalb an unsern
Freund Chamisso, suchte Auskunft
Beim Dekane der Schlemihle.

Doch er konnt mich nicht befriedgen
Und verwies mich drob an Hitzig,
Der ihm den Familiennamen
Seines schattenlosen Peters

Einst verraten. Alsbald nahm ich
Eine Droschke und ich rollte
Zu dem Kriminalrat Hitzig,
Welcher ehmals Itzig hieß –

Als er noch ein Itzig war,
Träumte ihm, er säh geschrieben
An dem Himmel seinen Namen
Und davor den Buchstab H.

„Was bedeutet dieses H?"
Frug er sich – „etwa Herr Itzig
Oder Heilger Itzig? Heilger
Ist ein schöner Titel – aber

In Berlin nicht passend" – Endlich
Grübelnsmüd nannt er sich Hitzig,
Und nur die Getreuen wußten,
In dem Hitzig steckt ein Heilger.

Heilger Hitzig! sprach ich also,
Als ich zu ihm kam, Sie sollen
Mir die Etymologie
Von dem Wort Schlemihl erklären.

Viel Umschweife nahm der Heilge,
Konnte sich nicht recht erinnern,

Eine Ausflucht nach der andern,
Immer christlich – Bis mir endlich,

Endlich alle Knöpfe rissen
An der Hose der Geduld,
Und ich anfing so zu fluchen,
So gottlästerlich zu fluchen,

Daß der fromme Pietist,
Leichenblaß und beineschlotternd,
Unverzüglich mir willfahrte
Und mir folgendes erzählte:

„In der Bibel ist zu lesen,
Als zur Zeit der Wüstenwandrung
Israel sich oft erlustigt
Mit den Töchtern Kanaans,

Da geschah es, daß der Pinhas
Sahe, wie der edle Simri
Buhlschaft trieb mit einem Weibsbild
Aus dem Stamm der Kananiter,

Und alsbald ergriff er zornig
Seinen Speer und hat den Simri
Auf der Stelle totgestochen –
Also heißt es in der Bibel.

Aber mündlich überliefert
Hat im Volke sich die Sage,
Daß es nicht der Simri war,
Den des Pinhas Speer getroffen,

Sondern daß der Blinderzürnte,
Statt des Sünders, unversehens
Einen ganz Unschuldgen traf,
Den Schlemihl ben Zuri Schadday." –

Dieser nun, Schlemihl I.,
Ist der Ahnherr des Geschlechtes
Derer von Schlemihl. Wir stammen
Von Schlemihl ben Zuri Schadday.

Freilich keine Heldentaten
Meldet man von ihm, wir kennen
Nur den Namen und wir wissen,
Daß er ein Schlemihl gewesen.

Doch geschätzet wird ein Stammbaum
Nicht ob seinen guten Früchten,
Sondern nur ob seinem Alter –
Drei Jahrtausend zählt der unsre!

Jahre kommen und vergehen –
Drei Jahrtausende verflossen,
Seit gestorben unser Ahnherr,
Herr Schlemihl ben Zuri Schadday.

Längst ist auch der Pinhas tot –
Doch sein Speer hat sich erhalten,
Und wir hören ihn beständig
Über unsre Häupter schwirren.

Und die besten Herzen trifft er –
Wie Jehuda ben Halevy,
Traf er Moses Iben Esra
Und er traf auch den Gabirol –

Den Gabirol, diesen treuen
Gottgeweihten Minnesänger,
Diese fromme Nachtigall,
Deren Rose Gott gewesen –

Diese Nachtigall, die zärtlich
Ihre Liebeslieder sang

In der Dunkelheit der gotisch
Mittelalterlichen Nacht!

Unerschrocken, unbekümmert
Ob den Fratzen und Gespenstern,
Ob dem Wust von Tod und Wahnsinn,
Die gespukt in jener Nacht –

Sie, die Nachtigall, sie dachte
Nur an ihren göttlich Liebsten,
Dem sie ihre Liebe schluchzte,
Den ihr Lobgesang verherrlicht! –

Dreißig Lenze sah Gabirol
Hier auf Erden, aber Fama
Ausposaunte seines Namens
Herrlichkeit durch alle Lande.

Zu Corduba, wo er wohnte,
War ein Mohr sein nächster Nachbar,
Welcher gleichfalls Verse machte
Und des Dichters Ruhm beneidet'.

Hörte er den Dichter singen,
Schwoll dem Mohren gleich die Galle,
Und der Lieder Süße wurde
Bittrer Wermut für den Neidhart.

Er verlockte den Verhaßten
Nächtlich in sein Haus, erschlug ihn
Dorten und vergrub den Leichnam
Hinterm Hause in dem Garten.

Aber siehe! aus dem Boden,
Wo die Leiche eingescharrt war,
Wuchs hervor ein Feigenbaum
Von der wunderbarsten Schönheit.

Seine Frucht war seltsam länglich
Und von seltsam würzger Süße;
Wer davon genoß, versank
In ein träumerisch Entzücken.

In dem Volke ging darüber
Viel Gerede und Gemunkel,
Das am End zu den erlauchten
Ohren des Kalifen kam.

Dieser prüfte eigenzüngig
Jenes Feigenphänomen,
Und ernannte eine strenge
Untersuchungskommission.

Man verfuhr summarisch. Sechzig
Bambushiebe auf die Sohlen
Gab man gleich dem Herrn des Baumes,
Welcher eingestand die Untat.

Darauf riß man auch den Baum
Mit den Wurzeln aus dem Boden,
Und zum Vorschein kam die Leiche
Des erschlagenen Gabirol.

Diese ward mit Pomp bestattet
Und betrauert von den Brüdern;
An demselben Tage henkte
Man den Mohren zu Corduba.

(Fragment)

Disputation

In der Aula zu Toledo
Klingen schmetternd die Fanfaren;
Zu dem geistlichen Turnei
Wallt das Volk in bunten Scharen.

Das ist nicht ein weltlich Stechen,
Keine Eisenwaffe blitzet –
Eine Lanze ist das Wort,
Das scholastisch scharf gespitzet.

Nicht galante Paladins
Fechten hier, nicht Damendiener –
Dieses Kampfes Ritter sind
Kapuziner und Rabbiner.

Statt des Helmes tragen sie
Schabbesdeckel und Kapuzen;
Skapulier und Arbekanfeß
Sind der Harnisch, drob sie trutzen.

Welches ist der wahre Gott?
Ist es der Hebräer starrer
Großer Eingott, dessen Kämpe
Rabbi Juda, der Navarrer?

Oder ist es der dreifaltge
Liebegott der Christianer,
Dessen Kämpe Frater Jose,
Gardian der Franziskaner?

Durch die Macht der Argumente,
Durch der Logik Kettenschlüsse
Und Zitate von Autoren,
Die man anerkennen müsse,

Will ein jeder Kämpe seinen
Gegner ad absurdum führen
Und die wahre Göttlichkeit
Seines Gottes demonstrieren.

Festgestellt ist: daß derjenge,
Der im Streit ward überwunden,
Seines Gegners Religion
Anzunehmen sei verbunden,

Daß der Jude sich der Taufe
Heilgem Sakramente füge,
Und im Gegenteil der Christ
Der Beschneidung unterliege.

Jedem von den beiden Kämpen
Beigesellt sind elf Genossen,
Die zu teilen sein Geschick
Sind in Freud und Leid entschlossen.

Glaubenssicher sind die Mönche
Von des Gardians Geleitschaft,
Halten schon Weihwasserkübel
Für die Taufe in Bereitschaft,

Schwingen schon die Sprengelbesen
Und die blanken Räucherfässer –
Ihre Gegner unterdessen
Wetzen die Beschneidungsmesser.

Beide Rotten stehn schlagfertig
Vor den Schranken in dem Saale,
Und das Volk mit Ungeduld
Harret drängend der Signale.

Unterm güldnen Baldachin
Und umrauscht vom Hofgesinde

Sitzt der König und die Köngin;
Diese gleichet einem Kinde.

Ein französisch stumpfes Näschen,
Schalkheit kichert in den Mienen,
Doch bezaubernd sind des Mundes
Immer lächelnde Rubinen.

Schöne, flatterhafte Blume –
Daß sich ihrer Gott erbarme –
Von dem heitern Seine-Ufer
Wurde sie verpflanzt, die arme,

Hierher in den steifen Boden
Der hispanischen Grandezza;
Weiland hieß sie Blanch' de Bourbon,
Donna Blanka heißt sie jetzo.

Pedro wird genannt der König
Mit dem Zusatz der Grausame;
Aber heute, milden Sinnes,
Ist er besser als sein Name.

Unterhält sich gut gelaunt
Mit des Hofes Edelleuten;
Auch den Juden und den Mohren
Sagt er viele Artigkeiten.

Diese Ritter ohne Vorhaut
Sind des Königs Lieblingsschranzen,
Sie befehlgen seine Heere,
Sie verwalten die Finanzen.

Aber plötzlich Paukenschläge,
Und es melden die Trompeten,
Daß begonnen hat der Maulkampf,
Der Disput der zwei Athleten.

Der Gardian der Franziskaner
Bricht hervor mit frommem Grimme;
Polternd roh und widrig greinend
Ist abwechselnd seine Stimme.

In des Vaters und des Sohnes
Und des Heilgen Geistes Namen
Exorzieret er den Rabbi,
Jakobs maledeiten Samen.

Denn bei solchen Kontroversen
Sind oft Teufelchen verborgen
In dem Juden, die mit Scharfsinn,
Witz und Gründen ihn versorgen.

Nun die Teufel ausgetrieben
Durch die Macht des Exorzismus,
Kommt der Mönch auch zur Dogmatik,
Kugelt ab den Katechismus.

Er erzählt, daß in der Gottheit
Drei Personen sind enthalten,
Die jedoch zu einer einzgen,
Wenn es passend, sich gestalten –

Ein Mysterium, das nur
Von demjengen wird verstanden,
Der entsprungen ist dem Kerker
Der Vernunft und ihren Banden.

Er erzählt: wie Gott der Herr
Ward zu Bethlehem geboren
Von der Jungfrau, welche niemals
Ihre Jungferschaft verloren;

Wie der Herr der Welt gelegen
In der Krippe, und ein Kühlein

Und ein Ochslein bei ihm stunden,
Schier andächtig, zwei Rindviehlein.

Er erzählte: wie der Herr
Vor den Schergen des Herodes
Nach Ägypten floh, und später
Litt die herbe Pein des Todes

Unter Pontio Pilato,
Der das Urteil unterschrieben,
Von den harten Pharisäern,
Von den Juden angetrieben.

Er erzählte: wie der Herr,
Der entstiegen seinem Grabe
Schon am dritten Tag, gen Himmel
Seinen Flug genommen habe;

Wie er aber, wenn es Zeit ist,
Wiederkehren auf die Erde
Und zu Josaphat die Toten
Und Lebendgen richten werde.

„Zittert, Juden!" rief der Mönch,
„Vor dem Gott, den ihr mit Hieben
Und mit Dornen habt gemartert,
Den ihr in den Tod getrieben.

Seine Mörder, Volk der Rachsucht,
Juden, das seid ihr gewesen –
Immer meuchelt ihr den Heiland,
Welcher kommt, euch zu erlösen.

Judenvolk, du bist ein Aas,
Worin hausen die Dämonen;
Eure Leiber sind Kasernen
Für des Teufels Legionen.

Thomas von Aquino sagt es,
Den man nennt den großen Ochsen
Der Gelehrsamkeit, er ist
Licht und Lust der Orthodoxen.

Judenvolk, ihr seid Hyänen,
Wölfe, Schakals, die in Gräbern
Wühlen, um der Toten Leichnam'
Blutfraßgierig aufzustöbern.

Juden, Juden, ihr seid Säue,
Paviane, Nashorntiere,
Die man nennt Rhinozerosse,
Krokodile und Vampire.

Ihr seid Raben, Eulen, Uhus,
Fledermäuse, Wiedehöpfe,
Leichenhühner, Basilisken,
Galgenvögel, Nachtgeschöpfe.

Ihr seid Vipern und Blindschleichen,
Klapperschlangen, giftge Kröten,
Ottern, Nattern – Christus wird
Eur verfluchtes Haupt zertreten.

Oder wollt ihr, Maledeiten,
Eure armen Seelen retten?
Aus der Bosheit Synagoge
Flüchtet nach den frommen Stätten,

Nach der Liebe lichtem Dome,
Wo im benedeiten Becken
Euch der Quell der Gnade sprudelt –
Drin sollt ihr die Köpfe stecken –

Wascht dort ab den alten Adam
Und die Laster, die ihn schwärzen;

Des verjährten Grolles Schimmel,
Wascht ihn ab von euren Herzen!

Hört ihr nicht des Heilands Stimme?
Euren neuen Namen rief er –
Lauset euch an Christi Brust
Von der Sünde Ungeziefer!

Unser Gott, der ist die Liebe,
Und er gleichet einem Lamme;
Um zu sühnen unsre Schuld,
Starb er an des Kreuzes Stamme.

Unser Gott, der ist die Liebe,
Jesus Christus ist sein Namen
Seine Duldsamkeit und Demut
Suchen wir stets nachzuahmen.

Deshalb sind wir auch so sanft,
So leutselig, ruhig, milde,
Hadern niemals, nach des Lammes,
Des Versöhners, Musterbilde.

Einst im Himmel werden wir
Ganz verklärt zu frommen Englein,
Und wir wandeln dort gottselig,
In den Händen Lilienstenglein.

Statt der groben Kutten tragen
Wir die reinlichsten Gewänder
Von Mußlin, Brokat und Seide,
Goldne Troddeln, bunte Bänder.

Keine Glatze mehr! Goldlocken
Flattern dort um unsre Köpfe;
Allerliebste Jungfraun flechten
Uns das Haar in hübsche Zöpfe.

Weinpokale wird es droben
Von viel weiterm Umfang geben
Als die Becher sind hier unten,
Worin schäumt der Saft der Reben.

Doch im Gegenteil viel enger
Als ein Weibermund hienieden
Wird das Frauenmündchen sein,
Das dort oben uns beschieden.

Trinkend, küssend, lachend wollen
Wir die Ewigkeit verbringen,
Und verzückt Halleluja,
Kyrie Eleison singen."

Also schloß der Christ. Die Mönchlein
Glaubten schon, Erleuchtung träte
In die Herzen, und sie schleppten
Flink herbei das Taufgeräte.

Doch die wasserscheuen Juden
Schütteln sich und grinsen schnöde.
Rabbi Juda, der Navarrer,
Hub jetzt an die Gegenrede:

„Um für deine Saat zu düngen
Meines Geistes dürren Acker,
Mit Mistkarren voll Schimpfwörter
Hast du mich beschmissen wacker.

So folgt jeder der Methode,
Dran er nun einmal gewöhnet,
Und anstatt dich drob zu schelten,
Sag ich Dank dir, wohlversöhnet.

Die Dreieinigkeitsdoktrin
Kann für unsre Leut nicht passen,

Die mit Regula-de-tri
Sich von Jugend auf befassen.

Daß in deinem Gotte drei,
Drei Personen sind enthalten,
Ist bescheiden noch, sechstausend
Götter gab es bei den Alten.

Unbekannt ist mir der Gott,
Den ihr Christum pflegt zu nennen;
Seine Jungfer Mutter gleichfalls
Hab ich nicht die Ehr zu kennen.

Ich bedaure, daß er einst,
Vor etwa zwölfhundert Jahren,
Einge Unannehmlichkeiten
Zu Jerusalem erfahren.

Ob die Juden ihn getötet,
Das ist schwer jetzt zu erkunden,
Da ja das Corpus delicti
Schon am dritten Tag verschwunden.

Daß er ein Verwandter sei
Unsres Gottes, ist nicht minder
Zweifelhaft; so viel wir wissen
Hat der letztre keine Kinder.

Unser Gott ist nicht gestorben
Als ein armes Lämmerschwänzchen
Für die Menschheit, ist kein süßes
Philantröpfchen, Faselhänschen.

Unser Gott ist nicht die Liebe;
Schnäbeln ist nicht seine Sache,
Denn er ist ein Donnergott
Und er ist ein Gott der Rache.

Seines Zornes Blitze treffen
Unerbittlich jeden Sünder,
Und des Vaters Schulden büßen
Oft die späten Enkelkinder.

Unser Gott, der ist lebendig,
Und in seiner Himmelshalle
Existieret er drauflos
Durch die Ewigkeiten alle.

Unser Gott, und der ist auch
Ein gesunder Gott, kein Mythos
Bleich und dünne wie Oblaten
Oder Schatten am Cocytos.

Unser Gott ist stark. In Händen
Trägt er Sonne, Mond, Gestirne;
Throne brechen, Völker schwinden,
Wenn er runzelt seine Stirne.

Und er ist ein großer Gott.
David singt: Ermessen ließe
Sich die Größe nicht, die Erde
Sei der Schemel seiner Füße.

Unser Gott liebt die Musik,
Saitenspiel und Festgesänge;
Doch wie Ferkelgrunzen sind
Ihm zuwider Glockenklänge.

Leviathan heißt der Fisch,
Welcher haust im Meeresgrunde;
Mit ihm spielet Gott der Herr
Alle Tage eine Stunde –

Ausgenommen an dem neunten
Tag des Monats Ab, wo nämlich

Eingeäschert ward sein Tempel;
An dem Tag ist er zu grämlich.

Des Leviathans Länge ist
Hundert Meilen, hat Floßfedern
Groß wie König Ok von Basan,
Und sein Schwanz ist wie ein Zedern.

Doch sein Fleisch ist delikat,
Delikater als Schildkröten,
Und am Tag der Auferstehung
Wird der Herr zu Tische beten

Alle frommen Auserwählten,
Die Gerechten und die Weisen –
Unsres Herrgotts Lieblingsfisch
Werden sie alsdann verspeisen,

Teils mit weißer Knoblauchbrühe,
Teils auch braun in Wein gesotten,
Mit Gewürzen und Rosinen,
Ungefähr wie Matelotten.

In der weißen Knoblauchbrühe
Schwimmen kleine Schäbchen Rettich –
So bereitet, Frater Jose,
Mundet dir das Fischlein, wett ich!

Auch die braune ist so lecker,
Nämlich die Rosinensauce,
Sie wird himmlisch wohl behagen
Deinem Bäuchlein, Frater Jose.

Was Gott kocht, ist gut gekocht!
Mönchlein, nimm jetzt meinen Rat an,
Opfre hin die alte Vorhaut
Und erquick dich am Leviathan.“

Also lockend sprach der Rabbi,
Lockend, ködernd, heimlich schmunzelnd,
Und die Juden schwangen schon
Ihre Messer wonnegrunzelnd,

Um als Sieger zu skalpieren
Die verfallenen Vorhäute,
Wahre spolia opima
In dem wunderlichen Streite.

Doch die Mönche hielten fest
An dem väterlichen Glauben
Und an ihrer Vorhaut, ließen
Sich derselben nicht berauben.

Nach dem Juden sprach aufs neue
Der katholische Bekehrer;
Wieder schimpft er, jedes Wort
Ist ein Nachttopf, und kein leerer.

Darauf repliziert der Rabbi
Mit zurückgehaltnem Eifer;
Wie sein Herz auch überkocht,
Doch verschluckt er seinen Geifer.

Er beruft sich auf die Mischna,
Kommentare und Traktate;
Bringt auch aus dem Tausves-Jontof
Viel beweisende Zitate.

Aber welche Blasphemie
Mußt er von dem Mönche hören!
Dieser sprach: der Tausves-Jontof
Möge sich zum Teufel scheren.

„Da hört alles auf, o Gott!“
Kreischt der Rabbi jetzt entsetzlich;

Und es reißt ihm die Geduld,
Rappelköpfig wird er plötzlich.

„Gilt nichts mehr der Tausves-Jontof,
Was soll gelten? Zeter! Zeter!
Räche, Herr, die Missetat,
Strafe, Herr, den Übeltäter!

Denn der Tausves-Jontof, Gott,
Das bist du! Und an dem frechen
Tausvesjontof-Leugner mußt du
Deines Namens Ehre rächen.

Laß den Abgrund ihn verschlingen,
Wie des Korah böse Rotte,
Die sich wider dich empört
Durch Emeute und Komplotte.

Donnre deinen besten Donner!
Strafe, o mein Gott, den Frevel –
Hattest du doch zu Sodoma
Und Gomorrha Pech und Schwefel!

Treffe, Herr, die Kapuziner,
Wie du Pharaon getroffen,
Der uns nachgesetzt, als wir
Wohlbepackt davongeloffen.

Hunderttausend Ritter folgten
Diesem König von Mizrayim,
Stahlbepanzert, blanke Schwerter
In den schrecklichen Jadayim.

Gott! da hast du ausgestreckt
Deine Jad, und samt dem Heere
Ward ertränkt, wie junge Katzen,
Pharao im roten Meere.

Treffe, Herr, die Kapuziner,
Zeige den infamen Schuften,
Daß die Blitze deines Zorns
Nicht verrauchten und verpufften.

Deines Sieges Ruhm und Preis
Will ich singen dann und sagen,
Und dabei, wie Mirjam tat,
Tanzen und die Pauke schlagen."

In die Rede grimmig fiel
Jetzt der Mönch dem Zornentflammten:
„Mag dich selbst der Herr verderben,
Dich Verfluchten und Verdammten!

Trotzen kann ich deinen Teufeln,
Deinem schmutzgen Fliegengotte,
Luzifer und Belzebube,
Belial und Astarothe.

Trotzen kann ich deinen Geistern,
Deinen dunkeln Höllenpossen,
Denn in mir ist Jesus Christus,
Habe seinen Leib genossen.

Christus ist mein Leibgericht,
Schmeckt viel besser als Leviathan
Mit der weißen Knoblauchsauce,
Die vielleicht gekocht der Satan.

Ach! anstatt zu disputieren,
Lieber möcht ich schmoren, braten
Auf dem wärmsten Scheiterhaufen
Dich und deine Kameraden."

Also tost in Schimpf und Ernst
Das Turnei für Gott und Glauben,

Doch die Kämpen ganz vergeblich
Kreischen, schelten, wüten, schnauben.

Schon zwölf Stunden währt der Kampf,
Dem kein End ist abzuschauen;
Müde wird das Publikum,
Und es schwitzen stark die Frauen.

Auch der Hof wird ungeduldig,
Manche Zofe gähnt ein wenig.
Zu der schönen Königin
Wendet fragend sich der König:

„Sagt mir, was ist Eure Meinung?
Wer hat recht von diesen beiden?
Wollt Ihr für den Rabbi Euch
Oder für den Mönch entscheiden?“

Donna Blanka schaut ihn an,
Und wie sinnend ihre Hände
Mit verschränkten Fingern drückt sie
An die Stirn und spricht am Ende:

„Welcher recht hat, weiß ich nicht –
Doch es will mich schier bedünken,
Daß der Rabbi und der Mönch,
Daß sie alle beide stinken.“

Nachwort zum „Romanzero“

Ich habe dieses Buch Romanzero genannt, weil der Romanzenton vorherrschend in den Gedichten, die hier gesammelt. Mit wenigen Ausnahmen schrieb ich sie während der letzten drei Jahre, unter mancherlei körperlichen Hindernissen und Qualen. Gleichzeitig mit dem Romanzero lasse ich in derselben Verlagshandlung ein Büchlein erscheinen, welches „Der Doktor Faust, ein Tanzpoem, nebst kuriosen Berichten über Teufel, Hexen und Dichtkunst" betitelt ist. Ich empfehle solches einem verehrungswürdigen Publiko, das sich gern ohne Kopfanstrengung über dergleichen Dinge belehren lassen möchte; es ist eine leichte Goldarbeit, worüber gewiß mancher Grobschmied den Kopf schütteln wird. Ich hegte ursprünglich die Absicht, dieses Produkt dem Romanzero einzuverleiben, was ich aber unterließ, um nicht die Einheit der Stimmung, die in letzterem waltet und gleichsam sein Kolorit bildet, zu stören. Jenes Tanzpoem schrieb ich nämlich im Jahre 1847, zu einer Zeit, wo mein böses Siechtum bereits bedenklich vorgeschritten war, aber doch noch nicht seine grämlichen Schatten über mein Gemüt warf. Ich hatte damals noch etwas Fleisch und Heidentum an mir, und ich war noch nicht zu dem spiritualistischen Skelette abgemagert, das jetzt seiner gänzlichen Auflösung entgegenharrt. Aber existiere ich wirklich noch? Mein Leib ist so sehr in die Krümpe gegangen, daß schier nichts übrig geblieben als die Stimme, und mein Bett mahnt mich an das tönende Grab des Zauberers Merlinus, welches sich im Walde Brozeliand in der Bretagne befindet, unter hohen Eichen, deren Wipfel wie grüne Flammen gen Himmel lodern. Ach, um diese Bäume und ihr frisches Wehen beneide ich dich, Kollege Merlinus, denn kein grünes Blatt rauscht herein in meine Matratzengruft zu Paris, wo ich früh und spat nur Wagengerassel, Gehämmer, Gekeife und Klaviergeklimper vernehme. Ein Grab ohne Ruhe, der Tod ohne die Privilegien der Verstorbenen, die kein Geld auszugeben und keine Briefe oder gar Bücher zu schreiben brauchen – das ist ein trauriger Zustand. Man hat mir längst das Maß genommen zum Sarg, auch zum Nekrolog, aber ich sterbe so langsam, daß solches nachgrade langweilig wird für mich, wie für meine Freunde. Doch Geduld, alles hat sein Ende. Ihr werdet eines Morgens die Bude geschlossen finden, wo euch die Puppenspiele meines Humors so oft ergötzten.

Was soll aber, wenn ich tot bin, aus den armen Hanswürsten werden, die ich seit Jahren bei jenen Darstellungen employiert hatte? Was soll z.B. aus Maßmann werden? Ungern verlaß ich ihn, und es erfaßt mich schier eine tiefe Wehmut, wenn ich denke an die Verse:

Ich sehe die kurzen Beinchen nicht mehr,
Nicht mehr die platte Nase;

Er schlug wie ein Pudel, frisch, fromm, fröhlich, frei,
Die Purzelbäume im Grase.

Und er versteht Latein. Ich habe freilich in meinen Schriften so oft das Gegenteil behauptet, daß niemand mehr meine Behauptung bezweifelte, und der Ärmste ein Stichblatt der allgemeinen Verhöhnung ward. Die Schulbuben frugen ihn, in welcher Sprache der Don Quixote geschrieben sei? und wenn mein armer Maßmann antwortete: in spanischer Sprache – erwiderten sie, er irre sich, derselbe sei lateinisch geschrieben und das käme ihm so spanisch vor. Sogar die eigene Gattin war grausam genug, bei häuslichen Mißverständnissen auszurufen, sie wundere sich, daß ihr Mann sie nicht verstehe, da sie doch Deutsch und kein Latein gesprochen habe. Die Maßmännische Großmutter, eine Wäscherin von unbescholtener Sittlichkeit und die einst für Friedrich den Großen gewaschen, hat sich über die Schmach ihres Enkels zu Tode gegrämt; der Onkel, ein wackerer altpreußischer Schuhflicker, bildete sich ein, die ganze Familie sei schimpfiert, und vor Verdruß ergab er sich dem Trunk.

Ich bedaure, daß meine jugendliche Unbesonnenheit solches Unheil angerichtet. Die würdige Waschfrau kann ich leider nicht wieder ins Leben zurückrufen, und den zartfühlenden Oheim, der jetzt zu Berlin in der Gosse liegt, kann ich nicht mehr des Schnapses entwöhnen; aber ihn selbst, meinen armen Hanswurst Maßmann, will ich in der öffentlichen Meinung wieder rehabilitieren, indem ich alles was ich über seine Lateinlosigkeit, seine lateinische Impotenz, seine magna linguae romanae ignorantia jemals geäußert habe, feierlich widerrufe.

So hätte ich denn mein Gewissen erleichtert. Wenn man auf dem Sterbebette liegt, wird man sehr empfindsam und weichselig, und möchte Frieden machen mit Gott und der Welt. Ich gestehe es, ich habe manchen gekratzt, manchen gebissen, und war kein Lamm. Aber glaubt mir, jene gepriesenen Lämmer der Sanftmut würden sich minder frömmig gebärden, besäßen sie die Zähne und die Tatzen des Tigers. Ich kann mich rühmen, daß ich mich solcher angebornen Waffen nur selten bedient habe. Seit ich selbst der Barmherzigkeit Gottes bedürftig, habe ich allen meinen Feinden Amnestie erteilt; manche schöne Gedichte, die gegen sehr hohe und sehr niedrige Personen gerichtet waren, wurden deshalb in vorliegender Sammlung nicht aufgenommen. Gedichte, die nur halbweg Anzüglichkeiten gegen den lieben Gott selbst enthielten, habe ich mit ängstlichstem Eifer den Flammen überliefert. Es ist besser, daß die Verse brennen als der Versifex. Ja, wie mit der Kreatur, habe ich auch mit dem Schöpfer Frieden gemacht, zum größten Ärgernis meiner aufgeklärten Freunde, die mir Vorwürfe machten über dieses Zurückfallen in den alten Aberglauben, wie sie meine Heimkehr zu Gott zu nennen beliebten. Andere, in ihrer Intoleranz, äußerten sich noch herber. Der gesamte hohe Klerus des Atheismus hat sein Anathema über mich ausgesprochen, und es gibt fanatische Pfaffen des Unglaubens, die mich gerne auf die Folter spannten, damit ich meine Ketzereien bekenne. Zum Glück stehen ihnen keine andern Folterinstrumente zu Gebote als ihre Schriften. Aber ich will auch ohne Tortur alles bekennen. Ja, ich bin zurückgekehrt zu Gott, wie der verlorene Sohn, nachdem ich lange Zeit bei den Hegelianern die Schweine gehütet. War es die Misère, die mich zurücktrieb? Vielleicht ein minder miserabler Grund. Das himmlische Heimweh überfiel mich und trieb mich fort durch Wälder und Schluchten, über die schwindligsten Bergpfade der Dialektik. Auf meinem Wege fand ich den Gott der Pantheisten, aber ich konnte ihn nicht gebrauchen. Dies arme träumerische Wesen ist mit der Welt verwebt und verwachsen, gleichsam in ihr eingekerkert, und gähnt dich an, willenlos und ohnmächtig. Um einen Willen zu haben, muß man eine Person sein, und, um ihn zu manifestieren, muß man die Ellbogen frei haben. Wenn man nun einen Gott begehrt, der zu helfen vermag – und das ist doch die Hauptsache – so muß man auch seine Persönlichkeit, seine Außerweltlichkeit und seine heiligen Attribute, die Allgüte, die Allweisheit, die Allgerechtigkeit u.s.w. annehmen. Die Unsterblichkeit der Seele, unsre Fortdauer nach dem Tode, wird uns alsdann gleichsam mit in den Kauf gegeben, wie der schöne Markknochen, den der Fleischer, wenn er mit seinen Kunden zufrieden ist, ihnen unentgeltlich in den Korb schiebt. Ein solcher schöner Markknochen wird in der französischen Küchensprache la réjouissance genannt, und man kocht damit ganz vorzügliche Kraftbrühen, die für einen armen schmachtenden Kranken sehr stärkend und labend sind. Daß ich eine solche réjouissance nicht ablehnte und sie mir vielmehr mit Behagen zu Gemüte führte, wird jeder fühlende Mensch billigen.

Ich habe vom Gott der Pantheisten geredet, aber ich kann nicht umhin zu bemerken, daß er im Grunde gar kein Gott ist, so wie überhaupt die Pantheisten eigentlich nur verschämte Atheisten sind, die sich weniger vor der Sache als vor dem Schatten, den sie an die Wand wirft, vor dem Namen, fürchten. Auch haben die meisten in Deutschland während der Restaurationszeit mit dem lieben Gotte dieselbe funfzehnjährige Komödie gespielt, welche hier in Frankreich die konstitutionellen Royalisten, die größtenteils im Herzen Republikaner waren, mit dem Königtume spielten. Nach der Juliusrevolution ließ man jenseits wie diesseits des Rheines die Maske fallen. Seitdem, besonders aber nach dem Sturz Ludwig Philipps, des besten Monarchen, der jemals die konstitutionelle Dornenkrone trug, bildete sich hier in Frankreich die Meinung: daß nur zwei Regierungsformen, das absolute Königtum und die Republik, die Kritik der Vernunft oder der Erfahrung aushielten, daß man eins von beiden wählen müsse, daß alles dazwischen liegende Mischwerk unwahr, unhaltbar und verderblich sei. In derselben Weise tauchte in Deutschland die Ansicht auf, daß man wählen müsse zwischen der Religion und der Philosophie, zwischen dem geoffenbarten Dogma des Glaubens und der letzten Konsequenz des Denkens, zwischen dem absoluten Bibelgott und dem Atheismus.

Je entschiedener die Gemüter, desto leichter werden sie das Opfer solcher Dilemmen. Was mich betrifft, so kann ich mich in der Politik keines sonderlichen Fortschritts rühmen; ich verharrte bei denselben demokratischen Prinzipien, denen meine früheste Jugend huldigte und für die ich seitdem immer flammender ergluhte. In der Theologie hingegen muß ich mich des Rückschreitens beschuldigen, indem ich, was ich bereits oben gestanden, zu dem alten Aberglauben, zu einem persönlichen Gotte, zurückkehrte. Das läßt sich nun einmal nicht vertuschen, wie es mancher aufgeklärte und wohlmeinende Freund versuchte. Ausdrücklich widersprechen muß ich jedoch dem Gerüchte, als hätten mich meine Rückschritte bis zur Schwelle irgendeiner Kirche oder gar in ihren Schoß geführt. Nein, meine religiösen Überzeugungen und Ansichten sind frei geblieben von jeder Kirchlichkeit; kein Glokkenklang hat mich verlockt, keine Altarkerze hat mich geblendet. Ich habe mit keiner Symbolik gespielt und meiner Vernunft nicht ganz entsagt. Ich habe nichts abgeschworen, nicht einmal meine alten Heidengötter, von denen ich mich zwar abgewendet, aber scheidend in Liebe und Freundschaft. Es war im Mai 1848, an dem Tage, wo ich zum letzten Male ausging, als ich Abschied nahm von den holden Idolen, die ich angebetet in den Zeiten meines Glücks. Nur mit Mühe schleppte ich mich bis zum Louvre, und ich brach fast zusammen, als ich in den erhabenen Saal trat, wo die hochgebenedeite Göttin der Schönheit, Unsere liebe Frau von Milo, auf ihrem Postamente steht. Zu ihren Füßen lag ich lange, und ich weinte so heftig, daß sich dessen ein Stein erbarmen mußte. Auch schaute die Göttin mitleidig auf mich herab, doch zugleich so trostlos, als wollte sie sagen: siehst du denn nicht, daß ich keine Arme habe und also nicht helfen kann?

Ich breche hier ab, denn ich gerate in einen larmoyanten Ton, der vielleicht überhandnehmen kann, wenn ich bedenke, daß ich jetzt auch von Dir, teurer Leser, Abschied nehmen soll. Eine gewisse Rührung beschleicht mich bei diesem Gedanken; denn ungern trenne ich mich von Dir. Der Autor gewöhnt sich am Ende an sein Publikum, als wäre es ein vernünftiges Wesen. Auch Dich scheint es zu betrüben, daß ich Dir Valet sagen muß; Du bist gerührt, mein teurer Leser, und kostbare Perlen fallen aus Deinen Tränensäckchen. Doch beruhige Dich, wir werden uns wiedersehen in einer besseren Welt, wo ich Dir auch bessere Bücher zu schreiben gedenke. Ich setze voraus, daß sich dort auch meine Gesundheit bessert und daß mich Swedenborg nicht belogen hat. Dieser erzählt nämlich mit großer Zuversicht, daß wir in der andern Welt das alte Treiben, ganz wie wir es in dieser Welt getrieben, ruhig fortsetzen, daß wir dort unsere Individualität unverändert bewahren und daß der Tod in unserer organischen Entwickelung gar keine sonderliche Störung hervorbringe. Swedenborg ist eine grundehrliche Haut, und glaubwürdig sind seine Berichte über die andere Welt, wo er mit eigenen Augen die Personen sah, die auf unserer Erde eine Rolle gespielt. Die meisten, sagt er, blieben unverändert und beschäftigen sich mit denselben Dingen, mit denen sie sich auch vormals beschäftigt; sie blieben stationär, waren veraltet, rokoko, was sich mitunter sehr lächerlich ausnahm. So z.B. unser teurer Doktor Martinus Luther war stehengeblieben bei seiner Lehre von der Gnade, über die er während dreihundert Jahren tagtäglich dieselben verschimmelten Argumente niederschrieb – ganz in derselben Weise wie der verstorbene Baron Eckstein, der während zwanzig Jahren in der Allgemeinen Zeitung einen und denselben Artikel drucken ließ, den alten jesuitischen Sauerteig beständig wiederkäuend. Aber, wie gesagt, nicht alle Personen, die hienieden eine Rolle gespielt, fand Swedenborg in solcher fossilen Erstarrung; sie hatten im Guten wie im Bösen ihren Charakter weidlich ausgebildet in der anderen

Welt, und da gab es sehr wunderliche Erscheinungen. Helden und Heilige dieser Erde waren dort zu Lumpen und Taugenichtsen herabgesunken, während auch das Gegenteil stattfand. So z.B. stieg dem heiligen Antonius der Hochmut in den Kopf, als er erfuhr, welche ungeheure Verehrung und Anbetung ihm die ganze Christenheit zollt, und er, der hienieden den furchtbarsten Versuchungen widerstanden, ward jetzt ein ganz impertinenter Schlingel und liederlicher Galgenstrick, der sich mit seinem Schweine um die Wette in den Kot wälzt. Die keusche Susanne brachte der Dünkel ihrer Sittlichkeit, die sie unbesiegbar glaubte, gar schmählich zu Falle, und sie, die einst den Greisen so glorreich widerstanden, erlag der Verlockung des jungen Absalon, Sohn Davids. Die Töchter Lots hingegen hatten sich im Verlauf der Zeit sehr vertugendhaftet und gelten in der andern Welt für Muster der Anständigkeit; der Alte verharrte leider bei der Weinflasche.

So närrisch sie auch klingen, so sind doch diese Nachrichten ebenso bedeutsam wie scharfsinnig. Der große skandinavische Seher begriff die Einheit und Unteilbarkeit unserer Existenz, so wie er auch die unveräußerlichen Individualitätsrechte des Menschen ganz richtig erkannte und anerkannte. Die Fortdauer nach dem Tode ist bei ihm kein idealer Mummenschanz, wo wir neue Jacken und einen neuen Menschen anziehen; Mensch und Kostüm bleiben bei ihm unverändert. In der anderen Welt des Swedenborg werden sich auch die armen Grönländer behaglich fühlen, die ernst, als die dänischen Missionäre sie bekehren wollten, an diese die Frage richteten: ob es im christlichen Himmel auch Seehunde gäbe; Auf die verneinende Antwort erwiderten sie betrübt: der christliche Himmel passe alsdann nicht für Grönländer, die nicht ohne Seehunde existieren könnten.

Wie sträubt sich unsere Seele gegen den Gedanken des Aufhörens unserer Persönlichkeit, der ewigen Vernichtung! Der horror vacui, den man der Natur zuschreibt, ist vielmehr dem menschlichen Gemüte angeboren. Sei getrost, teurer Leser, es gibt eine Fortdauer nach dem Tode, und in der anderen Welt werden wir auch unsere Seehunde wiederfinden.

Und nun, lebe wohl, und wenn ich Dir etwas schuldig bin, so schicke mir Deine Rechnung. –

Geschrieben zu Paris, den 30. September 1851.

Heinrich Heine.

Aus: Geständnisse

Ich bin nur ein armer Mensch, der obendrein nicht mehr ganz gesund und sogar sehr krank ist. In diesem Zustand ist es eine wahre Wohltat für mich, daß es jemand im Himmel gibt, dem ich beständig die Litanei meiner Leiden vorwimmern kann, besonders nach Mitternacht, wenn Mathilde sich zur Ruhe begeben, die sie oft sehr nötig hat. Gottlob! in solchen Stunden bin ich nicht allein, und ich kann beten und flennen soviel ich will, und ohne mich zu genieren, und ich kann ganz mein Herz ausschütten vor dem Allerhöchsten und ihm manches vertrauen, was wir sogar unsrer eignen Frau zu verschweigen pflegen.

Nach obigen Geständnissen wird der geneigte Leser leichtlich begreifen, warum mir meine Arbeit über die Hegelsche Philosophie nicht mehr behagte. Ich sah gründlich ein, daß der Druck derselben weder dem Publikum noch dem Autor heilsam sein konnte; ich sah ein, daß die magersten Spittelsuppen der christlichen Barmherzigkeit für die verschmachtende Menschheit noch immer erquicklicher sein dürften, als das gekochte graue Spinnweb der Hegelschen Dialektik; – ja ich will alles gestehen, ich bekam auf einmal eine große Furcht vor den ewigen Flammen – es ist freilich ein Aberglaube, aber ich hatte Furcht – und an einem stillen Winterabend, als eben in meinem Kamin ein starkes Feuer brannte, benutzte ich die schöne Gelegenheit, und ich warf mein Manuskript über die Hegelsche Philosophie in die lodernde Glut; die brennenden Blätter flogen hinauf in den Schlot mit einem sonderbaren kichernden Geknister.

Gottlob, ich war sie los! Ach könnte ich doch alles, was ich einst über die deutsche Philosophie drucken ließ, in derselben Weise vernichten! Aber das ist unmöglich, und da ich nicht einmal den Wiederabdruck bereits vergriffener Bücher verhindern kann, wie ich jüngst betrübsamlichst erfahren, so bleibt mir nichts übrig, als öffentlich zu gestehen, daß meine Darstellung der deutschen philosophischen Systeme, also fürnehmlich die ersten drei Abteilungen meines Buches de l'Allemagne, die sündhaftesten Irrtümer enthalten. Ich hatte die genannten drei Partien in einer deutschen Version als ein besonderes Buch drucken lassen, und da die letzte Ausgabe desselben vergriffen war, und mein Buchhändler das Recht besaß, eine neue Ausgabe zu veröffentlichen, so versah ich das Buch mit einer Vorrede, woraus ich eine Stelle hier mitteile, die mich des traurigen Geschäftes überhebt, in bezug auf die erwähnten drei Partien der Allemagne mich besonders auszusprechen. Sie lautet wie folgt: „Ehrlich gestanden, es wäre mir lieb, wenn ich das Buch ganz ungedruckt lassen könnte. Es haben sich nämlich seit dem Erscheinen desselben meine Ansichten über manche Dinge, besonders über göttliche Dinge, bedenklich geändert, und manches, was ich behauptete, widerspricht jetzt meiner bessern Überzeugung. Aber der Pfeil gehört nicht mehr dem Schützen, sobald er von der Sehne des Bogens fortfliegt, und das Wort gehört nicht mehr dem Sprecher, sobald es seiner Lippe entsprungen und gar durch die Presse vervielfältigt worden. Außerdem würden fremde Befugnisse mir mit zwingendem Einspruch entgegentreten, wenn ich das Buch ungedruckt ließe und meinen Gesamtwerken entzöge. Ich könnte zwar, wie manche Schriftsteller in solchen Fällen tun, zu einer Milderung der Ausdrücke, zu Verhüllungen durch Phrase meine Zuflucht nehmen; aber ich hasse im Grund meiner Seele die zweideutigen Worte, die heuchlerischen Blumen, die feigen Feigenblätter. Einem ehrlichen Manne bleibt aber unter allen Umständen das unveräußerliche Recht, seinen Irrtum offen zu gestehen, und ich will es ohne Scheu ausüben. Ich bekenne daher unumwunden, daß alles, was in diesem Buche namentlich auf die große Gottesfrage Bezug hat, ebenso falsch wie unbesonnen ist. Ebenso unbesonnen wie falsch ist die Behauptung, die ich der Schule nachsprach, daß der Deismus in der Theorie zu Grunde gerichtet sei und sich nur noch in der Erscheinungswelt kümmerlich hinfriste. Nein, es ist nicht wahr, daß die Vernunftkritik, welche die Beweistümer für das Dasein Gottes, wie wir dieselben seit Anselm von Canterbury kennen, zernichtet hat, auch dem Dasein Gottes selber ein Ende gemacht habe. Der Deismus lebt, lebt sein lebendigstes Leben, er ist nicht tot, und am allerwenigsten hat ihn die neueste deutsche Philosophie getötet. Diese spinnwebige Berliner Dialektik kann keinen Hund aus dem Ofenloch locken, sie kann keine Katze töten, wieviel weniger einen Gott. Ich habe es am eignen Leibe erprobt, wie wenig gefährlich ihr Umbringen ist; sie bringt immer um, und die Leute bleiben dabei am Leben. Der Türhüter der Hegelschen Schule, der grimme Ruge, behauptete einst steif und fest oder vielmehr fest und steif, daß er mich mit seinem Portierstock in den Hallischen Jahrbüchern totgeschlagen habe, und doch zur selben Zeit ging ich umher auf den Boulevards von Paris, frisch und gesund und unsterblicher als je. Der arme, brave Ruge! er selbst konnte sich später nicht des ehrlichsten Lachens enthalten, als ich ihm hier in Paris das Geständnis machte, daß ich die fürchterlichen Totschlagblätter, die Hallischen Jahrbücher, nie zu Gesicht bekommen hatte, und sowohl meine vollen roten Backen, als auch der gute Appetit, womit ich Austern schluckte, überzeugten ihn, wie wenig mir der Name einer Leiche gebührte. In der Tat, ich war damals noch gesund und feist, ich stand im Zenit meines Fettes, und war so übermütig wie der König Nebukadnezar vor seinem Sturze.

Ach! einige Jahre später ist eine leibliche und geistige Veränderung eingetreten. Wie oft seitdem denke ich an die Geschichte dieses babylonischen Königs, der sich selbst für den lieben Gott hielt, aber von der Höhe seines Dünkels erbärmlich herabstürzte, wie ein Tier am Boden kroch und Gras aß – (es wird wohl Salat gewesen sein). In dem prachtvoll grandiosen Buch Daniel steht diese Legende, die ich nicht bloß dem guten Ruge, sondern auch meinem noch viel verstocktern Freunde Marx, ja auch den Herren Feuerbach, Daumer, Bruno Bauer, Hengstenberg und wie sie sonst heißen mögen, diese gottlosen Selbstgötter, zur erbaulichen Beherzigung empfehle. Es stehen überhaupt noch viele schöne und merkwürdige Erzählungen in der Bibel, die ihrer Beachtung wert wären, z.B. gleich im Anfang die Geschichte von dem verbotenen Baume im Paradiese und von der Schlange, der kleinen Privatdozentin, die schon sechstausend Jahre vor Hegels Geburt die ganze Hegelsche Philosophie vortrug. Dieser Blaustrumpf ohne Füße zeigte sehr scharfsinnig, wie das Absolute in der Identität von Sein und Wissen besteht, wie der Mensch zum Gotte werde durch die Erkenntnis, oder was dasselbe ist, wie Gott im Menschen zum Bewußtsein seiner selbst gelange. – Diese Formel ist nicht so klar wie die ursprünglichen Worte: wenn ihr vom Baume der Erkenntnis genossen, werdet ihr wie Gott sein! Frau Eva verstand von der ganzen Demonstration nur das eine, daß die Frucht verboten sei, und weil sie verboten, aß sie davon, die gute Frau. Aber kaum hatte sie von dem lockenden Apfel gegessen, so verlor sie ihre Unschuld, ihre naive Unmittelbarkeit, sie fand, daß sie viel zu nakkend sei für eine Person von ihrem Stande, die Stammutter so vieler künftiger Kaiser und Könige, und sie verlangte ein Kleid. Freilich nur ein Kleid von Feigenblättern, weil damals noch keine Lyoner Seidenfabrikanten geboren waren, und weil es auch im Paradiese noch keine Putzmacherinnen und Modehändlerinnen gab – o Paradies! Sonderbar, sowie das Weib zum denkenden Selbstbewußtsein kommt, ist ihr erster Gedanke ein neues Kleid! Auch diese biblische Geschichte, zumal die Rede der Schlange, kommt mir nicht aus dem Sinn, und ich möchte sie als Motto diesem Buche voransetzen in derselben Weise, wie man oft vor fürstlichen Gärten eine Tafel sieht mit der warnenden Aufschrift: Hier liegen Fußangeln und Selbstschüsse."

Nach der Stelle, welche ich hier zitiert, folgen Geständnisse über den Einfluß, den die Lektüre der Bibel auf meine spätere Geistesevolution ausübte. Die Wiedererweckung meines religiösen Gefühls verdanke ich jenem heiligen Buche, und dasselbe ward für mich ebensosehr eine Quelle des Heils, als ein Gegenstand der frömmigsten Bewunderung. Sonderbar! Nachdem ich mein ganzes Leben hindurch mich auf allen Tanzböden der Philosophie herumgetrieben, allen Orgien des Geistes mich hingegeben, mit allen möglichen Systemen gebuhlt, ohne befriedigt worden zu sein, wie Messaline nach einer lüderlichen Nacht – jetzt befinde ich mich plötzlich auf demselben Standpunkt, worauf auch der Onkel Tom steht, auf dem der Bibel, und ich knie neben dem schwarzen Betbruder nieder in derselben Andacht –

Welche Demütigung! mit all meiner Wissenschaft habe ich es nicht weiter gebracht, als der arme unwissende Neger, der kaum buchstabieren gelernt! Der arme Tom scheint freilich in dem heiligen Buche noch tiefere Dinge zu sehen, als ich, dem besonders die letzte Partie noch nicht ganz klar geworden. Tom versteht sie vielleicht besser, weil mehr Prügel darin vorkommen, nämlich jene unaufhörlichen Peitschenhiebe, die mich manchmal bei der Lektüre der Evangelien und der Apostelgeschichte sehr unästhetisch anwiderten. So ein armer Negersklave liest zugleich mit dem Rücken, und begreift daher viel besser als wir. Dagegen glaube ich mir schmeicheln zu dürfen, daß mir der Charakter des Moses in der ersten Abteilung des heiligen Buches einleuchtender aufgegangen sei. Diese große Figur hat mir nicht wenig imponiert. Welche Riesengestalt! Ich kann mir nicht vorstellen, daß Ok, König von Basan, größer gewesen sei. Wie klein erscheint der Sinai, wenn der Moses darauf steht! Dieser Berg ist nur das Postament, worauf die Füße des Mannes stehen, dessen Haupt in den Himmel hineinragt, wo er mit Gott spricht – Gott verzeih mir die Sünde, manchmal wollte es mich bedünken, als sei dieser mosaische Gott nur der zurückgestrahlte Lichtglanz des Moses selbst, dem er so ähnlich sieht, ähnlich in Zorn und in Liebe

– Es wäre eine große Sünde, es wäre Anthropomorphismus, wenn man eine solche Identität des Gottes und seines Propheten annähme – aber die Ähnlichkeit ist frappant.

Ich hatte Moses früher nicht sonderlich geliebt, wahrscheinlich weil der hellenische Geist in mir vorwaltend war, und ich dem Gesetzgeber der Juden seinen Haß gegen alle Bildlichkeit, gegen die Plastik, nicht verzeihte. Ich sah nicht, daß Moses, trotz seiner Befeindung der Kunst, dennoch selber ein großer Künstler war und den wahren Künstlergeist besaß. Nur war dieser Künstlergeist bei ihm, wie bei seinen ägyptischen Landsleuten, nur auf das Kolossale und Unverwüstliche gerichtet. Aber nicht wie die Ägypter formierte er seine Kunstwerke aus Backstein und Granit, sondern er baute Menschenpyramiden, er meißelte Menschen-Obelisken, er nahm einen armen Hirtenstamm und schuf daraus ein Volk, das ebenfalls den Jahrhunderten trotzen sollte, ein großes, ewiges, heiliges Volk, ein Volk Gottes, das allen andern Völkern als Muster, ja der ganzen Menschheit als Prototyp dienen konnte: er schuf Israel! Mit größerm Rechte als der römische Dichter darf jener Künstler, der Sohn Amrams und der Hebamme Jochebet, sich rühmen, ein Monument errichtet zu haben, das alle Bildungen aus Erz überdauern wird!

Wie über den Werkmeister, hab ich auch über das Werk, die Juden, nie mit hinlänglicher Ehrfurcht gesprochen, und zwar gewiß wieder meines hellenischen Naturells wegen, dem der judäische Ascetismus zuwider war. Meine Vorliebe für Hellas hat seitdem abgenommen. Ich sehe jetzt, die Griechen waren nur schöne Jünglinge, die Juden aber waren immer Männer, gewaltige, unbeugsame Männer, nicht bloß ehemals, sondern bis auf den heutigen Tag, trotz achtzehn Jahrhunderten der Verfolgung und des Elends. Ich habe sie seitdem besser würdigen gelernt, und wenn nicht jeder Geburtsstolz bei dem Kämpen der Revolution und ihrer demokratischen Prinzipien ein närrischer Widerspruch wäre, so könnte der Schreiber dieser Blätter stolz darauf sein, daß seine Ahnen dem edlen Hause Israel angehörten, daß er ein Abkömmling jener Märtyrer, die der Welt einen Gott und eine Moral gegeben, und auf allen Schlachtfeldern des Gedankens gekämpft und gelitten haben.

Die Geschichte des Mittelalters und selbst der modernen Zeit hat selten in ihre Tagesberichte die Namen solcher Ritter des heiligen Geistes eingezeichnet, denn sie fochten gewöhnlich mit verschlossenem Visier. Ebensowenig die Taten der Juden, wie ihr eigentliches Wesen, sind der

Welt bekannt. Man glaubt sie zu kennen, weil man ihre Bärte gesehen, aber mehr kam nie von ihnen zum Vorschein, und wie im Mittelalter sind sie auch noch in der modernen Zeit ein wandelndes Geheimnis. Es mag enthüllt werden an dem Tage wovon der Prophet geweissagt, daß es alsdann nur noch einen Hirten und eine Herde geben wird, und der Gerechte, der für das Heil der Menschheit geduldet, seine glorreiche Anerkennung empfängt.

Man sieht, ich, der ich ehemals den Homer zu zitieren pflegte, ich zitiere jetzt die Bibel, wie der Onkel Tom. In der Tat, ich verdanke ihr viel. Sie hat, wie ich oben gesagt, das religiöse Gefühl wieder in mir erweckt; und diese Wiedergeburt des religiösen Gefühls genügte dem Dichter, der vielleicht weit leichter als andre Sterbliche der positiven Glaubensdogmen entbehren kann. Er hat die Gnade, und seinem Geist erschließt sich die Symbolik des Himmels und der Erde; er bedarf dazu keines Kirchenschlüssels. Die törichtsten und widersprechendsten Gerüchte sind in dieser Beziehung über mich in Umlauf gekommen. Sehr fromme aber nicht sehr gescheute Männer des protestantischen Deutschlands haben mich dringend befragt, ob ich dem lutherisch evangelischen Bekenntnisse, zu welchem ich mich bisher nur in lauer, offizieller Weise bekannte, jetzt wo ich krank und gläubig geworden, mit größerer Sympathie als zuvor zugetan sei? Nein, ihr lieben Freunde, es ist in dieser Beziehung keine Änderung mit mir vorgegangen, und wenn ich überhaupt dem evangelischen Glauben angehörig bleibe, so geschieht es weil er mich auch jetzt durchaus nicht geniert, wie er mich früher nie allzusehr genierte. Freilich, ich gestehe es aufrichtig, als ich mich in Preußen und zumal in Berlin befand, hätte ich, wie manche meiner Freunde, mich gern von jedem kirchlichen Bande bestimmt losgesagt, wenn nicht die dortigen Behörden jedem, der sich zu keiner von den staatlich privilegierten positiven Religionen bekannte, den Aufenthalt in Preußen und zumal in Berlin verweigerten. Wie Henri IV. einst lachend sagte: Paris vaut bien une messe, so konnte ich mit Fug sagen: Berlin vaut bien un prêche, und ich konnte mir, nach wie vor, das sehr aufgeklärte und von jedem Aberglauben filtrierte Christentum gefallen lassen, das man damals sogar ohne Gottheit Christi, wie Schildkrötensuppe ohne Schildkröte, in den Berliner Kirchen haben konnte. Zu jener Zeit war ich selbst noch ein Gott, und keine der positiven Religionen hatte mehr Wert für mich als die andere; ich konnte aus Courtoisie ihre Uniformen tragen, wie z.B. der russische Kaiser sich in einen preußischen Gardeoffizier verkleidet, wenn er dem König von Preußen die Ehre erzeigt, einer Revue in Potsdam beizuwohnen.

Jetzt wo durch das Wiedererwachen des religiösen Gefühls, sowie auch durch meine körperlichen Leiden, mancherlei Veränderung in mir vorgegangen – entspricht jetzt die lutherische Glaubens-Uniform einigermaßen meinem innersten Gedanken? Inwieweit ist das offizielle Bekenntnis zur Wahrheit geworden? Solcher Frage will ich durch keine direkte Beantwortung begegnen, sie soll mir nur eine Gelegenheit bieten, die Verdienste zu beleuchten, die sich der Protestantismus, nach meiner jetzigen Einsicht, um das Heil der Welt erworben; und man mag danach ermessen, inwiefern ihm eine größere Sympathie von meiner Seite gewonnen ward.

Früherhin, wo die Philosophie ein überwiegendes Interesse für mich hatte, wußte ich den Protestantismus nur wegen der Verdienste zu schätzen, die er sich durch die Eroberung der Denkfreiheit erworben, die doch der Boden ist, auf welchem sich später Leibniz, Kant und Hegel bewegen konnten – Luther, der gewaltige Mann mit der Axt, mußte diesen Kriegern vorangehen und ihnen den Weg bahnen. In dieser Beziehung habe ich auch die Reformation als den Anfang der deutschen Philosophie gewürdigt und meine kampflustige Parteinahme für den Protestantismus justifiziert. Jetzt, in meinen spätern und reifern Tagen, wo das religiöse Gefühl wieder überwältigend in mir aufwogt, und der gescheiterte Metaphysiker sich an die Bibel festklammert: jetzt würdige ich den Protestantismus ganz absonderlich ob der Verdienste, die er sich durch die Auffindung und Verbreitung des heiligen Buches erworben. Ich sage die Auffindung, denn die Juden, die dasselbe aus dem großen Brande des zweiten Tempels gerettet, und es im Exile gleichsam wie ein portatives Vaterland mit sich herumschleppten, das ganze Mittelalter hindurch, sie hielten diesen Schatz sorgsam verborgen in ihrem Ghetto, wo die deutschen Gelehrten, Vorgänger und Beginner der Reformation, hinschlichen um Hebräisch zu lernen, um den Schlüssel zu der Truhe zu gewinnen, welche den Schatz barg. Ein solcher Gelehrter war der fürtreffliche Reuchlinus, und die Feinde desselben, die Hochstraaten u. Comp. in Köln, die man als blödsinnige Dunkelmänner darstellte, waren keineswegs so ganz dumme Tröpfe, sondern sie waren fernsichtige Inquisitoren, welche das Unheil, das die Bekanntschaft mit der heiligen Schrift für die Kirche herbeiführen würde, wohl voraussahen: daher ihr Verfolgungseifer gegen alle hebräische Schriften, die sie ohne Ausnahme zu verbrennen rieten, während sie die Dolmetscher dieser heiligen Schriften, die Juden, durch den verhetzten Pöbel auszurotten suchten. Jetzt, wo die Motive jener Vorgänge aufgedeckt liegen, sieht man wie jeder im Grunde recht hatte. Die Kölner Dunkelmänner glaubten das Seelenheil der Welt bedroht, und alle Mittel, sowohl Lüge als Mord, dünkten ihnen erlaubt, zumal in betreff der Juden. Das arme niedere Volk, die Kinder des Erb-Elends, haßte die Juden schon wegen ihrer aufgehäuften Schätze, und was heutzutage der Haß der Proletarier gegen die Reichen überhaupt genannt wird, hieß ehemals Haß gegen die Juden. In der Tat, da diese letztern, ausgeschlossen von jedem Grundbesitz und jedem Erwerb durch Handwerk, nur auf den Handel und die Geldgeschäfte angewiesen waren, welche die Kirche für Rechtgläubige verpönte, so waren sie, die Juden, gesetzlich dazu verdammt, reich, gehaßt und ermordet zu werden. Solche Ermordungen freilich trugen in jenen Zeiten noch einen religiösen Deckmantel, und es hieß, man müsse diejenigen töten, die einst unsern Herrgott getötet. Sonderbar! eben das Volk, das der Welt einen Gott gegeben, und dessen ganzes Leben nur Gottesandacht atmete, ward als Deicide verschrien! Die blutige Parodie eines solchen Wahnsinns sahen wir beim Ausbruch der Revolution von Sankt Domingo, wo ein Negerhaufen, der die Pflanzungen mit Mord und Brand heimsuchte, einen schwarzen Fanatiker an seiner Spitze hatte, der ein ungeheures Kruzifix trug und blutdürstig schrie: Die Weißen haben Christum getötet, laßt uns alle Weißen totschlagen!

Ja, den Juden, denen die Welt ihren Gott verdankt, verdankt sie auch dessen Wort, die Bibel; sie haben sie gerettet aus dem Bankerott des römischen Reichs, und in der tollen Raufzeit der Völkerwanderung bewahrten sie das teure Buch, bis es der Protestantismus bei ihnen aufsuchte und das gefundene Buch in die Landessprachen übersetzte und in alle Welt verbreitete. Diese Verbreitung hat die segensreichsten Früchte hervorgebracht, und dauert noch bis auf heutigen Tag, wo die Propaganda der Bibelgesellschaft eine providentielle Sendung erfüllt, die bedeutsamer ist und jedenfalls ganz andere Folgen haben wird, als die frommen Gentlemen dieser britischen Christentums-Speditions-Sozietät selber ahnen. Sie glauben eine kleine enge Dogmatik zur Herrschaft zu bringen und wie das Meer, auch den Himmel zu monopolisieren, denselben zur britischen Kirchendomäne zu machen: und siehe! sie fördern, ohne es zu wissen, den Untergang aller protestantischen Sekten, die alle in der Bibel ihr Leben haben und in einem allgemeinen Bibeltume aufgehen. Sie fördern die große Demokratie, wo jeder Mensch nicht bloß König, sondern auch Bischof in seiner Hausburg sein soll; indem sie die Bibel über die ganze Erde verbreiten, sie sozusagen der ganzen Menschheit durch merkantilische Kniffe, Schmuggel und Tausch, in die Hände spielen und der Exegese, der individuellen Vernunft überliefern, stiften sie das große Reich des Geistes, das Reich des religiösen Gefühls, der Nächstenliebe, der Reinheit und der wahren Sittlichkeit, die nicht durch dogmatische Begriffsformeln gelehrt werden kann, sondern durch Bild und Beispiel, wie dergleichen enthalten ist in dem schönen heiligen Erziehungsbuche für kleine und große Kinder, in der Bibel.

Es ist für den beschaulichen Denker ein wunderbares Schauspiel, wenn er die Länder betrachtet, wo die Bibel schon seit der Reformation ihren bildenden Einfluß ausgeübt auf die Bewohner, und ihnen in Sitte, Denkungsart und Gemütlichkeit jenen Stempel des palästinischen Lebens aufgeprägt hat, das in dem alten wie in dem neuen Testamente sich bekundet. Im Norden von Europa und Amerika, namentlich in den skandinavischen und anglosächsischen, überhaupt in germanischen und einigermaßen auch in keltischen Landen, hat sich das Palästinatum so geltend gemacht, daß man sich dort unter Juden versetzt zu sehen glaubt. Z. B. die protestantischen Schotten, sind sie nicht Hebräer, deren Namen überall biblisch, deren Cant sogar etwas jerusalemitisch-pharisäisch klingt, und deren Religion nur ein Judentum ist, welches Schweinefleisch frißt? So ist es auch mit manchen Provinzen Norddeutschlands und mit Dänemark; ich will gar nicht reden von den meisten neuen Gemeinden der vereinigten Staaten, wo man das alttestamentarische Leben pedantisch nachäfft. Letzteres erscheint hier wie daguerreotypiert, die Konturen sind ängstlich richtig, doch alles ist grau in grau, und es fehlt der sonnige Farbenschmelz des gelobten Landes. Aber die Karikatur wird einst schwinden, das Echte, Unvergängliche und Wahre, nämlich die Sittlichkeit des alten Judentums, wird in jenen Ländern ebenso gotterfreulich blühen, wie einst am Jordan und auf den Höhen des Libanons. Man hat keine Palme und Kamele nötig, um gut zu sein, und Gutsein ist besser denn Schönheit.

Vielleicht liegt es nicht bloß in der Bildungsfähigkeit der erwähnten Völker, daß sie das jüdische Leben in Sitte und Denkweise so leicht in sich aufgenommen. Der Grund dieses Phänomens ist vielleicht auch in dem Charakter des jüdischen Volks zu suchen, das immer sehr große Wahlverwandtschaft mit dem Charakter der germanischen und einigermaßen auch der keltischen Race hatte. Judäa erschien mir immer wie ein Stück Okzident, das sich mitten in den Orient verloren. In der Tat, mit seinem spiritualistischen Glauben, seinen strengen, keuschen, sogar ascetischen Sitten, kurz mit seiner abstrakten Innerlichkeit, bildete dieses Land und sein Volk immer den sonderbarsten Gegensatz zu den Nachbar-Ländern und Nachbar-Völkern, die den üppig buntesten und brünstigsten Naturkulten huldigend, im bacchantischen Sinnenjubel ihr Dasein verluderten. Israel saß fromm unter seinem Feigenbaum und sang das Lob des unsichtbaren Gottes und übte Tugend und Gerechtigkeit, während in den Tempeln von Babel, Ninive, Sidon und Tyrus jene blutigen und unzüchtigen Orgien gefeiert wurden, ob deren Beschreibung uns noch jetzt das Haar sich sträubt! Bedenkt man diese Umgebung, so kann man die frühe Größe Israels nicht genug bewundern. Von der Freiheitsliebe Israels, während nicht bloß in seiner Umgebung, sondern bei allen Völkern des Altertums, sogar bei den philosophischen Griechen, die Sklaverei justifiziert war und in Blüte stand, will ich gar nicht reden, um die Bibel nicht zu kompromittieren bei den jetzigen Gewalthabern. Es gibt wahrhaftig keinen Sozialisten, der terroristischer wäre als unser Herr und Heiland, und bereits Moses war ein solcher Sozialist, obgleich er, als ein praktischer Mann, bestehende Gebräuche, namentlich in bezug auf das Eigentum, nur umzumodeln suchte. Ja, statt mit dem Unmöglichen zu ringen, statt die Abschaffung des Eigentums tollköpfig zu dekretieren, erstrebte Moses nur die Moralisation desselben, er suchte das Eigentum in Einklang zu bringen mit der Sittlichkeit, mit dem wahren Vernunftrecht, und solches bewirkte er durch die Einführung des Jubeljahrs, wo jedes alienierte Erbgut, welches bei einem ackerbauenden Volke immer Grundbesitz war, an den ursprünglichen Eigentümer zurückfiel, gleichviel in welcher Weise dasselbe veräußert worden. Diese Institution bildet den entschiedensten Gegensatz zu der „Verjährung" bei den Römern, wo nach Ablauf einer gewissen Zeit der faktische Besitzer eines Gutes von dem legitimen Eigentümer nicht mehr zur Rückgabe gezwungen werden kann, wenn letzterer nicht zu beweisen vermag, während jener Zeit eine solche Restitution in gehöriger Form begehrt zu haben. Diese letzte Bedingnis ließ der Chicane offnes Feld, zumal in einem Staate, wo Despotismus und Jurisprudenz blühte und dem ungerechten Besitzer alle Mittel der Abschreckung, besonders dem Armen gegenüber, der die Streitkosten nicht erschwingen kann, zu Gebote stehn. Der Römer war zugleich Soldat und Advokat, und das Fremdgut, das er mit dem Schwerte erbeutet, wußte er durch Zungendrescherei zu verteidigen. Nur ein Volk von Räubern und Kasuisten konnte die Proskription, die Verjährung, erfinden und dieselbe konsakrieren in jenem abscheulichsten Buche, welches die Bibel des Teufels genannt werden kann, im Codex des römischen Zivilrechts, der leider noch jetzt herrschend ist.

Ich habe oben von der Verwandtschaft gesprochen, welche zwischen Juden und Germanen, die ich einst „die beiden Völker der Sittlichkeit" nannte, stattfindet, und in dieser Beziehung erwähne ich auch als einen merkwürdigen Zug den ethischen Unwillen, womit das alte deutsche Recht die Verjährung stigmatisiert; in dem Munde des niedersächsischen Bauers lebt noch heute das rührend schöne Wort: „hundert Jahr Unrecht machen nicht ein Jahr Recht". Die mosaische Gesetzgebung protestiert noch entschiedener durch die Institution des Jubeljahrs. Moses wollte nicht das Eigentum abschaffen, er wollte vielmehr, daß jeder dessen besäße, damit niemand durch Armut ein Knecht mit knechtischer Gesinnung sei. Freiheit war immer des großen Emanzipators letzter Gedanke, und dieser atmet und flammt in allen seinen Gesetzen, die den Pauperismus betreffen. Die Sklaverei selbst haßte er über alle Maßen, schier ingrimmig, aber auch diese Unmenschlichkeit konnte er nicht ganz vernichten, sie wurzelte noch zu sehr im Leben jener Urzeit, und er mußte sich darauf beschränken, das Schicksal der Sklaven gesetzlich zu mildern, den Loskauf zu erleichtern und die Dienstzeit zu beschränken. Wollte aber ein Sklave, den das Gesetz endlich befreite, durchaus nicht das Haus des Herrn verlassen, so befahl Moses, daß der unverbesserliche servile Lump mit dem Ohr an den Türpfosten des herrschaftlichen Hauses angenagelt würde, und nach dieser schimpflichen Ausstellung war er verdammt, auf Lebenszeit zu dienen. O Moses, unser Lehrer, Mosche Rabenu, hoher Bekämpfer der Knechtschaft, reiche mir Hammer und Nägel, damit ich unsre gemütlichen Sklaven in schwarzrotgoldner Livree mit ihren langen Ohren festnagle an das Brandenburger Tor!

Aus: Zum Lazarus

I

Laß die heilgen Parabolen,
Laß die frommen Hypothesen –
Suche die verdammten Fragen
Ohne Umschweif uns zu lösen.

Warum schleppt sich blutend, elend,
Unter Kreuzlast der Gerechte,
Während glücklich als ein Sieger
Trabt auf hohem Roß der Schlechte?

Woran liegt die Schuld? Ist etwa
Unser Herr nicht ganz allmächtig?
Oder treibt er selbst den Unfug?
Ach, das wäre niederträchtig.

Also fragen wir beständig,
Bis man uns mit einer Handvoll
Erde endlich stopft die Mäuler –
Aber ist das eine Antwort?

Sie küßten mich mit ihren falschen Lippen,
Sie haben mir kredenzt den Saft der Reben,
Sie haben mich dabei mit Gift vergeben –
Das taten mir die Magen und die Sippen.

Es schmilzt das Fleisch von meinen armen Rippen.
Ich kann mich nicht vom Siechbett mehr erheben,
Arglistig stahlen sie mein junges Leben –
Das taten mir die Magen und die Sippen.

Ich bin ein Christ – wie es im Kirchenbuche
Bescheinigt steht – deshalb, bevor ich sterbe,
Will ich euch fromm und brüderlich verzeihen.

Es wird mir sauer – ach! mit einem Fluche
Möcht ich weit lieber euch vermaledeien:
Daß euch der Herr verdamme und verderbe!

Für die Mouche

Es träumte mir von einer Sommernacht,
Wo bleich, verwittert, in des Mondes Glanze
Bauwerke lagen, Reste alter Pracht,
Ruinen aus der Zeit der Renaissance.

Nur hie und da, mit dorisch ernstem Knauf,
Hebt aus dem Schutt sich einzeln eine Säule,
Und schaut ins hohe Firmament hinauf,
Als ob sie spotte seiner Donnerkeile.

Gebrochen auf dem Boden liegen rings
Portale, Giebeldächer mit Skulpturen,
Wo Mensch und Tier vermischt, Zentaur und Sphinx,
Satyr, Chimäre – Fabelzeitfiguren.

Auch manches Frauenbild von Stein liegt hier,
Unkrautumwuchert in dem hohen Grase;
Die Zeit, die schlimmste Syphilis, hat ihr
Geraubt ein Stück der edlen Nymphennase.

Es steht ein offner Marmorsarkophag
Ganz unverstümmelt unter den Ruinen,
Und gleichfalls unversehrt im Sarge lag
Ein toter Mann mit leidend sanften Mienen.

Karyatiden mit gerecktem Hals,
Scheinen mühsam das Monument zu halten.
An beiden Seiten sieht man ebenfalls
Viel basrelief gemeißelte Gestalten.

Hier sieht man des Olympos Herrlichkeit
Mit seinen liederlichen Heidengöttern,
Adam und Eva stehn dabei, sind beid
Versehn mit keuschem Schurz von Feigenblättern.

Hier sieht man Trojas Untergang und Brand,
Paris und Helena, auch Hektor sah man;
Moses und Aaron gleich daneben stand,
Auch Esther, Judith, Holofern und Haman.

Desgleichen war zu sehn der Gott Amur,
Phöbus Apoll, Vulkanus und Frau Venus,
Pluto und Proserpina und Merkur,
Gott Bacchus mit Priapus und Silenus.

Daneben stand der Esel Balaams –
Der Esel war zum Sprechen gut getroffen –

Dort sah man auch die Prüfung Abrahams
Und Lot, der mit den Töchtern sich besoffen.

Hier war zu schaun der Tanz Herodias',
Das Haupt des Täufers trägt man auf der Schüssel,
Die Hölle sah man hier und Satanas,
Und Petrus mit dem großen Himmelsschlüssel.

Abwechselnd wieder sah man hier skulpiert
Des geilen Jovis Brunst und Freveltaten,
Wie er als Schwan die Leda hat verführt,
Die Danaë als Regen von Dukaten.

Hier war zu sehn Dianas wilde Jagd,
Ihr folgen hochgeschürzte Nymphen, Doggen,
Hier sah man Herkules in Frauentracht,
Die Spindel drehend hält sein Arm den Rocken.

Daneben ist der Sinai zu sehn,
Am Berg steht Israel mit seinen Ochsen,
Man schaut den Herrn als Kind im Tempel stehn
Und disputieren mit den Orthodoxen.

Die Gegensätze sind hier grell gepaart,
Des Griechen Lustsinn und der Gottgedanke
Judäas! Und in Arabeskenart
Um beide schlingt der Efeu seine Ranke.

Doch, wunderbar! Derweilen solcherlei
Bildwerke träumend ich betrachtet habe,
Wird plötzlich mir zu Sinn, ich selber sei
Der tote Mann im schönen Marmorgrabe.

Zu Häupten aber meiner Ruhestätt
Stand eine Blume, rätselhaft gestaltet,
Die Blätter schwefelgelb und violett,
Doch wilder Liebreiz in der Blume waltet.

Das Volk nennt sie die Blume der Passion
Und sagt, sie sei dem Schädelberg entsprossen,
Als man gekreuzigt hat den Gottessohn,
Und dort sein welterlösend Blut geflossen.

Blutzeugnis, heißt es, gebe diese Blum,
Und alle Marterinstrumente, welche
Dem Henker dienten bei dem Märtyrtum,
Sie trüge sie abkonterfeit im Kelche.

Ja, alle Requisiten der Passion
Sähe man hier, die ganze Folterkammer,
Zum Beispiel: Geißel, Stricke, Dornenkron,
Das Kreuz, den Kelch, die Nägel und den Hammer.

Solch eine Blum an meinem Grabe stand,
Und über meinen Leichnam niederbeugend,
Wie Frauentrauer, küßt sie mir die Hand,
Küßt Stirne mir und Augen, trostlos schweigend.

Doch, Zauberei des Traumes! Seltsamlich,
Die Blume der Passion, die schwefelgelbe,
Verwandelt in ein Frauenbildnis sich,
Und das ist Sie – die Liebste, ja, dieselbe!

Du warst die Blume, du geliebtes Kind,
An deinen Küssen mußt ich dich erkennen.
So zärtlich keine Blumenlippen sind,
So feurig keine Blumentränen brennen!

Geschlossen war mein Aug, doch angeblickt
Hat meine Seel beständig dein Gesichte,
Du sahst mich an, beseligt und verzückt,
Und geisterhaft beglänzt vom Mondenlichte!

Wir sprachen nicht, jedoch mein Herz vernahm,
Was du verschwiegen dachtest im Gemüte –

Das ausgesprochne Wort ist ohne Scham,
Das Schweigen ist der Liebe keusche Blüte.

Und wie beredsam dieses Schweigen ist!
Man sagt sich alles ohne Metaphoren,
Ganz ohne Feigenblatt, ganz ohne List
Des Silbenfalls, des Wohllauts der Rhetoren.

Lautloses Zwiegespräch! man glaubt es kaum,
Wie bei dem stummen, zärtlichen Geplauder
So schnell die Zeit verstreicht im schönen Traum
Der Sommernacht, gewebt aus Lust und Schauder.

Was wir gesprochen, frag es niemals, ach!
Den Glühwurm frag, was er dem Grase glimmert,
Die Welle frage, was sie rauscht im Bach,
Den Westwind frage, was er weht und wimmert.

Frag, was er strahlet, den Karfunkelstein,
Frag, was sie duften, Nachtviol und Rosen –
Doch frage nie, wovon im Mondenschein
Die Marterblume und ihr Toter kosen!

Ich weiß es nicht, wie lange ich genoß
In meiner schlummerkühlen Marmortruhe
Den schönen Friedenstraum. Ach, es zerfloß
Die Wonne meiner ungestörten Ruhe!

O Tod! mit deiner Grabesstille, du,
Nur du kannst uns die beste Wollust geben;
Den Krampf der Leidenschaft, Lust ohne Ruh,
Gibt uns für Glück das albern rohe Leben!

Doch wehe mir! es schwand die Seligkeit,
Als draußen plötzlich sich ein Lärm erhoben;
Es war ein scheltend, stampfend wüster Streit,
Ach, meine Blum verscheuchte dieses Toben!

Ja, draußen sich erhob mit wildem Grimm
Ein Zanken, ein Gekeife, ein Gekläffe,
Ich glaubte zu erkennen manche Stimm –
Es waren meines Grabmals Basreliefe.

Spukt in dem Stein der alte Glaubenswahn?
Und disputieren diese Marmorschemen?
Der Schreckensruf des wilden Waldgotts Pan
Wetteifert wild mit Mosis Anathemen!

O, dieser Streit wird endgen nimmermehr,
Stets wird die Wahrheit hadern mit dem Schönen,
Stets wird geschieden sein der Menschheit Heer
In zwei Partein: Barbaren und Hellenen.

Das fluchte, schimpfte! gar kein Ende nahms
Mit dieser Kontroverse, der langweilgen,
Da war zumal der Esel Balaams,
Der überschrie die Götter und die Heilgen!

Mit diesem I A, I A, dem Gewichr,
Dem rülpsend ekelhaften Mißlaut, brachte
Mich zur Verzweiflung fast das dumme Tier,
Ich selbst zuletzt schrie auf – und ich erwachte.

Nachwort

Heine-Lesebücher gibt es inzwischen viele. Wie bei kaum einem anderen Autor der deutschen Literatur lassen sich bei Heine Bonmots und Pointen aufspießen und dem Publikum wie Perlen auf einer Schnur darbieten. Das vorliegende Lesebuch unterscheidet sich von diesen gängigen Blütenlesen aus Heines Gesamtwerk. In ihm geht es nicht zuerst um sprachliche Kunststücke oder geistreiche Merksätze. Die Auswahl konzentriert sich ganz ausschließlich auf ein einziges Thema und stellt in chronologischer Folge von den frühen Düsseldorfer und Hamburger Jahren bis zur Zeit des Totenlagers in der Pariser „Matratzengruft" solche Texte aus den Werken Heines zusammen, die direkt oder indirekt Bezug nehmen auf das Judentum, seine Geschichte und Kultur, seine Erscheinungsweise zur Heine-Zeit, aber natürlich und ganz besonders seine Bedeutung für das Leben und das Schaffen des Menschen und Dichters Heinrich Heine. Zusammengestellt wurde eine ähnliche Anthologie zuerst im Jahr 1925 von Hugo Bieber (1883-1950), der 1933 eben wegen seines Judentums aus Deutschland vertrieben wurde und Zuflucht in den USA fand. Zusammen mit einer von dem kanadischen Germanisten Paul Peters 1997 herausgegebenen Auswahl bildet das Biebersche Buch die Grundlage für die vorliegende Zusammenstellung.

Heine hatte von Anfang an eine doppelte Sicht auf das Thema. Zunächst ist es eine Innensicht, die Sicht eines Menschen, der selbst aus der Tradition einer jüdischen Familie kommt und sich „dem jüdischen Volk", von dem in Heines Texten so viel die Rede ist, bis zum Schluß in einem sehr spannungsreichen Verhältnis persönlich zugehörig weiß. Dabei war seine Erziehung gekennzeichnet von einer gewissen Distanz zur jüdischen Herkunft. Der kleine Harry durchlief dieselben Bildungsstationen wie ein christliches Kind aus den gebildeten Ständen. Seine Kenntnisse des Hebräischen waren gering, auch seine Vertrautheit mit den Riten und Gebräuchen der jüdischen Religion war nicht sehr groß. Erstaunlich, wie leicht er sich dem sprachlichen Einfluß des Jiddischen zu entziehen vermochte, das auch sein engstes Familienumfeld – die Briefe der Mutter zeigen es überdeutlich – noch stark bestimmte.

Bei allem Abstand war Heine aber bis zu seinem Tod fest eingebunden in den Verband der jüdischen Großfamilie. Ganz selbstverständlich übernahm Onkel Salomon Heine nach dem Tod von Heines Vater dessen Rolle, kümmerte sich um die Witwe und deren Kinder und unterstützte den berühmten Neffen auch dann noch finanziell, als dieser bereits der bestbezahlte deutsche Schriftsteller war.

Während des Studiums begann Heine, sich intensiver für die jüdische Tradition zu interessieren, trat in Berlin dem „Verein für Kultur und Wissenschaft des Judentums" bei, dessen Ziel u.a. die Hebung des Bildungsniveaus insbesondere der aus dem Osten nach Deutschland einwandernden Juden war. In Göttingen begann er schließlich am „Rabbi von Bacherach" zu arbeiten, dem Projekt eines deutsch-jüdischen Geschichtsromans, der zugleich den Grundstein legen sollte für eine explizit deutsch-jüdische Literatur. Der Roman ebenso wie das Gesamtprojekt blieben Fragment. Das jüdische Thema spielt in allen Phasen von Heines Werk eine wichtige Rolle; davon legt dieses Lesebuch beredtes Zeugnis ab. Vor allem wird es für Heine das Feld, in dem er sich selbst als Dichter entwirft. Dabei stehen die schmerzhaften Erfahrungen des Außenseiters, des Exilierten im Zentrum, Erfahrungen, die direkt auf Heines Auseinandersetzung mit seinem Judentum zurückgehen und sein Selbstbild bis zum Schluß nachhaltig prägen. Solche Erfahrungen sprechen z.B. aus dem frühen „Reisebild" „Ideen. Das Buch Le Grand", wo das Erzähler-Ich seine jüdische Identität hinter einem Spiel von unterschiedlichen Masken verbirgt. Oder aus den späten „Hebräischen Melodien" des „Romanzero", wo das lyrische Ich schließlich ganz offen das Verhältnis des eigenen Dichtertums und der jüdischen Tradition anspricht. Vor dem Hintergrund des gesundheitlichen Zusammenbruchs und dem Scheitern seiner politisch-gesellschaftlichen Hoffnungen nach der Revolution von 1848 wird für Heine der mittelalterliche jüdische Dichter Jehuda ben Halevy und dessen Klage über das Exil zum direkten Bezugsmodell für die eigene dichterische Existenz. Anknüpfend an die jüdische Tradition, auch im offenen und direkten Bekenntnis zu ihr, entwirft sich der exilierte, todkranke Heine jenseits aller Ideologie, auch jenseits aller religiösen Konfession, als Inbegriff des postromantischen, modernen Dichters. Für sein Begräbnis verbittet er sich testamentarisch jede Form von religiöser Begleitung.

Neben dieser Innensicht auf das jüdische Thema, das ihn bei seiner Entwicklung als Autor ständig begleitet und seine Selbstentwürfe als Dichter wesentlich mitbestimmt, gab es stets auch die Außensicht, das genaue Registrieren der Stellung des Judentums in der christlich-deutschen Gesellschaft. Sehr sensibel reagierte Heine auf jede Form von Antisemitismus, der insbesondere in Preußen auch durch die Gesetzgebung geschürt wurde und alle Bereiche der Gesellschaft durchsetzte. Bereits aus der Schulzeit überliefert Heine selbst entsprechende Erfahrungen, wenngleich die Düsseldorfer Kinderjahre eher zu den sorglosen seines Lebens zählen. Die erniedrigende Prozedur der Taufe läßt er 1825 über sich ergehen, obwohl er bereits damals zu Recht befürchtete, sie werde den gewünschten Effekt nicht haben, ihm das „Entréebillet zur europäischen Kultur" zu lösen. Als dann ein Mitbewerber im Literaturbetrieb, der Graf August von Platen, ihn offen mit antisemitischen Anwürfen zu diskreditieren versucht, schlägt Heine brutal zurück und schreibt im „Reisebild" „Die Bäder von Lucca" eine bitterböse Satire auf den homosexuellen Grafen. Auch später hat er sich stets gegen Angriffe dieser Art kämpferisch zur Wehr gesetzt.

Es ist vor allem ein antisemitisches Stereotyp, dem Heine im Laufe seines Lebens immer wieder begegnet und das auch Platen aktiviert hatte, der Vorwurf der Lüge. Quer durch alle politischen Lager, von den konservativen Schwabendichtern bis zu den Linkshegelianern, lautet der Vorwurf gegen Heine gleich: seine Liebesklagen sind nicht echt, sondern künstlich, es fehlt das wahre Empfinden, er lügt; die sprachliche Kunstfertigkeit seiner Prosa überdeckt bloß die mangelnde Tiefe und Wahrheit der Gedanken. Echtheit der Empfindung, Tiefe und Wahrheit der Gedanken: das sollten traditionell deutsche Qualitäten sein, über die der Jude Heine, der zudem noch in Frankreich lebte, angeblich nicht verfügte. Auf diese Weise wurde Heine bereits zu Lebzeiten von einem Teil der Kritik ausgeschlossen aus der deutschen Literatur, während die Leser ihn gleichzeitig immer mehr zu schätzen begannen: Sein „Buch der Lieder" erlebte bis zu seinem Tode immerhin 13 Auflagen. Wir werden in vielen Texten dieser Auswahl Zeuge, wie Heine auf die Vorwürfe reagiert und seine Art zu schreiben verteidigt, die eben gerade deshalb zutiefst ehrlich ist, weil sie sich den schönen romantischen Lügen verweigert und die moderne Kunst schützt vor der Verlogenheit ihrer Verächter.

Nach Heines Tod ging die Schere immer weiter auseinander: einerseits wurde sein „Buch der Lieder" zu einem der international renommierten Longseller der deutschen Literatur und Heine zum meistvertonten Dichter deutscher Sprache. Andererseits nehmen die Versuche zu, ihn als Juden aus der deutschen Literatur hinauszuwerfen, wurden die Angriffe auf den Dichter des Liedes von der Loreley immer wüster und unerbittlicher. Insofern sind die Jahre zwischen 1933 und 1945, als im nationalsozialistischen Deutschland Heine vollständig aus dem Gedächtnis seiner Leser gelöscht werden sollte, nur der Höhepunkt einer Entwicklung, die noch zu seinen Lebezeiten einsetzte. Auch nach 1945 blieb zumindest im Westen Deutschlands zunächst eine Befangenheit gegen diesen Dichter bestehen, was ohne Zweifel mit seinem Judentum zu tun hatte. Noch in den 1960er Jahren beschwerten sich bundesrepublikanische Eltern, wenn Heine im Deutschunterricht auftauchte, und die Universität Düsseldorf brauchte drei Anläufe, um sich 1988 endlich nach Heinrich Heine zu benennen. Nach den letzten Jubiläen, dem 200. Geburtstag im Jahr 1997 und dem 150. Todestag in diesem Jahr, hat man den Eindruck, der ganze Heine sei nun endgültig bei den Deutschen angekommen. Zum ganzen Heine gehört seine jüdische Identität. In welch starkem Maße sie das tut und wie wichtig und grundlegend sie für Heines Existenz tatsächlich war, daran erinnert eindringlich das vorliegende Lesebuch.

Bernd Kortländer

Prof. Dr. Bernd Kortländer ist stellvertretender Leiter des Heinrich-Heine-Instituts in Düsseldorf

Erläuterungen

Kapitel I

Seite **8** (vorangestelltes Zitat aus: Memoiren)
Aus: *Zur Geschichte der Religion und Philosophie in Deutschland* (*Salon II*, 1835)
Dieses wegen Religionskritik von der Zensur „überarbeitete" Buch ist ein knapper Abriss der deutschen Geistesgeschichte nach Luther. Konzipiert für ein französisches Publikum, sollte es ob seiner leichten, unterhaltsamen Sprache auch den Deutschen ihre teils schwer verständlichen Großdenker näher bringen. Die deutsche Philosophie (Kant und insbesondere Hegel, dessen Vorlesung zur Religionsphilosophie Heine in Berlin besucht hatte) reduzierte Heine letztlich auf die Formel: Gott ist tot. Und leitete daraus den Appell ab, dass die Menschen selbst Götter sein, ihr Schicksal selbst bestimmen mögen. Dieser Idee eines kämpferischen Atheismus' schwor Heine in der „Matratzengruft" grundlegend ab (siehe Kapitel V nebst Erläuterungen). Der zweiten Auflage der *Geschichte der Religion und Philosophie*, die 1852 erschien (gegen Heines Willen, der Verlag besaß die Rechte), stellte Heine eine Vorrede voran: „Ich bekenne [...] unumwunden, daß alles, was in diesem Buche namentlich auf die große Gottesfrage Bezug hat, ebenso falsch wie unbesonnen ist. [...] Der Deismus lebt, lebt sein lebendigstes Leben, er ist nicht tot, und am allerwenigsten hat ihn die neueste deutsche Philosophie getötet." (vgl. S. 274)

Seite **9** *Aus: Memoiren* (1854 – postum veröffentlicht)
Der vorliegende Textausschnitt, in dem sich Heine seiner Kindheit in Düsseldorf und mithin erster Isolationserfahrungen als Jude („Aus den frühesten Anfängen erklären sich die spätesten Erscheinungen.") erinnert, entstammt dem erhaltenen Fragment eines größeren, vermutlich nicht abgeschlossenen Memoiren-Werks. Das Bruchstück gehört zu einer sozialkritischen Text-Sammlung, an der Heine bereits seit 1823 arbeitete und die er als Schlusspunkt seines Gesamtwerks „einst" zusammenzufassen plante. Auf der Basis dieser Sammlung entstanden auch die autobiographischen (im Sinne von zeitkritisch lebensbeschrei-

benden) Texte *Ideen. Das Buch Le Grand* und *Aus den Memoiren des Herren von Schnabelewopski* (s. u.), in denen Heine verschleiert seine jüdische Identität in christlicher Gesellschaft reflektiert. Große Teile der zeitlebens wachsenden Aufsatz-Masse für die *Memoiren* wurden durch einen Brand im Hamburger Haus von Heines Mutter 1833 sowie durch Heine selbst aus familiärer Rücksichtnahme vernichtet. Nach seinem Tode wurden weitere große Memoiren-Teile von der Familie Heine in zensorischer Absicht vernichtet.

Seite **53** Aus: *Ideen. Das Buch Le Grand* (*Reisebilder II*, 1827)
Mit „Madame" ist vermutlich Friederike Robert (1795-1832) gemeint. Die Gattin des Schriftstellers Ludwig Robert schrieb Gedichte und war mit Rahel Varnhagen von Ense, einer emanzipierten jüdischen Schriftstellerin und bekannten Berliner Salon-Gastgeberin, die Heine als „geistreichste Frau des Universums" bezeichnete, verschwägert.

Im zweiten Teil seiner *Reisebilder* verknüpft Heine seine Erinnerungen an die Jugend in Düsseldorf mit seiner Verehrung für Napoleon. Der Titel *Ideen. Das Buch Le Grand* setzt sich zusammen aus dem Namen eines Trommlers der französischen Besatzungsmacht in Düsseldorf und Heines schwärmerischer Begeisterung für die revolutionäre Idee einer allgemeinen Emanzipation zur Freiheit. Der Code Napoléon garantierte den Juden nahezu gleiche bürgerliche Rechte.

Mit den *Reisebildern*, erschienen in vier Teilen zwischen 1826 und 1831, schuf Heine eine völlig neue Prosa, die beispiellos pointierte Unterhaltsamkeit mit mutig geäußerter Religions- und Zeitkritik vermischt. Die Texte dokumentieren jedoch auch den fragwürdigen Heine, seine charakterliche Ambivalenz, die eine Folge seiner Lebenssituation in einer integrationsunwilligen nichtjüdischen Gesellschaft war. Leicht reizbar, reagierte der Provokateur auch mit „Tiefschlägen" auf Angriffe seiner Feinde. Beispielhaft sei hier auf die berühmte „Affäre Platen" hingewiesen, ein Streit, den Heine in *Die Bäder von Lucca* (*Reisebilder III*, 1830) hemmungslos polemisch und taktlos austrug. Auf eine antisemitische Attacke des Dichters Graf August von Platen reagierte der sonst so liberale Heine, in dem er den Grafen ob seiner Homosexualität lächerlich machte. Ebenfalls zwiespältig war Heines postume Abrechnung mit Ludwig Börne (siehe Kapitel IV, *Ludwig Börne*).

Seite **68** (vorangestelltes Zitat aus: *Aus den Memoiren des Herren von Schnabelewopski*)
Aus: *Aus den Memoiren des Herren von Schnabelewopski* (*Salon I*, 1834)

Ebenso wie das Reisebild *Ideen. Das Buch Le Grand* ist der Schelmenroman *Aus den Memoiren des Herren von Schnabelewopski* autobiographisch geprägt. Vermutlich basieren beide Texte auf einem größeren Memoiren-Manuskript. Heine begann die Arbeit am *Schnabelewopski* bereits 1822, setzte sie jedoch erst in seiner Pariser Zeit fort, nach fast zehn Jahren Pause. Warum er die ironisch-satirische Erzählprosa, eine verschleierte „Selbstbiographie" (Heine), die zunächst neben den *Ideen* in den *Reisebildern* gedruckt werden sollte, so lange unvollendet ruhen ließ, ist unklar. In Paris erkannte Heine, dass ihm der Roman nicht glücken würde. So brachte er die gelungenen Stücke in Form und veröffentlichte seinen auf einen polnischen Grafen übertragenen *Memoiren*-Ausschnitt als Fragment.

In den vorliegenden ausgewählten Textstellen erinnert sich Heine seiner Zeit in Hamburg. Die Hansestadt spielte im Leben Heines eine besondere Rolle. Sie war dem Heimatlosen Sehnsuchtsort und emotionaler Lebensmittelpunkt. Immer wieder kehrte er von seinen Reisen nach Hamburg zurück, wo von 1820 bis 1822 und schließlich ab 1828 dauerhaft seine Familie lebte. Auch aus dem Exil besuchte Heine Hamburg, das früh, seit dem ersten Besuch 1816, „sein" Hamburg geworden war. „Hamburg!!! Mein Elysium und Tartarus zur gleichen Zeit! Ort, den ich detestiere und am meisten liebe, wo mich die abscheulichsten Gefühle martern und wo ich mich dennoch hinwünsche und wo ich mich gewiß in der Folge oft befinden werde [...]„ (Brief Heines an Moses Moser, 23. August 1823) Moser war einer der engsten Freunde Heines und Mitbegründer des *Vereins für die Kultur und Wissenschaft des Judentums*, in dem auch Heine wirkte. (Aufgaben des Vereins: siehe Anmerkung zu *Ludwig Marcus. Denkworte*)

Seite **79** Aus: *Deutschland. Ein Wintermärchen* (Neue Gedichte, 1844)
Die erste Zeile des vorliegenden Gedichts aus dem berühmten Vers-Epos bezieht sich auf den großen Brand, der 1842 weite Teile Hamburgs zerstörte. Mit „Gumpelino" ist Lazarus Gumpel gemeint, ein Hamburger Bankier, der während Heines Hamburg-Aufenthalt im November 1843 verstarb. Das *Wintermärchen* entstand während Heines er-

ster Hamburg-Reise nach fast 13 Jahren im Exil. Es erschien in der Lyrik-Sammlung *Neue Gedichte*. Entworfen als Antwort auf die heftigen Reaktionen, die seine *Börne*-Denkschrift ausgelöst hatte, und geprägt von unmittelbaren Reise-Eindrücken, prangerte Heine darin kritisch-polemisch die politischen Zustände, die schon tragisch-trübe Rückschrittlichkeit in Deutschland an. Er litt als Jude, als Intellektueller – und als Patriot: „Wie ungern ich von Hamburg diesmal abreiste, davon haben Sie keinen Begriff! Eine große Vorliebe für Deutschland grassiert in meinem Herzen, sie ist unheilbar", schrieb Heine im Dezember 1843, gerade zurück in Paris, seinem Verleger Julius Campe.

Seite **82** Aus: *Neue Gedichte* (1844)
Das Hospital wurde von Heines Onkel Salomon gestiftet, 1842 wurde es eröffnet.

Die Sammlung *Neue Gedichte* betrachtete Heine – neben dem *Buch der Lieder* und *Romanzero* – als tragende Säule seines lyrischen Ruhmes.

Seite **84** Aus: *Gedichte aus dem Nachlaß*
Heine schrieb das Gedicht 1825 zum Geburtstag seiner Tante Betty Heine (nicht seiner Mutter, ebenfalls Betty), Gattin von Salomon Heine (1767-1844), in dessen Hamburger Bankhaus der junge Dichter 1816 volontierte. Salomon ist eine zentrale, eine ambivalente Figur in Heines Leben. Der jüdische Patriarch und Philanthrop, dessen Vermögen zu den größten Hamburgs zählte, wurde Heines „Ersatzvater", als sein Vater schwer erkrankte. Onkel Salomon finanzierte Heines Studium und zeitweise auch sein Leben in Paris. Bis zum Tode Salomons, als der Erbschaftsstreit losbrach (siehe auch Anmerkung zu *Nachgelesene Gedichte* 1845-1856), war das Verhältnis Heines zu seinem Onkel von Innigkeit wie auch von heftigen Spannungen geprägt. Heine widmete ihm (ursprünglich wie folgt, später durch prosaische Zueignung ersetzt) das *Lyrische Intermezzo*: „Meine Qual und meine Klagen / Hab ich in dies Buch gegossen, / Und wenn du es aufgeschlagen, / Hat sich dir mein Herz erschlossen". Heines erste große Liebe galt Amalie Heine (1800-1838), Tochter von Betty und Salomon Heine: eine hoffnungslose Liebe.

Kapitel II

Seite **87** (vorangestelltes Zitat aus: *Lyrisches Intermezzo*)
Aus: *Buch der Lieder* (1827)
Für die dritte Auflage der Sammlung schrieb Heine 1839 die vorliegende, erhellende Vorrede (Prolog) in Versen. Im *Buch der Lieder* wird Jüdisches zwar nicht explizit angesprochen, doch macht gerade Heines erotische Dichtung die Isolationserfahrung des deutschen Juden in der Epoche jüdischer Assimilation und Emanzipation geradezu greifbar. Assimiliert war Heine wie kein anderer Jude seiner Zeit und darüber hinaus, doch niemals konnte er sich emanzipieren. Das Jüdischsein blieb zeitlebens sein unüberwindbares Problem – weil es seine Umwelt zum Problem machte. Er konnte sich nach einiger Beschäftigung mit dem Judentum zur jüdischen Tradition als Kulturgemeinschaft bekennen (Kapitel III und IV) und in der „Matratzengruft" dann sogar notgedrungen eine mildere Sicht auf die mosaische und auch die christliche Religion vertreten (siehe Kapitel V). Doch dass die Deutschen ihn trotz Taufe und patriotischer Bekenntnisse nie als einen der ihren, als deutschen Dichter und Bürger anerkannten, verletzte Heine tief. Die Verse von Qualen unmöglicher Liebe, von Heine mit Todesqualen gleichgesetzt, bilden in wechselseitiger Verstärkung die Leidenssituation der Einsamkeit eines gesellschaftlich ausgegrenzten Juden ab. „So erweist sich als geheimer Untergrund der erotischen Dichtung Heines die Entfremdung des Juden: Die hoffnungslose Liebe wird zum Sinnbild der Situation des Ausgeschlossenen, des Verstoßenen und Heimatlosen." (Marcel Reich-Ranicki, „Der Fall Heine") Heine hat diese Gedichtsammlung als sein „Hauptbuch" bezeichnet, es war ein weltweiter Publikums-Erfolg und wurde vielfach vertont. Die Entstehung des Werks fällt in die der ersten beiden Teile der *Reisebilder.* Gedichte aus den Zyklen *Die Heimkehr, Die Harzreise* und *Die Nordsee.* Erste Abteilung wurden zuerst in den *Reisebildern*, erster Teil, veröffentlicht.

Seite **89** Aus: *Buch der Lieder: Lyrisches Intermezzo*

Seite **94** Aus: *Buch der Lieder: Die Heimkehr*

Seite **99** Zu *Donna Clara*: „Das Ganze der Romanze ist eine Szene aus meinem eigenen Leben, bloß der Tiergarten wurde in den Garten des Alcalden verwandelt, Baronesse in Senora und ich selbst in einen heil. Georgen oder gar Apoll. Es ist bloß das erste Stück einer Trilogie, wovon das zweite den Helden von seinem eigenen Kinde, das ihn nicht kennt, verspottet zeigt, und das dritte zeigt dieses Kind als erwachsenen Dominikaner, der seine jüdischen Brüder zu Tode foltern läßt. [...] Aber ich habe sehr wichtige Gründe, zu wünschen, daß sie früher in keine christliche Hände gerate." (Brief an Moser, 5. November 1823)

„Etwas, das ein individuell Geschehenes und zugleich ein Allgemeines, ein Weltgeschichtliches ist, und das sich klar in mir abspiegelte, wollte ich einfach, absichtslos und episch-parteilos zurückgeben im Gedichte; – und das Ganze hatte ich ernst-wehmütig und nicht lachend aufgefaßt, und es sollte sogar das erste Stück einer tragischen Trilogie sein." (Brief an Ludwig Robert, 27. November 1823)

Seite **102** Zu *Almansor*: Das Gedicht stammt ursprünglich aus *Der Rabbi von Bacherach*, jedoch aus einem ansonsten verloren gegangenen Teil des Fragments. „Vielleicht schicke ich Dir noch heute ein Gedicht aus dem Rabbi [...]. Ich bitte dich sehr, das Gedicht so wie auch, was ich Dir von meinen Privatverhältnissen sage, niemanden mitzuteilen. Ein junger spanischer Jude, von Herzen ein Jude, der sich aber aus Luxusübermut taufen läßt, korrespondiert mit dem jungen Jehude Abarbanell und schickt ihm jenes Gedicht, aus dem Maurischen übersetzt. Vielleicht scheut er es doch, eine nicht sehr noble Handlung dem Freunde unumwunden zu schreiben, aber er schickt ihm jenes Gedicht." (Brief an Moser, Oktober 1825) Hintergrund: Heine hatte sich am 28. Juni 1825 geheim – in der Wohnung des Pfarrers – protestantisch taufen lassen. Hinweis: Jehude Abarbanell ist Don Isaak in *Der Rabbi von Bacherach.*

Seite **106** (vorangestelltes Zitat aus: *Aufzeichnungen*)
Aus: *Gedichte aus dem Nachlaß*
Vermutlich 1825 geschrieben und von Heine nicht veröffentlicht, bezieht sich das Gedicht auf den kurz zuvor getauften Eduard Gans. Gans war Mitglied im Berliner *Verein für Kultur und Wissenschaft der Juden.* „Ich weiß nicht, was ich sagen soll, Cohn versichert mich Gans predige das Christentum, und suche die Kinder Israel zu bekehren. Tut er dies

aus Überzeugung so ist er ein Narr; tut er es aus Gleisnerei so ist er ein Lump. Ich werde zwar nicht aufhören Gans zu lieben, dennoch gestehe ich, weit lieber wärs mir gewesen wenn ich, statt obiger Nachricht, erfahren hätte Gans habe silberne Löffel gestohlen. [...] Es wär mir sehr leid wenn mein eignes Getauftsein dir in einem günstigen Lichte erscheinen könnte. Ich versichere dich, wenn die Gesetze das Stehlen silberner Löffel erlaubt hätten, so würde ich mich nicht getauft haben." (Brief an Moser, 14. Dezember 1825)

Heine verdächtigte Gans, den Taufzettel nicht – wie er selbst, wie Rahel Varnhagen, geborene Levin, und wie viele andere Juden auch – als (vermeintliche) Eintrittskarte in die europäische Kultur zu betrachten, sondern als Zeichen echter Bekehrung: „Ich hoffe nicht, daß Gans, der fast noch Brandfuchs des Christentums ist, schon zu christeln anfängt!" (Brief an Moser, 14. Oktober 1826)

„Wir haben nicht mehr die Kraft, einen Bart zu tragen, zu fasten, zu hassen und aus Haß zu dulden: das ist das Motiv unserer Reformation. Die einen, die durch Komödianten ihre Bildung und Aufklärung empfangen, wollen dem Judentum neue Dekorationen und Kulissen geben, und der Souffleur soll ein weißes Bäffchen statt eines Bartes tragen; sie wollen das Weltmeer in ein niedliches Bassin von Papiermaché gießen und wollen dem Herkules auf der Casseler Wilhelmshöhe das braune Jäckchen des kleinen Marcus anziehen. Andere wollen ein evangelisches Christentümchen unter jüdischer Firma und machen sich ein Talles aus der Wolle des Lamm-Gottes, machen sich ein Wams aus den Federn der Heiligen Geisttaube und Unterhosen aus christlicher Liebe, und sie fallieren, und die Nachkommenschaft schreibt sich: ‚Gott, Christus & Co.' Zu allem Glücke wird sich dieses Haus nicht lange halten, seine Tratten auf die Philosophie kommen mit Protest zurück, und es macht Bankrott in Europa, wenn sich auch seine von Missionaren in Afrika und Asien gestifteten Kommissionshäuser einige Jahrhunderte länger halten. Dieser endliche Sturz des Chr........ wird mir täglich einleuchtender. Lange genug hat sich diese faule Idee gehalten. Ich nenne das Chr........ eine Idee, aber welche! Es gibt schmutzige Ideenfamilien, die in den Ritzen dieser alten Welt, der verlassenen Bettstelle des göttlichen Geistes, sich eingenistet, wie sich Wanzenfamilien einnisten in der Bettstelle eines polnischen Juden. Zertritt man eine dieser Ideen-Wanzen, so lässt sie einen Gestank zurück, der jahrtausendelang riechbar ist.

Eine solche ist das Chr........, das schon vor achtzehnhundert Jahren zertreten worden, und das uns armen Juden seit der Zeit noch immer die Luft verpestet. Verzeih mir diese Bitterkeit; Dich hat der Schlag des aufgehobenen Edikts nicht getroffen. Auch ist alles nicht so ernst gemeint, sogar das Frühere nicht; auch ich habe nicht die Kraft, einen Bart zu tragen und mir ‚Judenmauschel' nachrufen zu lassen und zu fasten etc." (Brief an Immanuel Wohlwill, 1. April 1823) Mit Wohlwill (1799-1848) war Heine durch den *Verein für die Kultur und Wissenschaft des Judentums* verbunden. Das Edikt, das Heine erwähnt, gewährte den Juden in Preußen seit 1812 bürgerliche Rechte und wurde 1823 teilweise wieder aufgehoben.

Seite **107** Aus: *Buch der Lieder: Die Nordsee*, Zyklen I und II

Seite **110** Zu *Frieden*: „Es ist aber ganz bestimmt, daß es mich sehnlichst drängt, dem deutschen Vaterlande Valet zu sagen. Minder die Lust des Wanderns als die Qual persönlicher Verhältnisse (z. B. der nie abzuwaschende Jude) treibt mich von hinnen. [...] Wie tief begründet ist doch der Mythos des ewigen Juden! Im stillen Waldtal erzählt die Mutter ihren Kindern das schaurige Märchen, die Kleinen drücken sich ängstlicher an den Herd, draußen ist Nacht – das Posthorn tönt – Schacherjuden fahren nach Leipzig zur Messe. – Wir, die die Helden des Märchens sind, wir wissen es selbst nicht. Den weißen Bart, dessen Saum die Zeit wieder verjüngend geschwärzt hat, kann kein Barbier abrasieren. [...] Mein Christus auf dem Wasser, XII. Seebild, hat viel Unmut gegen mich erweckt." (Brief an Moser, 8. Juli 1826)

Seite **115** (vorangestelltes Zitat aus: *Reise von München nach Genua*)
Aus: *Über Polen* (1823)
Der Aufsatz wurde in der Zeitschrift *Der Gesellschafter oder Blätter für Geist und Herz* veröffentlicht und von Heine unterzeichnet mit „- - - - e".
„Dieser Aufsatz hat das ganze Großherzogtum Posen in Bewegung gesetzt, in den Posener Blättern ist schon dreimal so viel, als der Aufsatz beträgt, darüber geschrieben, d. h. geschimpft worden, und zwar von den dortigen Deutschen, die es mir nicht verzeihen wollen, daß ich sie so treu geschildert und die Juden zum tiers état Polens erhoben." (Brief an Immanuel Wohlwill, 1. April 1823)

Seite **121** Aus: *Reise von München nach Genua* (*Reisebilder III*, 1830)

Seite **123** Aus: *Aus der Harzreise* (*Buch der Lieder*, 1827)

Seite **124** Aus: *Aus der Harzreise* (*Buch der Lieder*, 1827)

Seite **132** Aus: *Die Harzreise* (*Reisebilder I*, 1827)
Mit dem „Gespenst" ist die Aufklärung gemeint.

Kapitel III

Seite **137** Aus: *Aus dem Nachlaß*
Das Widmungsgedicht zum *Rabbi von Bacherach* stammt von 1824. Edom ist die Verkörperung des Judenhassers, es symbolisiert für die Juden auch Rom und das christliche Europa. In der Frühgeschichte war Edom ein feindlicher Nachbarstaat Israels (biblisch stammen die beiden Völker von den Zwillingsbrüdern Jakob und Esau ab; der Streit zwischen den rivalisierenden Zwillingen setzt sich in der Geschichte der beiden Völker fort).

Seite **138** *Der Rabbi von Bacherach. Ein Fragment* (*Salon IV*, 1840)
„[...] Mit unsäglicher Liebe trage ich das ganze Werk in der Brust. Ist es ja doch ganz aus der Liebe hervorgehend, nicht aus eitel Ruhmgier. Im Gegenteil, wenn ich der Stimme der äußern Klugheit Gehör geben wollte, so würde ich es gar nicht schreiben. Ich sehe voraus, wie viel ich dadurch verschütte und Feindseliges herbeirufe." (Brief an Moser, 25. Oktober 1824). *Der Rabbi von Bacherach* ist der Kerntext der Schriften Heines zum Judentum. Die Entstehung der beiden ersten Teile (1823-26) fällt in eine Zeit, in der sich Heine nach der Promotion (Jurisprudenz) um eine Stelle als Dozent an der Berliner Universität bemühte. Auch um diesen beruflichen Weg überhaupt ins Auge fassen zu können, hatte sich Heine 1825 – unter größter Geheimhaltung – der von ihm als Demütigung empfundenen Taufe unterzogen. Eine Veröffentlichung des *Rabbi* nach der Taufe hätte seine Möglichkeiten stark gemindert, seine Glaubwürdigkeit als

Konvertit wäre in Frage gestellt worden. Es ist eine Situation des Widerstreits, der Ambivalenz, die sich in diesem grandiosen wie gescheiterten Versuch eines deutsch-jüdischen Geschichtsromans spiegelt. Heine, der konfessionslose „Assimilant", hatte gehofft, durch Anpassung und damit Teilhabe an herrschenden Verhältnissen frei leben zu können. Mit dem *Rabbi* wollte er jedoch aus seiner Identitätskrise um die Taufe die Welt des Judentums erklären – auch als Geschichte der Verfolgung (mittelalterliche Judenverfolgung: siehe *Hebräische Melodien*). Seine eigene Position zum Judentum als Religionsgemeinschaft, zu Religion überhaupt, war jedoch so indifferent bis abweisend kritisch, dass er sich nicht klar bekennen konnte. So eindeutig Heines Werk mit seiner Biografie als Angehöriger der ersten Generation emanzipierter Juden in Deutschland verflochten ist, so sehr hat er doch seine jüdische Identität verheimlicht. Heine stritt für die Emanzipation der Juden, ihre bürgerliche Gleichstellung, weil er als Liberaler für die Freiheit stritt. Er war nie eine Integrationsfigur der Juden, weil die intensive Reflexion seines Jüdischseins gewissermaßen nur eine Reaktion auf die allgegenwärtige Diskriminierung war. Er nutzte die Auseinandersetzung mit der jüdischen Tradition und der Geschichte ihrer Verfolgung für sein Werk. Doch an vielen (Brief-)Stellen ist zu spüren, dass der Jude Heine, der einfach Heine sein wollte, regelrecht genervt davon war, in einer Zeit leben zu müssen, in der die kleingeistigen Verhältnisse einen Geist wie ihn permanent zur Auseinandersetzung mit seiner Herkunft zwangen. Während des Quellenstudiums zum *Rabbi* berichtete er Moser (25. Juni 1824) von der „Sprödigkeit des Stoffes", von seinen Schwierigkeiten, den „Stoff" literarisch zu verarbeiten. An Moritz Emden, seinen späteren Schwager, schrieb er: „Der echte Dichter gibt nicht die Geschichte seiner eigenen Zeit, sondern aller Zeiten, und darum ist ein echtes Gedicht auch immer der Spiegel jeder Gegenwart. Was sie über die Juden sagen, ist meine Ansicht ebenfalls. Ich bin ebenfalls Indifferentist und meine Anhänglichkeit an das Judenwesen hat seine Wurzel bloß in einer tiefen Antipathie gegen das Christentum. Ja, ich, der Verächter aller positiven Religionen, werde vielleicht einst zum krassesten Rabbinismus übergehen, eben weil ich diesen als ein probates Gegengift betrachte." (3. Mai 1823)

Der *Rabbi von Bacherach* erschien erst 1840 als Fragment. Heine hatte die beiden ersten Teile unter dem aktuellen Eindruck der Judenverfolgung in Damaskus (siehe *Lutetia / Damaskus-Briefe*) überarbeitet und einen dritten Teil hinzugefügt. Der erste Entwurf zum *Rabbi* war bei einem Brand 1833 im Haus von Heines Mutter in Hamburg vernichtet worden. Wie weit Heine mit seinem Romanversuch bis dahin gekommen war, ist unklar.

Kapitel IV

Seite **177** (vorangestelltes Zitat aus: Brief an Ferdinand Hiller, 24. Oktober 1832)
Aus: *Geständnisse* (*Vermischte Schriften*, 1854)
Die *Geständnisse* wurden von Heine als Eröffnung der *Memoiren* verfasst. Neben ihrem Resümee-Charakter sind die *Geständnisse* durch die Beschreibung der Entwicklung von Heines Geisteshaltung geprägt. Sie sind sein tragisch-ironisch formuliertes (Glaubens-) Bekenntnis in politisch enttäuschter und gesundheitlich auswegloser Situation.

Seite **179** Aus: *Ludwig Börne. Eine Denkschrift* (1840)
Heines Ich-Text über Ludwig Börne ist eine Reaktion auf Börnes *Briefe aus Paris* (1832-34), in denen Börne (1789-1837), wichtiger Vorläufer der oppositionellen Schriftsteller des *Jungen Deutschland*, Heine namentlich als Verräter an den revolutionären Zielen als politisch unkorrekt brandmarkt. Börne und Heine, einst befreundet und mit einer Reihe Gemeinsamkeiten versehen (Jude, Konvertierung, Opposition, Emigration), entfremdeten sich nach der Juli-Revolution 1830 wegen unterschiedlicher gesellschaftspolitischer Auffassungen mehr und mehr. Die erst nach Börnes Tod entstandene Denkschrift arbeitet chronologisch-autobiographisch das Verhältnis der beiden höchst unterschiedlichen Schriftsteller auf („asketisches Nazarenertum“ versus „lebensfroher Hellenismus“), wobei Heine vor allem vorgeworfen wurde, die Privatsphäre des populären Poeten postum verletzt zu haben.

Seite **190** Aus: *Lutetia. Berichte über Politik, Kunst und Volksleben* (*Vermischte Schriften,* 1854)
Lutetia umfasst eine Reihe von Briefen (die so genannten *Damaskus-Briefe*) und Berichten, die Heine zwischen 1840 und 1843 als Pariser Korrespondent für die Augsburger *Allgemeine Zeitung* veröffentlicht hatte. Da diese Korrespondenzen seinerzeit anonym, lediglich mit einer Chiffre versehen, und durch die Vormärz-Zensur in Deutschland zum Teil sehr verändert erschienen waren, entschloss sich Heine, die 61 Tagesberichte unter seinem Namen in einer überarbeiteten Fassung als Buch herauszugeben (1854). In der *Lutetia* (lateinische Wendung für ‚Paris'), die dem Freund Fürst Pückler-Muskau zugeeignet ist, bezieht sich Heine – satirisch wie weitsichtig – auf die so genannte goldene Zeit des Großbürgertums (nach der Juli-Revolution 1830), die in Paris von den aufkommenden Machenschaften des Finanzadels und den Kämpfen mit den Republikanern, Sozialisten und Kommunisten und anderen bzw. von den großen Ereignissen auf den Bühnen der Kunst- und Kulturszene geprägt ist. *Lutetia* ist Heines politisches Vermächtnis. Die so genannte Damaskus-Affäre entstand durch den angeblich jüdischen Ritualmord an einem Kapuzinerpater, der im Februar 1840 urplötzlich verschwand. Auf Initiative des zuständigen französischen Konsuls wurden daraufhin in Damaskus die Juden als Verdächtige in toto ins Visier genommen, wobei die anschließenden Übergriffe und Verhaftungswellen den Charakter antijüdischer Pogrome annahmen. Eine endgültige Klärung des Sachverhalts konnte seinerzeit nicht erreicht werden.

Seite **197** Aus: *Ludwig Marcus. Denkworte* (*Vermischte Schriften*, 1854)
Dieses „kleine Opus“, von Heine hoch eingestuft, in der Rezeption jedoch weitgehend unbekannt, wurde ursprünglich für die Augsburger *Allgemeine Zeitung* geschrieben (1844), dort bruchstückhaft und zensiert veröffentlicht und später in den *Vermischten Schriften* (1854) wieder abgedruckt. Heine erinnert an Ludwig Marcus (1798-1843), einen im Pariser Exil verstorbenen jüdischen Orientalisten, den er uns jedoch „weniger durch individuelle Bedeutung als vielmehr durch historische und moralische Bezüge“ vorstellt. Wie Heine selbst war Ludwig Marcus Mitglied im Berliner *Verein für die Kultur und Wissenschaft des Judentums*, der 1819 nach judenfeindlichen Krawallen gegründet wurde und lediglich

bis 1825 existierte. Heine trat dem Verein im August 1822 bei und hat durch ihn seine profunden Kenntnisse von jüdischen Zusammenhängen erworben. Die Mitglieder des Vereins wollten zum einen konkret soziale Hilfestellung für deutsche Juden leisten (d. h. berufliche Perspektiven durch Annäherung an die europäische Bildungskultur eröffnen) und zum anderen wissenschaftlich die Geschichte und Gegenwart der Juden aufarbeiten. Die Arbeit des Kulturvereins legte den Grundstein für eine „Wissenschaft vom Judentum", der heutigen Judaistik. Der Nekrolog auf Marcus fällt in eine Zeit, in der sich Heine verstärkt direkt mit dem Judentum beschäftigte (*Der Rabbi von Bacherach, Lutetia, Ludwig Börne*).

Die *Spätere Note* dazu schrieb Heine erst 1854, sie ist geprägt von tiefer Enttäuschung über die rückschrittliche Entwicklung der politischen Verhältnisse wie von der Verzweiflung über seine unheilbare Krankheit. Heine hatte sich, zehn Jahre nach der zensierten Erstveröffentlichung der *Denkworte*, „ausgezweifelt". Er wusste, dass sein Kampf um vorbehaltlose Anerkennung verloren war. Notgedrungen sammelte er seine letzte Kraft, um sich geradezu mit seinen Überzeugungen ringend zu überwinden: zurück zu einer kindlichen, von religiöser Dogmatik unbeirrten Vorstellung von Gott (siehe Kapitel V).

Kapitel V

Seite **207** (vorangestelltes Zitat aus: *Romanzero. Nachwort*)
Aus: *Romanzero*: *Historien* (1851)
Romanzero ist Heines dritte große Lyrik-Sammlung („die dritte Säule meines lyrischen Ruhmes") nach *Buch der Lieder* und *Neue Gedichte*. Obgleich das Werk in Österreich und Preußen verboten wurde – wegen „spöttischer" Religionskritik – wurde die „Lyrik seines Sterbens" (Karl Kraus) ein großer Publikumserfolg. *Romanzero* gilt als Scheitelpunkt seiner dichterischen Größe, bedeutender als das weltberühmte *Buch der Lieder*. Die drei Teile *Historien, Lamentationen* und *Hebräische Melodien* dokumentieren Heines Rückbesinnung auf den „Gott unserer Väter" (Formulierung aus einem Brief an Maximilian Heine, 3. Dezember

1848). Mit der Ironie der Verzweiflung entlarvt Heine die (gescheiterte) bürgerliche Revolution als Illusion und hadert mit seinem Schicksal. Fortgeschrittene Rückenmarksschwindsucht fesselte ihn endgültig ans Bett, seine Perspektive seit 1848, als er die Arbeit am *Romanzero* aufnahm, war Siechtum zum Tode. In seinem Testament (10. Juni 1848) schrieb Heine: „Durch den Akt der Taufe gehöre ich zur christlichen und evangelischen Kirche, aber mein Denken hat niemals mit den Dogmen irgendeiner Religion sympathisiert, und nachdem ich als ein guter Heide gelebt habe, wünsche ich auch zu sterben, ohne daß die Geistlichkeit zu meinem Begräbnis geladen werde." Im Testament vom 13. November 1851 fügte Heine an: „[...] dieser Wunsch wird nicht von irgendeiner freidenkerischen Anwandlung eingegeben. Seit vier Jahren habe ich allem philosophischen Stolz entsagt, und ich bin zu den religiösen Ideen und Gefühlen zurückgekehrt. Ich sterbe im Glauben an Einen Einzigen und Ewigen Gott, den Schöpfer der Welt, dessen Gnade ich für meine unsterbliche Seele erflehe. Ich bereue es, in meinen Werken manchmal von heiligen Dingen ohne den ihnen schuldigen Respekt gesprochen zu haben, aber ich wurde vielmehr durch den Geist meiner Epoche als von meinen eigenen Neigungen fortgerissen. Wenn ich ohne mein Wissen die guten Sitten und die Moral, die die wahre Substanz aller monotheistischen Glaubensanschauungen ist, verletzt habe, so bitte ich Gott und die Menschen dafür um Verzeihung."

Seite **215** Aus: *Romanzero: Lamentationen*

Seite **217** *Romanzero: Hebräische Melodien*
Die *Hebräischen Melodien* bilden neben *Der Rabbi von Bacherach* das einzige größere Fragment, in dem das Judentum direkt thematisiert wird. Die autobiographisch beeinflussten *Melodien* stellen gewissermaßen die Vollendung des abgebrochenen *Rabbi*-Projekts dar und symbolisieren somit Heines Rückbesinnung auf Jüdisches. Hatte Heine zuvor stets insistiert, dass ihn das Publikum als Dichter, nicht als jüdischen Dichter wahrnehmen möge, so bekannte er sich nun direkt und offen zur jüdischen Dichter-Tradition. Mit der lyrischen Ich-Figur des mittelalterlichen jüdischen Dichters Jehuda ben Halevy (1075-1141) gab Heine erstmals auf so großer „Bühne" die Geheimhaltung seiner jüdischen Identität auf.

Seite **267** *Nachwort* zu *Romanzero*
Im *Nachwort* zu *Romanzero* – ursprünglich als Vorrede geplant – verabschiedet sich der todkranke Dichter in direkter Ansprache von seinen Lesern. In dem bedeutenden Text greift Heine den *Geständnissen* vor und erläutert die Entwicklung, die zu seiner veränderten Geisteshaltung „über göttliche Dinge", zu einem milderen Blick auf Judentum und Religion sowie zu seiner Abkehr von Hegels „gottloser" Philosophie führte. Hatte Heine den Atheismus zuvor als eine Art Bedingung für den erfolgreichen Befreiungskampf des Volkes betrachtet, das sich auf seine (irdische) Kraft besinnen sollte, so veranlassten ihn nun Krankheit und Nachmärz-Erfahrungen zum Umdenken – nicht bezogen auf die Ablehnung religiöser Dogmatik, jedoch bezogen auf eine mögliche „Heilswirkung" monotheistisch transportierter Moralvorstellung (siehe *Ludwig Marcus: Spätere Note* und *Geständnisse*).

Seite **274** Aus: *Geständnisse* (*Vermischte Schriften*, 1854)
Den Wendepunkt zu Heines neuer Geisteshaltung, deren Entwicklung in den *Geständnissen* erläutert wird, markieren zwei Ereignisse im Februar 1848: der Beginn seiner durch fast vollständige Lähmung bedingten Gefangenschaft in der „Matratzengruft" und die Revolution in Frankreich (die sich u. a. auch auf die Staaten des Deutschen Bundes – Märzrevolution – ausbreitete, ab 1849 kurzzeitig jüdische Gleichberechtigung in kleineren deutschen Staaten zeitigte und 1851 durch den Bundestag wieder zurückgenommen wurde), die er zunächst begrüßte, ihr Scheitern aber schon mit Einsatz der von ihm als unfähig beurteilten Provisorischen Regierung in Frankreich ahnte. Dazu aus den *Geständnissen*: „Aber die Repräsentationskosten eines Gottes, der sich nicht lumpen lassen will und weder Leid noch Börse schont, sind ungeheuer; um eine solche Rolle mit Anstand zu spielen, sind besonders zwei Dinge unentbehrlich: viel Geld und viel Gesundheit. Leider geschah es, daß eines Tages – im Februar 1848 – diese beiden Requisiten mir abhanden kamen, und meine Göttlichkeit geriet dadurch sehr in Stocken. Zum Glück war das verehrungswürdige Publikum in jener Zeit mit so großen, unerhörten, fabelhaften Schauspielen beschäftigt, dass dasselbe, die Veränderung, die damals mit meiner kleinen Person vorging, nicht besonders bemerken mochte. Ja, sie waren unerhört und fabelhaft, die Ereignisse in jenen tollen Februartagen, wo die Weisheit der Klügsten

zuschanden gemacht und die Auserwählten des Blödsinns aufs Schild gehoben wurde. Die Letzten wurden die Ersten, das Unterste kam zu oberst, sowohl die Dinge wie die Gedanken waren umgestürzt, es war wirklich die verkehrte Welt. – Wäre ich in dieser unsinnigen [...] Zeit ein vernünftiger Mensch gewesen, so hätte ich gewiß [...] meinen Verstand verloren, aber verrückt wie ich damals war, musste das Gegenteil geschehen, und sonderbar! just in den Tagen des allgemeinen Wahnsinns kam ich selber wieder zur Vernunft! Gleich vielen anderen heruntergekommenen Göttern jener Umsturzperiode, musste auch ich kümmerlich abdanken und in den menschlichen Privatstand wieder zurücktreten. [...] Ich kehrte zurück in die niedre Hürde der Gottesgeschöpfe, und ich huldigte wieder der Allmacht eines höchsten Wesens [...]„ Doch Heine betont unmissverständlich, dass er nicht „das künftige Kirchenlicht" sei, für das ihn manch frommer Kirchenmann halte: „Ich habe oben erwähnt, wie protestantische Stimmen aus der Heimat [...] die Vermutung ausdrückten, als ob bei dem Wiedererwachen meines religiösen Gefühls auch der Sinn für das Kirchliche in mir stärker geworden. Ich weiß nicht, inwieweit ich merken ließ, daß ich weder für ein Dogma noch für irgendeinen Kultus außerordentlich schwärme und ich in dieser Beziehung derselbe geblieben bin, der ich immer war." Heine erklärt sich, erläutert die Gründe, warum er katholisch heiratete: „[...] weil meine Gattin, von erzkatholischer Familie, ohne solche Zeremonie sich nicht gottgefällig genug verheiratet geglaubt hatte. [...] Meine liberalen Freunde grollten mir deshalb [...]. Ich will meinen Bekenntnissen die Krone aufsetzen, indem ich gestehe, daß ich damals, um die Dispens des Erzbischofs zu erlangen, nicht bloß meine Kinder, sondern sogar mich selbst der katholischen Kirche verschrieben hätte." (Dispens: Ausnahmeerlaubnis nach katholischem Kirchenrecht – Der Protestant Heine durfte nur deshalb von einem katholischen Priester getraut werden, weil er zuvor schriftlich versichert hatte, Kinder in der Religion ihrer Mutter zu erziehen.) „Ja, ich, der ich immer selbst das aberwitzigste Gerede, ohne mich viel darum zu bekümmern, über mich hingehen ließ, ich habe mich zu obiger Berichtigung verpflichtet geglaubt, um der Partei des edlen Atta Troll, die noch immer in Deutschland herumtroddelt, keinen Anlaß zu gewähren, in ihrer täppisch treulosen Weise meinen Wankelmut zu bejammern, und dabei wieder auf ihre eigne, unwandelbare, in der dicksten Bärenhaut eingenähte Charakterfestigkeit zu pochen." (Atta Troll heißt der Titelheld des gleichnamigen Versepos, ist ein flüchtiger Tanzbär und hält als solcher politische Reden, die vor allem die Ideale und Zielvorstellungen der oppositionellen Bewegungen in Deutschland zu Beginn der 1840er Jahre zum Inhalt haben.)

Seite **286** Aus: *Gedichte 1853 und 1854* (*Vermischte Schriften*, 1854)
Die Fragen, die Heine in dem Gedicht stellt, sind die Fragen Hiobs in der Bibel.

Seite **287** Aus: *Lamentationen* (*Nachgelesene Gedichte* 1845-1856)
Das Gedicht bezieht sich auf den Erbschaftsstreit, der nach dem Tod von Salomon Heine 1844 losbrach und Heine schwer zusetzte. Einerseits durch die daraus folgende Geldknappheit, andererseits aber auch durch die familiäre Enttäuschung, da sein Cousin die Pensions-Zahlungen verweigerte. Eine Vorstellung von Heines Leidenssituation in der Matratzengruft ist ohne den Erbschaftsstreit unvollständig.

Seite **287** *Für die Mouche* (*Nachgelesene Gedichte* 1845-1856)
Mit Mouche ist Elise Krinitz gemeint. Die Schriftstellerin pflegte Heine in seinen letzten Lebensmonaten. Die Mouche (franz.: Fliege. Krinitz siegelte ihre Briefe mit einem Fliegen-Stempel) war seine letzte, notgedrungen platonische Geliebte. Das Gedicht gilt als das letzte Heines. Elise Krinitz hat es unter ihrem Pseudonym Camille Selden später selbst veröffentlicht.